山东管理学院学术著作出版基金资助

共同富裕视阈下地区税负对区域经济增长不平衡的影响研究

王培培 著

中国财经出版传媒集团
中国财政经济出版社
·北京·

图书在版编目（CIP）数据

共同富裕视阈下地区税负对区域经济增长不平衡的影响研究／王培培著．--北京：中国财政经济出版社，2024.4

ISBN 978－7－5223－2969－7

Ⅰ.①共… Ⅱ.①王… Ⅲ.①税负－影响－区域经济－经济增长－不平衡－研究－中国 Ⅳ.①F812.42 ②F127

中国国家版本馆CIP数据核字（2024）第058219号

责任编辑：罗亚洪　　　　　　　　责任印制：张　健
封面设计：陈宇琰　　　　　　　　责任校对：徐艳丽

共同富裕视阈下地区税负对区域经济增长不平衡的影响研究
GONGTONG FUYU SHIYUXIA DIQU SHUIFU DUI QUYU JINGJI ZENGZHANG BUPINGHENG DE YINGXIANG YANJIU

中国财政经济出版社 出版

URL：http：//www.cfeph.cn

E－mail：cfeph@ cfeph.cn

（版权所有　翻印必究）

社址：北京市海淀区阜成路甲28号　邮政编码：100142
营销中心电话：010－88191522
天猫网店：中国财政经济出版社旗舰店
网址：https：//zgczjjcbs.tmall.com
中煤（北京）印务有限公司印刷　各地新华书店经销
成品尺寸：170mm×240mm　16开　20.75印张　310 000字
2024年4月第1版　2024年4月北京第1次印刷
定价：65.00元
ISBN 978－7－5223－2969－7
（图书出现印装问题，本社负责调换，电话：010－88190548）
本社图书质量投诉电话：010－88190744
打击盗版举报热线：010－88191661　QQ：2242791300

前　言

改革开放以来，我国经济经历了40余年的高速增长，综合国力不断增强，但区域经济增长不平衡状况依然存在，在很大程度上制约着整个国民经济的协调发展和快速、稳定增长，阻碍着共同富裕目标的实现。党的二十大明确指出："共同富裕是中国特色社会主义的本质要求，也是一个长期的历史过程。"税收作为政府的重要调控工具，在改变区域经济增长不平衡方面、实现共同富裕目标中应当发挥重要作用。

地区税负是税收在经济中的一种直接体现，它通过衡量某一地区居民和企业的税收负担，为测算税收对区域经济增长的影响提供重要、直观的量化指标。地区税负能够通过对资源配置的干预，对区域经济增长的速度和质量构成直接和间接影响。本书从共同富裕视阈下地区税负对区域经济增长不平衡的影响机制入手，在分析地区税负和区域增长不平衡的典型化事实的基础上，运用结构方程模型、中介效应模型、空间面板联立方程模型、多层线性模型等方法，实证分析了地区税负对区域经济增长不平衡的总体影响，并从区域经济增长的质量和微观基础视角，检验了地区税负对区域全要素生产率和区域企业绩效的效应，最后提出了共同富裕视阈下促进区域经济均衡增长的税收政策建议。

本书第1章为绪论，介绍了研究背景和研究意义、概念界定、研究内容与框架、研究方法、创新点与不足。

第2章为文献综述，从地区税负、区域经济增长不平衡、地区税负与区域经济增长不平衡关系三个方面梳理和评述了与本书密切相关的文献。

第3章为地区税负与区域经济增长不平衡的一般理论分析。本章使用定性分析法并建立了相关数理模型，在阐释地区税负和区域经济增长不平衡一般理论的基础上，对以下问题进行了研究：首先，分析了地区税负对区域经济增长不平衡的总体影响机制；其次，鉴于全要素生产率是保持地区高质量、可持续增长的主要源泉，分析了地区税负对区域全要素生产率的影响机制；最后，鉴于企业是区域经济增长的微观主体，分析了地区税负对区域企业绩效的影响机制。本章从地区税负对区域经济增长速度、质量、微观基础三个层面的效应出发，建立了地区税负对区域经济增长不平衡影响的理论框架，为下文开展相关实证研究提供了理论基础。

第 4 章为我国地区税负和区域经济增长不平衡的典型化事实。本章首先对我国地区税负进行了一般性描述，采用塞尔指数测算了地区税负差异并分析了地区税负差异的成因；其次，阐释了我国区域经济增长不平衡的概况，并通过多种绝对差异指标、相对差异指标及基尼系数、泰尔指数等指标对区域经济增长不平衡进行了测度。

第 5 章为我国地区税负对区域经济增长不平衡的总体效应分析。本章建立了能够同时分析直接效应和多重中介效应的结构方程多重中介效应模型，并采用因子分析法和熵值法等方法对有关变量进行处理，使用 2005—2018 年我国 283 个地市级的面板数据，实证检验了地区税负对区域经济增长的直接效应，以及地区税负通过要素投入机制、产业结构变动机制、财政支出机制等中介效应机制对区域经济增长的间接效应。研究发现，地区税负显著直接抑制了区域经济增长；地区税负通过财政支出显著促进了区域经济增长；地区税负通过要素投入显著抑制了区域经济增长；地区税负通过产业结构调整影响了区域经济增长，但相较于其他机制影响较为轻微。总体而言，地区税负对区域经济增长产生了显著的抑制效应。本章还从分税种和分区域视角实施了异质性分析。

第 6 章为我国地区税负对区域全要素生产率的效应分析。在分析地区税负对区域经济增长的总体影响机制基础上，本章进一步从区域经济增长质量视角出发，实证检验了地区税负对区域全要素生产率的影响。本章构建了动态面板联立方程模型和空间面板联立方程模型，使用 2005—2018 年

283个地市级数据对区域全要素生产率进行了测算，并检验了地区税负与区域全要素生产率之间的内生影响效应和空间溢出效应。研究发现地区税负和区域全要素生产率之间存在显著的相互内生性影响，且具有较复杂的显著空间溢出效应，但总体而言，空间相关影响系数绝对值较小。此外，本章还对分区域样本实施了异质性分析，检验了不同区域的地区税负与区域全要素生产率的相互内生影响关系和空间溢出效应。

第7章为我国地区税负对区域企业绩效的效应分析。本章进一步从区域经济增长的微观基础视角出发，实证检验了地区税负对区域企业绩效的影响。本章在第3章理论分析和研究假设基础上，建立了适合分析不同层面嵌套数据的多层线性模型，使用283个地市级层面数据以及中国工业企业数据库（2013）的微观企业数据，将企业嵌套于地市中，对地区税负对区域企业绩效的影响实施了实证检验。研究发现地区税负对区域企业绩效具有显著的负效应；地区税负对特征不同企业绩效的异质性影响存在一定的差异。此外，本章也实施了分区域异质性检验。

第8章为本书的研究结论与政策建议，即共同富裕视阈下地区税负的优化策略。本章对本书的实证研究结论进行了总结，并在前文的研究基础上，提出了促进区域经济均衡增长、实现共同富裕的政策建议。

本书的创新之处主要体现在以下三个方面：

（1）研究视角创新。本书首先同时研究了地区税负对区域经济增长的直接效应，以及地区税负通过要素投入、财政支出、产业结构变动等中介机制对区域经济增长的间接效应；其次通过分析地区税负对区域全要素生产率的效应，检验了其对区域经济增长质量的影响机制；最后通过分析地区税负对区域企业绩效的效应进一步检验了其对区域经济增长微观基础的影响机制。本书的研究将横向（地区税负对区域经济增长的总体直接和间接影响）和纵向（地区税负对经济增长质量和经济增长微观基础的影响）相结合，与现有文献相比，对主题的分析更加系统和深入。

（2）理论模型创新。本书拓展了地区税负对区域经济增长不平衡影响的理论框架。本书从政府、企业、家庭等多个角度，对地区税负对区域经济增长影响的数理逻辑进行了详细阐释，构建了基于内生经济理论的地区税负对区域经济增长不平衡影响的理论框架，分别从微观层面和宏观层面探究了地区税负对区域经济增长的影响机理。本书将多层次（微观层面和宏观层面）、多因素（生产要素、产业结构、财政支出）融入同一理论体系分析，构建了相关理论框架，同时从不同视角进行了理论验证与分析，相较现有文献，对主题的分析更为细致和全面。

（3）实证方法创新。本书使用了多个在本研究主题相关领域较罕见的实证研究方法，较好地完成了实证分析。首先，在研究地区税负对区域经济增长不平衡的总体影响时，本书建立了能够同时分析直接效应和多重中介效应的结构方程多重中介效应模型，并采用因子分析法和熵值法等方法对有关变量进行处理，同时检验了地区税负对区域经济增长的直接效应，以及地区税负通过要素投入机制、产业结构变动机制、财政支出机制等中介效应机制对区域经济增长的间接效应；其次，在研究地区税负对区域全要素生产率的影响时，本书构建了空间面板联立方程模型，同时检验了地区税负和区域全要素生产率的内生影响效应和空间溢出效应；最后，在研究地区税负对区域企业绩效的影响机制时，本书建立了适合分析不同层面嵌套数据的多层线性模型，将企业嵌套于地市之中，运用企业层面和城市层面数据实施实证检验，更为准确、细致地分析了地区税负对区域企业绩效的主效应和对不同特征企业绩效的异质性效应。与现有文献相比，上述方法均具有创新意义。

最后，在此要特别感谢我的博士生导师李文教授，她在科研、工作和生活的各个方面给予了我谆谆教诲、无私帮助和暖心鼓励。在本书即将付梓出版之际，谨以赤诚之心向李文教授致以最衷心的感谢和最诚挚的祝福。同时，本书的顺利出版离不开山东管理学院学术著作出版基金的资助，也要特别感谢学校各级领导、同事的关心和支持。

目录

- 第1章 绪论 ··· 1
  - 1.1 研究背景和研究意义 ··· 1
  - 1.2 概念界定 ·· 7
  - 1.3 研究内容与框架 ·· 10
  - 1.4 研究方法 ·· 12
  - 1.5 创新点与不足 ·· 14
- 第2章 文献综述 ··· 16
  - 2.1 地区税负研究 ·· 16
  - 2.2 区域经济增长不平衡研究 ··· 25
  - 2.3 地区税负与区域经济增长不平衡关系研究 ························· 35
  - 2.4 文献述评 ·· 43
- 第3章 地区税负与区域经济增长不平衡的一般理论分析 ·········· 45
  - 3.1 地区税负的一般理论分析 ··· 46
  - 3.2 区域经济增长不平衡的一般理论分析 ································ 56
  - 3.3 地区税负对区域经济增长不平衡的影响机制分析 ············· 64
  - 3.4 本章小结 ·· 84
- 第4章 我国地区税负和区域经济增长不平衡的典型化事实 ······ 86
  - 4.1 我国地区税负的典型化事实 ·· 86
  - 4.2 我国区域经济增长不平衡的典型化事实 ···························· 112
  - 4.3 本章小结 ·· 129

第5章 我国地区税负对区域经济增长不平衡的总体效应分析 ·········· 130

- 5.1 模型选择与介绍 ·········· 131
- 5.2 研究设计 ·········· 134
- 5.3 模型实证分析 ·········· 140
- 5.4 异质性分析 ·········· 150
- 5.5 本章小结 ·········· 159

第6章 我国地区税负对区域全要素生产率的效应分析
——基于区域经济增长质量视角 ·········· 161

- 6.1 数据来源与测算 ·········· 162
- 6.2 模型设定与变量选择 ·········· 163
- 6.3 实证检验 ·········· 171
- 6.4 本章小结 ·········· 189

第7章 我国地区税负对区域企业绩效的效应分析
——基于区域经济增长微观基础视角 ·········· 191

- 7.1 模型选择 ·········· 191
- 7.2 研究设计 ·········· 196
- 7.3 模型适用性检验及实证结果分析 ·········· 202
- 7.4 异质性分析 ·········· 211
- 7.5 本章小结 ·········· 216

第8章 共同富裕视阈下地区税负的优化策略 ·········· 218

- 8.1 地区税负对共同富裕实现的总体影响分析 ·········· 218
- 8.2 共同富裕视阈下地区税负的优化建议 ·········· 221

参考文献 ·········· 228

附录 ·········· 259

图目录

图 1.1 本书研究框架 ………………………………………… 13
图 3.1 地区经济增长方式转变与可持续增长源泉的理论分析 …… 59
图 3.2 不考虑技术进步下的索洛经济增长模型稳定点 ………… 62
图 3.3 考虑技术进步下的索洛经济增长模型稳定点 …………… 63
图 3.4 地区税负对区域经济增长不平衡的总体影响机制 ……… 66
图 4.1 2000—2019 年我国 GDP、各项收入以及收入占比情况 …… 91
图 4.2 2000—2018 年我国流转税税收总额及其占比情况 ……… 92
图 4.3 2000—2018 年我国所得税税收总额及其占比情况 ……… 93
图 4.4 2000—2018 年我国企业所得税税收总额及其占比情况 …… 94
图 4.5 2000—2018 年我国个人所得税税收总额及其占比情况 …… 94
图 4.6 2000—2018 年我国其他税税种收入总额以及收入占税收总额比情况 ……………………………………………… 95
图 4.7 2018 年我国其他税税种收入总额以及各税种占其他税税收总额比情况 …………………………………………… 95
图 4.8 2000—2018 年我国国内生产总值、税收收入情况 ……… 98
图 4.9 2000—2018 年全国和四大区域的税负变化 …………… 99
图 4.10 2018 年我国四大区域分省份税负情况 ……………… 101
图 4.11 全国及四大区域边际税负变动趋势 ………………… 102
图 4.12 2000—2018 年全国税负差异塞尔指数分解 …………… 105
图 4.13 2000—2018 年各区域内部税负差异变化示意图 ……… 105
图 4.14 2000—2018 年各部分税务差异对总差异的贡献率 …… 107
图 4.15 2005—2012 年各区域外商投资情况 ………………… 110
图 4.16 2000—2018 年各区域高新技术企业认定总次数 ……… 110

图 4.17 我国实际 GDP 增长率 ………………………………… 113
图 4.18 我国各区域 GDP 总量及占比 ……………………… 114
图 4.19 全国及各地区 GDP 增长率变动趋势 ……………… 114
图 4.20 我国经济增长水平基尼系数与泰尔指数变动趋势 … 125
图 4.21 泰尔指数分解趋势 ………………………………… 125
图 4.22 全国及四大区域边际税负变动趋势 ……………… 127
图 4.23 全国及四大区域税收乘数变动趋势 ……………… 128
图 5.1 中介效应模型 ………………………………………… 133
图 5.2 多重中介效应模型 …………………………………… 134
图 5.3 地区税负影响区域经济增长的多重多步中介效应模型 …… 140
图 5.4 考虑主要税种的地区税负影响区域经济增长的多重多步
　　　 中介效应模型 ……………………………………… 140
图 5.5 地区税负影响区域经济增长的多重多步中介效应
　　　 分析结果 …………………………………………… 143
图 5.6 考虑主要税种的地区税负影响区域经济增长的多重多步
　　　 中介效应分析结果 ………………………………… 143
图 5.7 增值税税负影响区域经济增长的理论模型 ………… 151
图 5.8 营业税税负影响区域经济增长的理论模型 ………… 151
图 5.9 企业所得税税负影响区域经济增长的理论模型 …… 151
图 5.10 个人所得税税负影响区域经济增长的理论模型 …… 152
图 6.1 2005 年 DTFP 的 Moran's I 指数散点图 …………… 174
图 6.2 2005 年 TAX 的 Moran's I 指数散点图 …………… 174
图 6.3 2012 年 DTFP 的 Moran's I 指数散点图 …………… 175
图 6.4 2012 年 TAX 的 Moran's I 指数散点图 …………… 175
图 6.5 2018 年 DTFP 的 Moran's I 指数散点图 …………… 176
图 6.6 2018 年 TAX 的 Moran's I 指数散点图 …………… 176

表目录

表 4.1　我国现行税制一览表 ……………………………………… 96
表 4.2　地区税负差异塞尔系数计算结果 ………………………… 104
表 4.3　我国各类国家级开发区汇总 ……………………………… 108
表 4.4　我国人均实际 GDP 差异统计分析 ……………………… 116
表 4.5　我国四大区域人均实际 GDP 绝对差异统计分析 ……… 117
表 4.6　我国四大区域人均实际 GDP 相对差异统计分析 ……… 120
表 4.7　我国四大区域间人均 GDP 基尼系数与泰尔指数
　　　　测算结果 ………………………………………………… 123
表 4.8　我国四大区域间人均 GDP 泰尔指数的分解及贡献率
　　　　测算结果 ………………………………………………… 123
表 5.1　变量相关系数、均值和标准差 …………………………… 138
表 5.2　SEM 各拟合指标一览 …………………………………… 142
表 5.3　中介效应的回归结果 ……………………………………… 143
表 5.4　影响效应分解分析：总效应、直接效应、间接效应 …… 146
表 5.5　主要税种异质性分析 ……………………………………… 152
表 5.6　不同税负影响的比较分析 ………………………………… 155
表 5.7　中介效应的区域异质性结果 ……………………………… 157
表 5.8　全国与分区域直接效应和中介效应的汇总 ……………… 159
表 6.1　模型变量的分类及定义 …………………………………… 165
表 6.2　变量的描述性统计 ………………………………………… 167
表 6.3　面板单位根检验结果 ……………………………………… 171
表 6.4　DTFP、TAX 的 Moran's I 指数计算结果 ……………… 173
表 6.5　固定或随机效应检验结果 ………………………………… 177

表 6.6 全国样本联立方程模型的估计结果 …………………… 179
表 6.7 分地区样本联立方程模型的估计结果 1 ………………… 182
表 6.8 分地区样本联立方程模型的估计结果 2 ………………… 184
表 7.1 变量分类、设置及定义 …………………………………… 200
表 7.2 主要变量的描述性统计 …………………………………… 201
表 7.3 零模型估计结果 …………………………………………… 203
表 7.4 随机效应回归模型估计结果 ……………………………… 205
表 7.5 完整模型回归结果及稳健性分析 ………………………… 208
表 7.6 分区域回归结果 …………………………………………… 211

第1章 绪　　论

党的二十大明确指出："共同富裕是中国特色社会主义的本质要求，也是一个长期的历史过程。"而我国幅员辽阔，区域间发展不平衡问题一直存在。近年来，我国一直着力于维护和促进社会公平正义，促进全体人民共同富裕，避免两极分化。其中，一国各地区的税收负担高低及不同地区的比较税收负担状况直接关系到区域经济增长和社会和谐发展，因此，有关地区税收负担的理论研究和实践探索一直都是各国学者和执政者的关注焦点。而区域经济增长不平衡普遍存在于各国或地区的发展过程中，过度的区域经济增长不平衡将阻碍国家整体经济的健康成长。厘清地区税负与区域经济增长不平衡的关系，对优化地区税负、促进区域经济均衡增长、实现全体人民共同富裕至关重要。

1.1　研究背景和研究意义

1.1.1　研究背景

（1）基本情况。

税收是一个古老又恒新的话题，从凯恩斯的国家干预到斯蒂格利茨的政府作用再到布坎南的政府失败，税收作为国家重要调控工具备受人们关注和讨论。地区税负是税收在市场经济中的直接体现，它通过衡量某一地区居民和企业税收负担，为测算税收对地区经济增长影响提供直观量化指标。自20世纪80年代开始，以西方发达国家为首的世界各国开始推出各种税收调控政策，力图通过降低税收负担推动经济增长。尤其是2008年全球金融危机以后，各国更是不断采取各种税收调控措施，尽可能摆脱这次金融危机对本国的影响，恢复本国经济增长。2017年美国特朗普税改再一次推动了全球税改热潮，虽然各国文化传统、政治制度和经济体制存在较大的差异，但是力图通过降低地区税负实现更好的区域经济增长却是各国普遍追求的目标。尽管过去十几年各国政府不断努力，但当前无论是国际还是国内经济形势依然复杂而严峻，各国宏观税负虽有变化，但是并非一味降低，更多的是呈现相对稳定的态势。从具体实践来看，无论是以OECD为首的西方发达国家还是发展中国家，无一例外都根据本国或本地区的社会环境和经济发展需要，从不同范围、不同程度、不同取向以及不同方法途径，通过降低税率、缩小税基、出台各类税收政策以及其他税制结构优化等手段优化地区税负，对本国经济活动进行干预，同时各国政府也会在具体实践过程中不断审视减税行为的作用和成效，进而调整下一步的行动，力图通过税收负担调整促进国家经济协调、高质量和可持续增长。

但在国家发展过程中，经济增长不平衡问题是普遍存在的，尤其是在一些幅员辽阔的国家这一问题更为突出。地理区位、自然资源等客观条件以及国家政策、产业结构等主观因素的不同会导致部分区域的经济增长速度高于其他区域，长此以往，必然会造成区域间经济增长的不平衡。经济学家经过多年理论研究与实践分析发现，适度的经济增长不平衡是有利于区域间经济增长的，但是长期存在的增长不平衡会阻碍国家或地区的整体经济增长。这主要是由于长期经济增长不均衡会使国家优质的资本、劳动力以及先进的技术向发达地区集聚，产生抽空效应，导致欠发达以及落后地区经济增长更为缓慢，造成区域经济增长差距更大。总之，经济增长不平衡将进一步加剧资源、收入等的分配不合理，最终影响整个国家的经济增长效率，导致国家社会整体福利水平的下降。显然，我国的经济增长也不可避免地经历着增长不平衡的过程。在计划经济时代以及改革开放初期，国家出于种种原因，采取了优先发展一些地区甚至牺牲部分地区经济利益以换取一些地区经济快速增长的战略决策，这不可避免地造成了我国各区域间产生了巨大差异。虽然在改革开放的中后期，我国已经意识到了区域经济增长不平衡的问题，并采取了西部大开发、振兴东北老工业基地、中部崛起等战略措施，但是依然没有从实质上改变这一现状。我国经济历经40多年的高速增长，虽然总体来看，国家政治、经济、文化得到了全方位的发展和完善，综合实力不断增强，但是东中西部地区社会发展差异却依旧明显，尤其是作为社会发展基础的经济增长方面存在明显的不平衡。近年来，我国国内也面临着经济新常态下经济发展的各种挑战。党的十九大报告指出，我国主要矛盾已经转化为人民日益增长的美好生活需要和不平衡不充分的发展之间的矛盾。从我国的现实情况来看，区域经济增长不平衡已经成为全社会关注的热点。当前区域间的经济增长不平衡已经成为制约我国经济均衡持续增长的重要因素。东部发达地区由于起步早、增长快，吸引了更多的资金、优质人力、高新技术等优质资源，而优质资源又使发达地区的经济增长更快、更好；反观经济落后地区，由于各种优质资源的流出，加之本身存在经济增长劣势，很难保持与发达地区同步的经济增长速度，这就导致强者越强，弱者越弱的窘境。地区间经济增长的差异增加了经济落后地区追求经济高质量、可持续增长的难度，使落后地区缺乏追求经济增长的内在动力。相关研究表明，虽然我国一直出台扶持经济落后地区经济社会发展的相关战略，区域间的经济增长差异存在波动变化趋势，而且差异的波动幅度有所下降，但是区域间经济增长的不平衡性仍在扩大。持续的经济增长不平衡将带来很多社会问题，威胁到社会的长治久安，尤其是对于经济增长长期处于滞后状态的偏远地区，持续的不平衡会抽空优质资源，激化社会矛盾，影响社会稳定。

在40多年的改革推进过程中，我国的经济体系和社会结构已经发生了重大转变，政府已经调整战略方针，将实现共同富裕，减小贫富差距，全面建成小康社会作为经济发展的目标。党的十九大报告明确指出我国社会主要矛盾已经转化为人民日益增长的美好生活需要和不平衡不充分的发展之间的矛盾。2020年10月，习近平总书记再次强调："共同富裕是社会主义的本质要求，是人民群众的共同期盼。我们推动经济社会发展，归根结底是要实现全体人民共同富裕。"以往国家对经济增长关注的多是需求管理方面，即从经济增长需求角度出发，依靠大量的资本投入和能源消耗实现高速度的经济增长，显然这种增长方式过于粗放、不可持续，相应地，国家需求管理的局限性日益突出,对供给管理的内在诉求愈加强烈。供给管理的核心就是释放市场供给束缚,通过众多学者的研究可以发现我国经济在管理效率、体制改革等诸多方面存在改进空间,供给管理将开启我国经济新一轮高质量、可持续增长的起点,而税收制度改革及其对应的地区税负调整将成为经济动力重构中的关键所在。进入21世纪以来,我国出台了一系列促进区域经济平衡增长的战略措施,而税收作为国家调控的重要抓手,近年来越来越受到重视。从2014年中央政治局会议通过的《深化财税体制改革总体方案》提出将"稳定宏观税负"作为改革的重要方面,到2016年7月中央政治局会议首次提出"降低宏观税负",再到2017年《政府工作报告》提出进一步减税降费,我国进入全面减税的税制改革阶段。"营改增"完成了全国推广并多次降低税率,同时再次提高工资薪金个人所得税免征额,并将分类征收方式改为综合征收、设立专项扣除,我国个人所得税制度开始从分类所得税制向综合所得税制转变,进一步体现了社会公平和效率。在2020年10月召开的党的十九届五中全会上,明确提出"十四五"时期,要建立健全有利于高质量发展、社会公平、市场统一的税收制度体系,优化税制结构,同时提高税收征管效能。在2022年10月16日召开的党的二十大会议上,习近平同志又一次明确指出:"健全现代预算制度,优化税制结构,完善财政转移支付体系。"在日益复杂的国际经济环境和快速发展的国内宏观经济环境下,我国政府虽然多次调整税收政策,优化税制结构,但是依然存在很多现实问题。

综上所述,我国区域间经济增长不平衡会制约整个国民经济协调、快速、稳定增长,阻碍我国共同富裕目标的实现。纵观世界经济增长理论,从起初的重商主义理论到当代内生经济增长理论,无不是基于当时所处的历史条件和社会背景出发,研究影响一国或地区经济增长的推动和制约因素。这些因素可分为两大类:一是影响经济增长的内在因素,即市场因素;二是影响经济增长的外在因素,即政府因素。在大多数经济学派的理论中,关于市场机制对经济增长的作用影响认知是统一的,但是在政府宏观调控对经济增长的作用机理、具体效应以及政府政策与市场机制间的关系这些问题上存在很大分歧。其中,作为政府宏观调控重要抓手的税收首当其冲,是众多经济增长理论涉及的重要方面。而地区税负作为市场宏观税负不仅是一国或地区的税收制度和政策的核心点，还是整个社会经济增长的核心问题之一。地区税负主要通过影响资源配置来影响国民经济运行效率以及经济增长速度，同时其大小将直接影响区域内纳税主体对投资、消费、储蓄以及劳动等行为的决策，最终影响区域经济增长，进而影响共同富裕目标的实现。

（2）相关问题。

一国经济发展过程中，经济增长不平衡问题并不少见，尤其是在一些幅员辽阔的国家，这一问题更为突出。地理区位、自然资源等客观条件以及国家政策、产业结构等主观因素的不同会导致同一国家部分区域的经济增长速度高于其他区域，长此以往，必然会造成区域间经济增长的不平衡。虽然适度的经济增长不平衡有利于区域经济增长，但是长期存在的增长不平衡会阻碍国家的整体经济增长。改革开放40余年来，我国的整体经济实现了高速增长，但是不同区域的经济增长并不平衡，从而造成当前各地经济水平的较大差异。2020年，我国经济水平最高的北京市的人均地区生产总值为164889元，为人均地区生产总值最低的甘肃省的4.58倍[1]。这种经济增长不平衡往往会导致马太效应，使强者更强、弱者更弱，进一步拉大区域经济差距，严重威胁整体经济的健康成长。我国政府已经意识到了这个问题，并实施了包括西部大开发、振兴东北老工业基地、中部崛起战略在内的多项重大举措，但是依然没有从本质上改变这一现状。党的十九大报告将"实施区域协调发展战略"作为"贯彻新发展理念，建设现代化经济体系"的一个重要方面，要求"建立更加有效的区域协调发展新机制"[2]，随后，在2018年11月，中共中央、国务院又发布了《关于建立更加有效的区域协调发展新机制的意见》，并分别设定了2020年、2035年和21世纪中叶的总体目标。由此可见，区域协调发展是我国当前的重要战略目标。

---

[1] 资料来源：国家统计局网站。

[2] 习近平：《决胜全面建成小康社会 夺取新时代中国特色社会主义伟大胜利——在中国共产党第十九次全国代表大会上的报告》，中央人民政府网站。

税收政策是宏观调控的重要工具，地区税负是税收政策在不同区域的具体体现，对区域经济增长具有较大的影响。这意味着，地区税负在以往可能已经对区域经济增长造成了现实影响的基础上，若能运用得当，地区税负也能够成为促进区域经济平衡增长的重要助力。多年来，我国不同区域一直存在不同的地区税负，那么，这种差异地区税负的成因是什么？其在我国区域经济增长不平衡中充当了何种角色？今后应当如何优化税收政策以修正地区税负，进而使其对区域经济均衡增长形成正向效应？这些都是当前亟待研究的问题。

基于上述研究背景，本书以地区税负对区域经济增长不平衡的影响为研究对象，从研究地区税负对区域经济增长不平衡的影响机制入手，在分析地区税负和区域增长不平衡的典型化事实的基础上，运用结构方程多重中介效应模型实证检验了地区税负对区域经济增长不平衡的总体影响，并建立空间面板联立方程模型、多层线性模型进一步分析了地区税负对区域全要素生产率和企业绩效的效应，以分别验证地区税负对区域经济增长质量、区域经济增长微观基础的影响，最终提出了共同富裕视阈下的区域经济平衡增长的税收政策建议。

1.1.2 研究意义

基于以上研究背景，本书以地区税负对区域经济增长不平衡性影响为研究对象，对我国地区税负、区域经济发展不平衡性的大小、收敛趋势和影响因素进行分时间段、分区域的研究，目的在于分析地区税负对区域经济增长不平衡的具体影响，为国家根据不同区域、不同情况制定适合区域经济发展特点的相关税收政策，促进区域经济平衡发展，实现全体人民共同富裕，提供较好的依据与参考。

就理论意义而言，本书采用定性演绎并建立数理模型，详细地探究了地区税负对区域经济增长不平衡的作用机制和传导路径，厘清了两者的关系；同时明确了全要素生产率是区域经济增长高质量、可持续的源泉，并阐释了地区税负对全要素生产率的影响机制，从而搭建了系统的理论框架，补充了现有相关研究的不足，为后续开展相关理论研究做出了一定贡献。

就现实意义而言，本书使用翔实的数据分析了我国地区税负和区域经济增长不平衡的一般状况，采用各种指标分别对地区税负差异和区域经济增长不平衡程度进行了测算，并详细分析了地区税负差异的成因，随后使用地市级数据实施了实证检验，并最终提出了有针对性的政策建议，为我国制定适合区域经济均衡增长的税收政策提供了依据和参考。

就实用意义来说，我国经济的高速增长奇迹是以牺牲部分社会公平为代价的，区域间经济增长差距的持续扩大，是对未来国家经济发展提出的新挑战。我国政府已经关注到了区域间经济增长不平衡这一矛盾，并在党的十九大报告中明确提出构建现代经济体系中区域协调发展战略，而高质量的区域经济均衡增长是区域协调发展的最基本保证。虽然我国政府前期已经采取了各种措施，强调东中西区域间互通协作，力图解决区域经济增长不平衡问题，实现我国区域经济协调、高质量、可持续增长，但区域经济增长不平衡这一问题仍然存在。当前我国正处在中国特色社会主义经济发展的重要转折期，是国家全面建成小康社会、实现共同富裕并向中等发达国家迈进的重要关键时期，缩小区域间经济增长差异对实现这些国家战略目标具有重大现实意义，其中，税收更是不可忽视的重要工具。本书结合省级和地级市数据，分析我国地区税负水平和结构特点，通过归纳地区税负不平衡的一般性规律、变化趋势和特点，结合我国区域经济增长不平衡的实际情况，综合分析判断地区税负对区域经济增长不平衡的作用机理和具体影响，探讨地区税负失衡对区域经济协调、高质量、可持续增长的影响及潜在的政策含义，为我国缩小区域经济增长差距，实现区域间经济均衡增长，促进共同富裕，提供了政策建议。

1.2　概念界定

合理定义地区税负和区域经济增长不平衡是本研究的逻辑起点。

1.2.1 地区税负

地区税负是地区税收负担的简称，从不同角度看有不同的解释和定义。但无论从何种角度分析，都强调了地区税负体现的是某一地区政府和纳税人之间的利益分配关系中需要纳税人承担的税收负担的具体数量，强调的是"负担"二字。结合研究主题，本书对地区税负做出以下定义：地区税负是指地区内的经济个体必须履行相关纳税义务，因而导致收入减少而形成的经济负担或者经济损失，是一个地区的税负总水平。在现实中，地区税收制度的确立仅标志着法定地区税负的形成，只有当相关税款完成征收才算真正意义上产生了地区税负。因此，地区税收制度只是确定了名义上纳税人需要承担的税负，即名义地区税负，而真实的地区税负还要看地区的税收征管能力。

一般而言，地区税负可以以地区税收收入与地区生产总值的比率来衡量，鉴于我国的具体情况，目前税收收入的认定有不同口径。小口径标准只承认规范的税收收入，但当前我国的财政收入还包括一些虽然名义上不是税收但具有税收性质的收入，因此，大口径税收收入将这些准税收也涵盖在内（安体富、岳树民，1999；郭庆旺、吕冰洋，2010）。结合本书的研究主题，本书的地区税负选取的是小口径地区税负，而对于准税收性质的非税收入，由于其与税收收入特点不同，为了研究更加清晰，在定量分析中本书将其作为与地区税负并列的一个控制变量。

此外，本书的地区税收收入指的是税务机关从一个地区收取的全部税收，即包括所有的中央税、地方税以及中央地方共享税，并非仅包括税收中属于地方政府的部分。指标这样设置更能准确反映一个地区的经济主体所承受的全部税收负担。

1.2.2 区域经济增长不平衡

区域最早是地理学中的一个概念，是指整体空间中的特定局部空间，它可以是一个抽象空间，也可以是一个具体的实体性存在。被引入区域经济理论后，区域的概念更多地偏向实体化。从经济学角度来看，区域是一切存在空间边界的经济体，例如国家、地区、城市、县（区）、乡镇以及村落等，但是在同一区域概念下的空间边界的标准应该是统一的。考虑到数据的方便获取性，在区域经济研究中大多是参考政府统计数据中区域层级的划分来进行区域的划分，例如省级（省、自治区、直辖市等）、地级（市、地区、自治州、盟、公署等）、县级（县、县级市、旗等）。结合我国特色来看，在当前制度背景下，各级政府掌握着大量资源，对当地社会经济增长有较大的控制力，所以我国的经济区域基本等同于行政区域。因此，对我国区域经济增长不平衡问题的研究所关注的经济区域也就是行政区域。结合研究问题，本书在典型化事实分析上是省级行政区域和地市级行政区域，在地区的实证研究上是地市级行政区域。同时本书依据国家统计局有关分区文件[1]，不考虑港澳台地区，将全国分为东部、东北、中部和西部四个区域，其中，东部地区包括北京、天津、河北、上海、江苏、浙江、福建、山东、广东、海南10个省（市）；东北地区包括辽宁、吉林、黑龙江3个省；中部地区包括山西、内蒙古、安徽、江西、河南、湖北、湖南、广西8个省（区）；西部地区包括重庆、四川、贵州、云南、陕西、甘肃、青海、宁夏、新疆、西藏10个省（市、区）。

显然，区域经济增长是指不同经济区域的经济增长水平。区域经济增长不平衡是指由于各经济区域的经济增长存在显著的、带有地区特色的个性差异，故经济增长水平各有不同。通过分析发现，这种经济增长的不平衡性往往会由于区域间的经济和社会的互动而加剧或缩小。换言之，区域经济增长不平衡产生的主要原因是区域间经济增长的个性化差异，其具体变动又取决于各区域经济增长过程中的互动。很多经济增长理论对区域经济增长不平衡进行了阐述，例如新古典经济理论认为，由于生产要素的边际报酬递减性和自由流动特质，虽然短期内区域间经济增长存在一定的不

---

[1] 资料来源：《中共中央、国务院关于促进中部地区崛起的若干意见》《关于西部大开发若干政策措施的实施意见》以及党的十六大报告的精神。

平衡，但从长期来看，区域经济增长将最终趋于平衡；而循环累积因果理论则与之相反，认为区域经济增长就是一个长期的不平衡增长过程。后续分析中将对上述理论进行详细评述，故此处不再赘述。本书将在第4章详细论述衡量区域经济增长不平衡的绝对指标与相对指标，并且通过指标的对比分析，多维度测算当前我国区域经济增长不平衡的具体水平。

1.3　研究内容与框架

1.3.1　研究内容

随着国际环境愈加复杂和国内经济继续深化转型，本书认为研究地区税负对区域经济增长不平衡的影响意义重大，对我国区域经济均衡、协同发展和实现高质量、可持续增长尤为重要。在充分认识和分析当前我国地区税负和区域经济增长不平衡现状的基础上，本书重点探讨地区税负对区域经济增长不平衡的影响机制，针对地区税负可能产生的不同影响，挖掘其深层次的制度原因，为我国实现区域经济均衡、良性可持续增长，促进共同富裕，提出一些政策建议。

本书第1章为绪论，介绍了研究背景和研究意义、概念界定、研究内容与框架、研究方法、创新点与不足。

第2章为文献综述，从地区税负、区域经济增长不平衡、地区税负与区域经济增长不平衡关系三个方面梳理和评述了与本书密切相关的文献。

第3章为地区税负与区域经济增长不平衡的一般理论分析。本章使用定性分析法并建立了相关数理模型，在阐释地区税负和区域经济增长不平衡一般理论的基础上，对以下问题进行了研究：首先，分析了地区税负对区域经济增长不平衡的总体影响机制；其次，鉴于全要素生产率是保持地区高质量、可持续增长的主要源泉，分析了地区税负对区域全要素生产率的影响机制；最后，鉴于企业是区域经济增长的微观主体，分析了地区税负对企业绩效的影响机制。本章从地区税负对区域经济增长速度、质量、微观基础三个层面的效应出发，建立了地区税负对区域经济增长不平衡影响的理论框架，为下文开展相关实证研究提供了理论基础。

第 4 章为我国地区税负和区域经济增长不平衡的典型化事实。本章首先对我国地区税负进行了一般性描述，采用塞尔指数测算了地区税负差异并分析了地区税负差异的成因；其次，阐释了我国区域经济增长不平衡的概况，并通过多种绝对差异指标、相对差异指标及基尼系数、泰尔指数等指标对区域经济增长不平衡进行了测度。

第 5 章为我国地区税负对区域经济增长不平衡的总体效应分析。本章建立了能够同时分析直接效应和多重中介效应的结构方程多重中介效应模型，并采用因子分析法和熵值法等方法对有关变量进行处理，使用 2005—2018 年我国 283 个地市级的面板数据，实证检验了地区税负对区域经济增长的直接效应，以及地区税负通过要素投入机制、产业结构变动机制、财政支出机制等中介效应机制对区域经济增长的间接效应。研究发现，地区税负显著直接抑制了区域经济增长；地区税负通过财政支出显著促进了区域经济增长；地区税负通过要素投入显著抑制了区域经济增长；地区税负通过产业结构调整影响了区域经济增长，但相较于其他机制影响较为轻微。总体而言，地区税负对区域经济增长产生了显著的抑制效应。本章还从分税种和分区域视角实施了异质性分析。

第 6 章为我国地区税负对区域全要素生产率的效应分析。在分析地区税负对区域经济增长的总体影响机制基础上，本章进一步从区域经济增长质量视角出发，实证检验了地区税负对区域全要素生产率的影响。本章构建了动态面板联立方程模型和空间面板联立方程模型，使用 2005—2018 年 283 个地市级数据对区域全要素生产率进行了测算，并检验了地区税负与区域全要素生产率之间的内生影响效应和空间溢出效应。研究发现地区税负和区域全要素生产率之间存在显著的相互内生性影响，且具有较复杂的显著空间溢出效应，但总体而言，空间相关影响系数绝对值较小。此外，本章还对分区域样本实施了异质性分析，检验了不同区域的地区税负与区域全要素生产率的相互内生影响关系和空间溢出效应。

第 7 章为我国地区税负对区域企业绩效的效应分析。本章进一步从区域经济增长的微观基础视角出发,实证检验了地区税负对区域企业绩效的影响。本章在第3章理论分析和研究假设基础上,建立了适合分析不同层面嵌套数据的多层线性模型,使用283个地市级层面数据以及中国工业企业数据库(2013)的微观企业数据,将企业嵌套于地市中,对地区税负对区域企业绩效的影响实施了实证检验。研究发现地区税负对区域企业绩效具有显著的负效应;地区税负对特征不同企业绩效的异质性影响存在一定的差异。此外,本章也实施了分区域异质性检验。

第8章为本书的研究结论与政策建议,即共同富裕视阈下地区税负的优化策略。本章对本书的实证研究结论进行了总结,并在前文的研究基础上,提出了促进区域经济均衡增长,实现共同富裕目标的政策建议。

1.3.2 研究框架

本书研究框架见图1.1。

1.4 研究方法

本书在对我国地区税负对区域经济增长不平衡的影响研究中,所使用的研究方法主要包括以下3种。

(1) 定性分析与数量分析相结合。

首先,本书运用定性分析法和数理模型阐释了地区税负对区域经济增长的影响机制,建立了系统的理论框架;运用定性分析法对地区税负的影响因素、我国地区税负差异的成因进行了分析,并提出了相应的政策建议。

其次,运用结构方程多重中介效应模型、动态面板联立方程模型和空间面板联立方程模型、多层线性模型等计量模型,使用2005—2018年283个地市级面板数据以及中国工业企业数据库(2013)的微观企业数据,实证检验了地区税负对区域经济增长的总体效应,以及地区税负对区域经济增长质量、区域经济增长微观基础的影响。

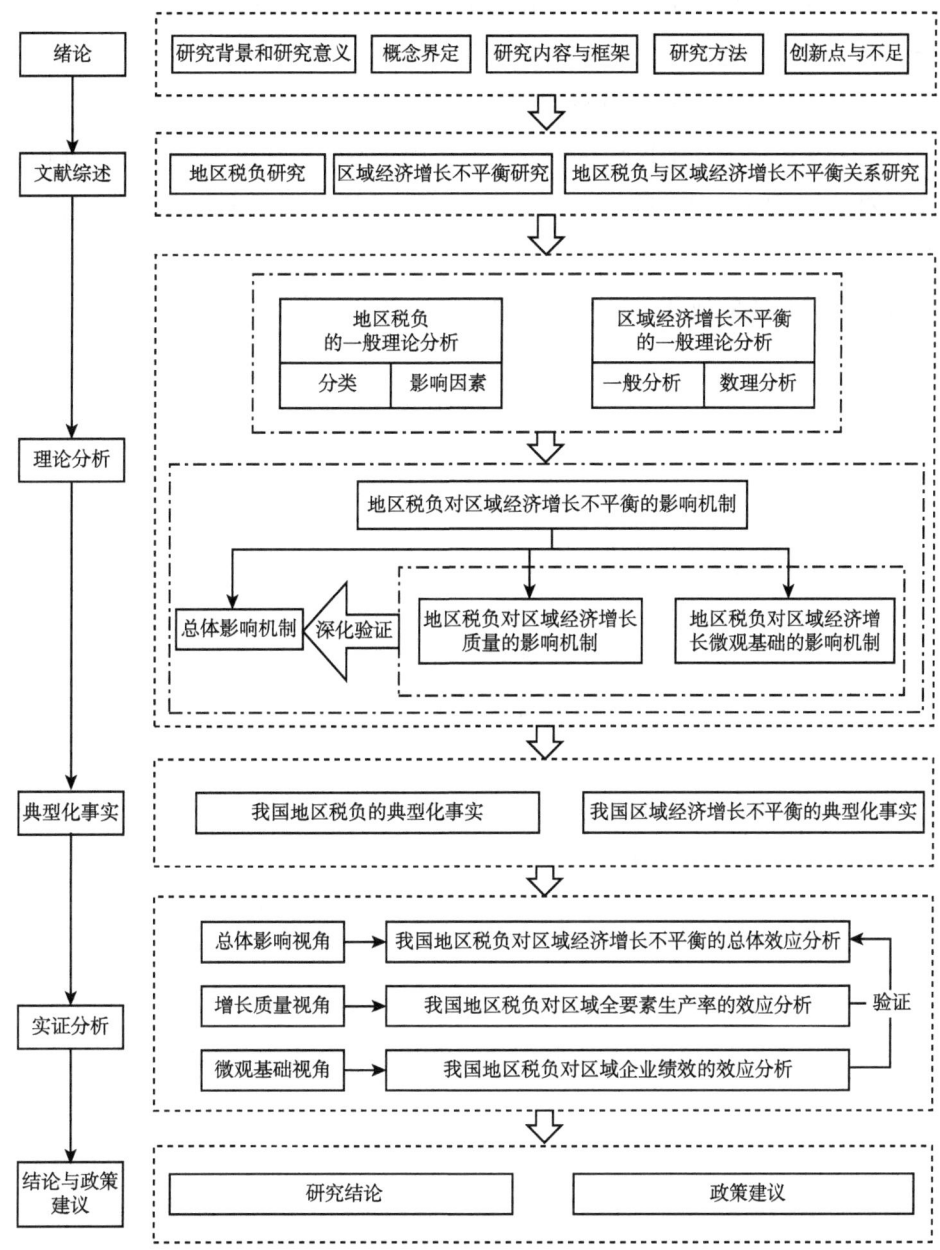

图 1.1 本书研究框架

（2）静态分析与动态分析相结合。

本书在地区税负对区域经济增长不平衡影响的研究中，既实施了静态分析，又对相关变量随时间的变化趋势实施了动态分析，这两种方法相结合，保证了研究的深度。

（3）整体分析与局部分析相结合。

本书既对全国各地区税负差异、经济增长不平衡状况实施了总体分析，又对四个区域间和四个区域内的税负差异和经济增长不平衡进行了比较研究；在实证分析部分，本书将全样本分析与分区域的子样本异质性分析相结合，以对整体效应和分区域效应进行比较和相互验证。

1.5 创新点与不足

1.5.1 创新点

本书在以下几个方面有所尝试和创新。

（1）研究视角创新。本书首先同时研究了地区税负对区域经济增长的直接效应，以及地区税负通过要素投入、财政支出、产业结构变动等中介机制对区域经济增长的间接效应；其次通过分析地区税负对区域全要素生产率的效应，检验了其对区域经济增长质量的影响机制；最后通过分析地区税负对区域企业绩效的效应，进一步检验了其对区域经济增长微观基础的影响机制。本书的研究将横向（地区税负对区域经济增长的总体直接和间接影响）和纵向（地区税负对区域经济增长质量和区域经济增长微观基础的影响）相结合，与现有文献相比，对主题的分析更加系统和深入。

（2）理论模型创新。本书拓展了地区税负对区域经济增长不平衡影响的理论框架。本书从政府、企业、家庭等多个角度，对地区税负对区域经济增长影响的数理逻辑进行了详细阐释，构建了基于内生经济理论的地区税负对区域经济增长不平衡影响的理论框架，分别从微观层面和宏观层面探究了地区税负对区域经济增长的影响机理。本书将多层次（微观层面和宏观层面）、多因素（生产要素、产业结构、财政支出）融入同一理论体系分析，构建了相关理论框架，从不同视角进行了理论验证与分析，相较于现有文献，对主题的分析更为细致和全面。

（3）实证方法创新。本书使用了多个在本研究主题相关领域较罕见的实证研究方法，较好地完成了实证分析。首先，在研究地区税负对区域经济增长不平衡的总体影响时，本书建立了能够同时分析直接效应和多重中介效应的结构方程多重中介效应模型，并采用因子分析法和熵值法等方法对有关变量进行处理，同时检验了地区税负对区域经济增长的直接效应，以及地区税负通过要素投入机制、产业结构变动机制、财政支出机制等中介效应机制对区域经济增长的间接效应；其次，在研究地区税负对区域全要素生产率的影响时，本书构建了空间面板联立方程模型，同时检验了地区税负和区域全要素生产率的内生影响效应和空间溢出效应；最后，在研究地区税负对区域企业绩效的影响时，本书建立了适合分析不同层面嵌套数据的多层线性模型，将企业嵌套于地市之中，运用企业层面和城市层面数据实施实证检验，更为准确、细致地分析了地区税负对区域企业绩效的主效应和对不同特征企业绩效的异质性效应。与现有文献相比，上述方法均具有创新意义。

1.5.2 本书的不足

本书仍有不足和需要完善的地方，主要集中在以下两个方面。

（1）数据的获取存在一定限制。本书的实证研究使用的是地市级数据，但由于2005年之前的地市级数据大量缺失，无法使用，因此本书实证研究的数据跨度是2005—2018年。这种数据可得性限制使得本书的实证研究无法涵盖更早的期间。

（2）本书虽然努力提出了相应的政策建议，但由于地区税负对区域经济增长不平衡的影响除了与经济因素相关，还涉及社会、文化等诸多方面，这导致相关税收政策的调整非常复杂，本书的政策建议可能无法全面涵盖，且在操作性方面也有进一步提升的空间。这是笔者今后的研究方向。

第 2 章 文献综述

地区税收负担是指一国或地区的纳税主体因向政府缴纳税款而导致的个体经济损失或福利牺牲（马海涛，2004；盖地，2015）。税收制度在财政体系中占有重要地位，而税收负担是税收制度直接作用于市场经济的重要着力点。很多西方经济学派研究了税收与经济之间的各种关系，其中地区税负对区域经济增长的影响是各流派的重要研究点之一，其力图通过研究地区税负的影响来探究如何优化税收政策，实现区域经济的更好增长。结合本书研究目的，本章主要从地区税负、区域经济增长不平衡、地区税负与区域经济增长不平衡关系三个方面对相关文献进行了回顾和综述，为后续研究奠定了一定的基础。

2.1 地区税负研究

地区税负是辖区内居民和企业感知税收制度的最主要方面，一直以来有关地区税负的研究都是财政学研究的重点和核心问题之一。随着全球化推进，各国市场环境愈加复杂，税收竞争愈演愈烈，有关地区税负的相关问题研究已然成为各国实现经济增长无法忽视的重要课题，国内外研究成果丰硕。本节将从以下三个方面重点回顾文献的研究成果。

2.1.1 地区税负基础理论研究

由于近现代全球经济发展中心主要集中在西方发达国家，故当前有关地区税负的相关基本理论主要构建在西方经济学家提出的一系列经济理论基础之上。无论是出现较早的西方古典经济学派还是 20 世纪后期出现的新古典经济学派，都对税收理论有着深远的影响，税收相关理论也在经济理论的不断演进中得到了优化，从古典税收学说发展到了现代税收负担理论。

（1）古典经济学派下的税收负担理论。

古典经济学派下的税收负担理论主要有重商主义税收负担理论、古典经济税收负担理论、历史学派税收负担理论和福利学派税收负担理论。其中，最早出现的是重商主义税收负担理论，其是基于资本主义的最初经济学说重商主义提出的，该理论认为政府应为居民提供所需公共服务，税收是居民享受政府提供公共服务所支付的价格，同时主张政府通过税收保护政策干预本国进出口贸易，促进出口、限制进口，保护本国经济、实现国家财富增长（Mun，1630）。另外，该理论主张税制结构应以间接税为主，这种税制结构有利于税收征收，能够变相促进国家税收收入增长，保证税收公平，抑制资源浪费，但是不可避免会导致税负转嫁问题的出现（Serra，1613）。

随着经济社会发展，古典经济学派的自由竞争思想日渐盛行，古典经济税收负担理论应运而生。该理论认为市场能够通过自身调节实现最优化，国家不需要也不应该对市场经济进行干预，税收会影响社会福利最大化，导致社会福利损失。因此，国家应给予居民经济生活的完全自由，任何干预都是不正确的，包括税收干预。其中，国家征税时应尽可能保证税收中性，采取低税负税收政策，减少税收对市场的干预，在平等、便利、确定和费用最小的原则下开展税收活动（Petty，1662；Smith，1776；Ricardo，1817）。

此后，随着资产阶级庸俗经济学的发展，其重要分支历史学派提出了历史学派税收负担理论。该理论先以研究关税作用为出发点，认为关税保护可能会带来社会价值牺牲，但政府可以通过关税保护行为培养、提高本国生产力；后又拓展提出"四端九项"税收原则，突出说明税收可以矫正社会分配不公，强调税负和经济的关系，重视税收公平（List，1841；Wagner，1901；Stein，1955）。这一思想对西方税收理论及实际税收政策制定都产生了深远影响。

进入19世纪以后，越来越多文献开始关注如何增加社会福利，被称为"福利经济学之父"的Pigou（1920）首次提出福利学派税收负担理论，认为国家征税应尽可能避免降低社会福利，并提出了税收最小牺牲理论，即税赋分配使所有纳税主体的货币边际效应相等时，获取税收引起的社会效用福利减少最小，这时社会所有纳税主体的边际牺牲不是总牺牲均等，但达到了最小值。在此基础上，后续文献又提出了拉姆齐法则和霍特林租金两个概念。其中，拉姆齐法则指出若想增加税收而不抑制消费，最好的方法是对需求弹性小的产品多征税，这一法则指明了如何对不同需求弹性产品征税可以实现社会效率损失最小的原则（Ramsey，1927）；霍特林租金是指资源的社会净价值是单位产出的社会愿意支付价减去边际开采成本，但现实中资源价格并不等于边际开采成本，即使在完全竞争市场，两者也存在差额，该差额为资源稀缺租金，也称为"资源稀缺租金"，其为各国开征资源税奠定了重要的理论基础（Hotelling，1931）。

（2）现代税收负担理论。

随着经济学理论体系的逐步完善，经济学家们对税收负担理论进行了深层次的拓展。与此前多是主张税收中性的观点不同，现代税收负担理论更加关注和强调税收负担对地区社会经济发展的调节作用。这个时期的现代税收负担理论框架下的税收负担理论主要有新古典学派税收负担理论、凯恩斯主义税收负担理论和货币主义税收负担理论。

18世纪末，新古典经济学派提出了新古典学派税收负担理论，该理论认为当税收干预市场后，市场中各种经济活动的成本和收益间的基础关系将发生扭曲，并将生产者成本同消费者利益对立起来，降低了资源利用效率。另外，该理论也明确了税收转嫁和超额负担两个概念，认为若某种商品的税收需由自身承担，将使该商品生产萎缩，生产者肯定会将大部分税负转嫁给消费者，剩余小部分继续向后转嫁给其他供应生产者，以生产其他必需品；超额负担是指纳税主体在上缴税款时承受的其他经济损失（Adams，1898；Marshall，1890）。

19世纪三四十年代，西方国家发生了严重的经济危机，经济理论体系进一步完善。为实现经济增长恢复和社会充分就业，凯恩斯主义税收负担理论认为税收收入是取自纳税主体的可支配收入，税收将会导致社会消费缩减，影响私人投资，因此政府应通过减轻税收负担，促进社会消费需求增加，拉动社会投资；同时，社会整体税负不应过高，否则会导致投资边际效率减小，影响私人投资倾向，进而降低政府支出调控的有效性；另外，该理论还主张政府应相机抉择，不要随意更改税率，应根据国家实际情况采取具体减税措施，保障就业和经济稳定（Keynes et al.，1936；Hansen，1947）。在后期研究中，该理论得到了进一步完善，认为政府在制定税收政策时，应"逆经济风向"而行，即社会发生通货膨胀时，应实施增税措施，减少消费和投资，避免经济过热；当经济陷入衰退时，应实施减税政策，刺激消费和拉动投资（Samuelson，1979）。

20世纪50—70年代，西方很多发达国家陷入社会滞胀状态，原本盛行的凯恩斯主义税收负担理论受到巨大冲击，货币学派开始崭露头角，其主张的税收负担理论认为在紧缩货币供给量来抑制通货膨胀的同时，可以通过减税来增加投资、促进经济增长（Friedman，1963；Mundell，1971）。其中最为著名的是拉弗曲线，它明确了减税的重要意义，认为减税能够带来巨大的收入效应，在一定阶段，减税并不会减少政府税收收入，反而会通过减税引起的消费、生产以及投资增加带来更多税源，实现政府税收收入增加（Laffer，1974）。后续学者又进一步拓展了相关理论，并以美国为例研究、总结得出，美国经济发展困境并不仅仅是税率过高，更多的是由于财政赤字、税收结构不合理以及通货膨胀等多方面的影响，因此减税无法从根本上解决美国经济停滞的问题（Feldstein，1983）；进一步实证分析发现高税率影响了劳动者的工作积极性，较低的税率将提高劳动积极性，提高劳动者的工作数量和质量，进而提高社会生产力、降低通货膨胀率。因此，国家实施减税政策不能就减税而减税，而是需要配套综合措施共同发力（Feldstein，1983；Evans，1983）。

2.1.2　地区税负测算口径研究

经过多年发展，关于地区税收负担测算口径的确定，国际上已经形成了较为通用的标准。国际货币基金组织（IMF）在其出版的《2001年政府财政统计手册》中指出税收负担测算口径是政府税收收入加上强制性社会保障上缴款在国内生产总值中的占比（IMF，2001）。经济合作与发展组织（OECD）在其出版的 Revenue Statiatics 1965—2011 中提到当前国际税收测算通用标准为税收收入总额（含社会保障费）占国内生产总值现价的比重（OECD，2011）。由于西方国家政府收入几乎全部来自税收，故其税收负担的具体测算值为税收收入除以地区生产总值。鉴于我国具体国情，目前税收收入的认定有不同口径，故有关地区税负测算口径的研究多集中在国内。

从20世纪后期，国内开始关注税收负担的测算，并通过各种研究得出结论，为我国测算地区税负奠定了较好的基础。在定性分析基础上，结合我国具体情况，文献分析了我国地区税负测算的依据和基础，认为我国地区税负轻重不能简单通过某项指标判定税收轻重与否，而是要具体考虑经济发展水平状况，简单地评价它过重或过轻是不对的（葛惟熹，1980；胡中流，1987；安体富、岳树民，1999；邓力平，2019）。而有关地区税收负担测算的研究更多地是以定量分析为主，其中最为常见的测算方法是从政府收入口径出发，将地区税负测算值分为三类：一是预算内收入占国内生产总值的比重；二是预算内收入加上预算外收入占国内生产总值的比重；三是预算内收入加上预算外收入、各类补贴以及赤字调整后的收入占国内生产总值的比重（安体富、岳树民，1999）。这三种测算口径相对合理、全面，在后来的实践中也被学术界普遍接受，很多学者在测算我国地区税负水平时以此为依据，但在具体操作中有关收入范围、层次以及具体分解不同，导致最终有关税负的相关测算结果不一致（何振一、张学兰，1997；龙朝晖、程会林，2009；梁俊娇等，2017；吕冰洋等，2020）。

在实际运用中，到底选用哪种测算口径更适用于描述研究中国问题，学者们也是各抒己见。考虑到我国财政收入计算口径与国际惯例的异同，国家发改委经济研究所指出我国宏观税负测算应严格遵循国民经济税费原则、税收法制原则、政府总收入原则及国际可比原则设置相关统计口径（国家发改委经济研究所，2014）。很多学者在计算地区税收负担时往往将三种口径都计算出来，对比分析选出更适合研究问题的地区税负口径。主要有以下观点：一是认为我国小口径地区税负偏低，而中、大口径地区税负偏高，主张我国应提高税收收入占比，将小口径地区税负提升，同时降低一定比例中、大口径税负，这样能够更好地促进社会经济发展（安体富、岳树民，1999；郭庆旺、吕冰洋，2010；李波，2010）。二是有些学者指出，在具体测算时应充分考虑影响地区税负的一些重要因素，例如税收负担内涵的拓展、是否应将非应税地区生产总值剥离以及税外费的核算口径等（安体富、林鲁宁，2002；王军平、刘起运，2005；安福仁，2005；李彦龙、乔倩，2019）。三是随着税收收入比重的上升，中口径税负和小口径税负越来越得到认可。一些学者认为，从长远来看，为更好地实现区域经济增长，我国应采取措施提高财政收入中税收收入的比重，同时我国地区税负的测算应遵循国际惯例，采用地区税收收入与 GDP 比重这一个口径（付广军，2010；龚锋、余锦亮，2015；李永海、孙群力，2016；曹润林、陈海林，2021）。也有部分文献认为，当前计算我国地区税负的测算口径与税收理论并不协调，简单以小口径税负核算当前税负不够客观，但小口径税负核算最为基础、准确（欧阳华生等，2015；陈文东，2016；苏国灿等，2020）。

2.1.3 最优税负研究

最优税负理论是基于最优税收理论提出的，即确定何种税负可以实现社会福利最大化或经济增长率最大化，以及如何设置税种和税率水平实现公平和效率兼顾，使得税收对社会福利及经济增长的扭曲最小。目前国内外有关最优税负理论的研究，都是以 Chamley（1986）和 Barro（1990）的研究为基础。在公共支出内生的前提假设下，确定了最优税收，认为生产性公共支出存在外部性，政府生产性支出的增加有利于促进经济增长，在内生增长框架下，将政府生产性公共支出引入企业生产函数，得出地区税负与经济增长率呈倒 "U" 形关系，指出最优地区税负等于地区生产性公共服务的产出弹性，这也被称为 Barro 模型（Chamley，1986；Barro，

1990)。之后众多学者在其研究基础上,进行了多方面的拓展,并得出了丰富的理论成果,主要包括最优税负规模问题和最优税负结构问题。

(1) 最优税负规模。

最优税负规模是指使社会福利最大化或经济增长率最大化的税收负担规模。除了 Barro 模型基础确定的最优税收规模外,很多学者认为最优地区税负并不等于 Barro 模型中生产性公共服务的产出弹性,而是小于生产性公共服务的产出弹性。具体研究主要有:第一,部分学者通过引入不对称信息理论,得出最优地区税负小于 Barro 模型中生产性公共服务的产出弹性的结论(Ho & Wang, 2005);第二,部分学者从生产性公共支出形式角度出发,Barro 模型以流量形式引入生产性公共支出,以存量形式将生产性公共资本引入生产函数,得出最优地区税负应小于 Barro 模型中生产性公共服务的产出弹性(Futagami et al., 1993; Greiner & Hanusch, 1994),并指出公共支出不仅包括生产性支出,还包括消费性支出。生产性支出通过外部性影响生产,消费性支出则有利于提高消费者效用(Chen et al., 2010)。除了上述观点,很多学者又进一步拓展了相关研究,在 Barro 模型基础上将消费性支出引入效用函数,认为不应只考虑生产性公共服务的产出弹性,还应考虑其他影响因素,并推导出最优地区税负规模水平(Park & Philippopoulos, 2002; Abuselidze, 2012; Economides et al., 2013);同时考虑到现实中很多公共服务存在拥挤性问题,研究将生产性公共支出拥挤性引入生产函数,得出公共服务拥挤性越高,最优地区税负规模越高的结论(Turnovsky, 1997; Dewatripont et al., 2003; Abuselidze, 2015)。

国内最初有关税收最优税负规模的研究,大多是从如何确保公共服务需求的财政收入角度出发。为了满足政府公共财政支出需要,政府应合理确定税负规模和税率水平。部分学者通过测算发现,在我国较为合理的地区税负规模应占地区生产总值的 20% 左右,如果考虑到非税收入影响,还可适当提高税负规模 5~10 个百分点(安体富,1997;刘凤良等,2009;高凌江,2012)。还有学者从我国经济增长下的税负适宜水平出发,进行实证分析,虽然各自研究的计量模型、数据口径以及考虑的因素不同,得出的有关税负对区域经济增长影响的角度也不同,但是这些研究均发现,税收规模过大、税负过高将产生经济抑制作用（郭庆旺、吕冰洋，2004；余萍，2018；张衔、徐强，2020）。随着研究深入，很多学者开始引进国外文献研究思路，对我国最优税负规模进行了多角度的测算和评价，其中基于 Barro 模型的相关研究较多。部分学者在 Barro 理论模型的基础上，测算出了我国最优税负规模。由于测算口径不同，具体主要有以下结果：一是认为我国小口径下计算的最优税负规模约为 22%（吴卫红等，2012）、19.9%（王凤英、张莉敏，2013）、23.4%（罗捍东、丁丹，2015）以及 21.6%（李彦龙、乔倩，2019）等，且不宜高于 26.34%（高子建、范雪蕾，2008；许生、张霞，2016；温桂荣等，2020）；二是结合实践，国家发改委经济研究所课题组（2014）认为如果我国经济增长速度维持在 7.5% 左右，那么对应的宏观税负最优规模应在 23% 左右，同时结合国际通行测算口径，宏观税负规模的上限是 33% 左右（国家发改委经济研究所课题组，2014）。

（2）最优税负结构。

最优税负结构是指政府为了满足公共支出需求而向纳税人征收税款以及征收何种税款、采用何种税率水平，才能够实现公平与效率兼顾，使得税收带来的扭曲损失最低。这也意味着在进行最优税负研究时不仅要考虑一次性征收总额的问题，还应考虑不同税种的最优。在最优税负结构研究中，学者们主要考虑最优消费税、最优资本所得税和最优劳动所得税。在早期研究中，拉姆齐法则指出在无法征收总额税和不征收其他扭曲税收的前提下，对商品课税的最优税率与对应商品的需求弹性为反比关系（Ramsey，1927），但这一法则并不是最优税负结构的起点，它仅考虑了商品需求弹性问题，没有考虑一旦商品缺乏弹性可能造成的问题。Chamley（1986）在公共支出内生的前提假设下，结合新古典经济增长框架研究最优税率得出，资本所得税与劳动所得税和消费税相比，对经济的扭曲作用最大，若经济实现稳态，则最优资本所得税为零。这为最优税负结构研究奠定了理论基础，此后大部分学者研究最优税负结构是在此基础上进行了修正和完善，其中有关最优资本所得税和最优劳动所得税研究居多，而最优消费税的研究相对较少。

在具体研究中，部分学者进一步验证了 Chamley 的最优税负结构理论，发现在经济趋于稳态时，不仅最优资本所得税为零，最优劳动所得税也为零（Lucas，1990；Jone et al.，1997；Atkeson et al.，1999；Piketty et al.，2014）。一些学者在 Chamley 理论的基础上进一步研究发现，就算经济没有处在稳态，最优资本税率也应为零（Chari et al.，1994；Judd，1999；Chari & Kehoe，1999）。另外也有学者从行为人存在异质性角度出发，进一步完善了 Chamley 的理论（该理论假设行为人同质），得到即使行为人不同，最优资本所得税依旧是零的结论（Judd，1985；Atkeson et al.，1999；Chari & Kehoe，1999）。后续又有学者将随机冲击考虑在内，得出了一系列的结论：首先证明了即使存在随机冲击，最优资本所得税依旧是零（Zhu，1992；Stockman，2001）。其次在经济增长过渡时期，往往最优资本所得税很高，而最优劳动所得税为负；跨过过渡期后，最优资本所得税接近于零，而最优劳动所得税则会处在中等水平（Chari et al.，1994）。另外，考虑到信息不对称，政府征税能力存在一定限制，拉姆齐法则中提出的商品税将无法保证效率，因此政府若想进行有效的市场调节，需要直接对消费者或生产者征税（Naito，1999）。

随着经济理论发展，学者在研究中又引入了市场不完全竞争假设情况以及消费者有限生存情况。首先，在市场不完全竞争假设下，学者们认为消费和储蓄的关系将影响最优资本所得税的正负（Aiyagari，1995；Chamley，2001；庄子罐等，2009；Renstrm & Spataro，2021），如果政府只征收资本所得税和劳动所得税，则最优资本所得税税率是由投资效应和利润效应决定的，但如果还涉及其他税种，则最优资本所得税税率为正（Guo & Lansing，1999）。如果将市场分为正式市场部门与非正式市场部门，政府只能对正式市场部门征税，此时最优资本所得税与最优劳动所得税将等同于基础设施投入占正式市场部门的产出比例（Peñalosa & Turnovsky，2005）；若公共支出部分用于转移支出，最优资本所得税将高于最优劳动所得税（Ríos – Rull，2003）；同样，如果是在政府无承诺时，最优资本所得税往往高于最优劳动所得税，且容易变化（Klein & Ríos – Rull，2008）。其次，在消费者有限生存假设下，一些学者的研究结论依旧是最优资本所得税和最优劳动所得税为零（Atkeson et al., 1999），但更多学者认为最优资本所得税大于零，而最优劳动所得税随着年龄递减（Erosa & Gervais, 2002；Mathieu-Bolh, 2006；Hansen, 2021）。另外，一些学者还结合我国情况，分析了财政分权下的我国最优税负结构，认为我国最优税收结构也是征收消费税和资本所得税，其中对于最优消费税，依据转移支付标准，中央和地方应存在固定的分配比例关系（程宇丹、龚六堂，2016；王蕴，2019）。

2.2 区域经济增长不平衡研究

区域经济增长不平衡一直以来是各国重视的问题，尤其是在管辖地理区域范围广阔的国家，更是面临更大的挑战。特别是20世纪60年代中期后，以Solow、Swan为代表的新古典增长理论盛行后，区域间经济增长不平衡及其动态变化趋势更是成为各经济增长理论关注的热点问题之一。当前学术界对区域经济增长不平衡做了大量理论研究，这些研究可从以下三个方面进行梳理。

2.2.1 区域经济增长不平衡的基础理论研究

第二次世界大战后，西方发达国家为了迅速实现战后恢复，以经济高速增长为目标，将大量资源和要素投入社会经济发展条件较好的地区，这些地区的经济快速崛起、高速增长，但也给各国带来了不可忽视的区域经济增长不平衡问题。虽然部分地区经济条件得到了改善，但是出现了发达地区和欠发达地区经济条件的明显分化，而且这种不平衡现象还有进一步加剧的趋势。区域经济增长不平衡成为世界各国在经济发展过程中出现的普遍性问题，区域经济增长理论应运而生，并在20世纪50—70年代得到了较快发展，成为区域经济学、经济地理学、发展经济学等学科的重要研究领域，经济学家们提出了多种理论学说，其中区域不平衡增长理论是其重要分支。Hirschman于1958年出版的《经济发展战略》标志着区域不平衡增长理论正式形成，其基本观点是，地区要基于自身特点和差异，实施有重点的不均衡发展战略，结合经济增长阶段，恰当选择和支持重点地区或重点行业的发展。区域不平衡增长理论从资源稀缺性角度出发，强调优先发展优势地区和优势产业部门，进而带动整个区域的经济增长和发展。按照提出时间先后，有关区域不平衡增长的具体理论大致可分为循环累积因果理论、增长极理论、非均衡增长理论、梯度推移理论、中心—外围理论、倒"U"形假说。

（1）循环累积因果理论。

瑞典经济学家 Myrdal 在 1944 年首次提出了循环累积因果理论，并在之后的著作中进一步对该理论进行了阐述和研究。该理论认为，社会经济中的各个因素之间存在循环累积因果的关联，即某一要素的变动将引起另一要素的变动，而且后者的变动会对前者的变动产生强化作用，周而复始，总体社会经济状况也会随着初始要素的变动而变动（Myrdal，1957），其中"回流效应"和"扩散效应"是循环累积因果理论的两大内在路径。回流效应是指在经济社会发展过程中，各要素从欠发达地区流向发达地区，扩大了区域间的经济增长差异；扩散效应是指在经济社会发展过程中，各要素从发达地区流向欠发达地区，缩小了区域间的经济增长差异；两条路径体现了发达地区发展对欠发达地区发展存在有利和不利双重影响。该理论认为，在市场经济体制下，回流效应占据主导地位，能够造成地区间存在经济差异的二元经济结构，因此在区域经济增长初期，政府应优先发展社会基础较好、发展潜力较大的地区，然后优先发展的优势地区的扩散效应会带动落后区域的经济增长，但是应注意防范循环累积因果效应可能造成地区间贫富差异加大，所以当总体经济增长到一定阶段，政府应制定有效策略扶持落后地区，以缩小地区间贫富差异（Dewatripont et al.，2003；Economides et al.，2013）。经过实证检验，循环累积因果理论的大部分理论与现实情况符合度较好，在很多国家得到了应用和推广。

（2）增长极理论。

法国经济学家 Perroux 在 1950 年发表的论文《经济空间：理论与应用》中首次提出了经济空间概念，并解释了其是由中心以及传输各种力的场所构成的，同时处在极化过程中的极化空间。随着后续研究的深入，Perroux（1955）进一步明确了增长极理论。该理论认为，区域经济增长情况不是同时出现在所有地方，而是先以不同的强度出现在某些增长极或增长点上，而后通过各种途径向外扩散，最终实现对整个地区经济的影响。具体来说就是，经济增长不会同时出现在整个地区的所有部门、行业中，而是先在某些主导产业部门或创新性强的行业中出现。由于供给和需求的不可分性，大城市或一些特定经济空间往往集聚着这些主导产业部门或创新性强的行业，从而形成增长极。这些增长极一般是指那些规模大、增长快、创新能力强的部门或行业，其与其他产业密切关联且拥有支配能力，工厂集合，通过集聚与扩散作用，在实现自身发展壮大的同时带动其他部门或区域发展。另外，Rodwin（1976）和 Boudeville（1988）进一步对增长极理论进行了拓展和补充，提出了区域增长极的概念，将增长极理论引入区域规划中，增强了增长极的空间特性。

（3）非均衡增长理论。

美国经济学家 Hirschman 在 1958 年出版的著作《经济发展战略》中首次提到了不平衡增长理论，并运用联系效应理论和引致投资最大化原理阐述了区域经济增长是在空间的不均匀发展过程，指出地区间经济增长差异是经济增长过程中不可避免的前提条件和伴生物。具体来说就是，在地区经济发展初期，政府应选择能产生最大增长效应和吸引投资的直接生产性活动部门，同时在选择优先发展部门和项目时，应依据联系效应原理，选择在地区中具备最强联系效应的部门、产业或效应，共同提升经济增长拉动效应。另外，该理论还指出极化效应和涓滴效应是导致经济发达地区与经济欠发达地区经济增长不平衡的主要原因，它们的效应类似于循环累积因果理论中的扩散效应和回流效应，即地区经济发展初期，极化效应占主导地位，应重点发展增长快、效应高的部门和行业；但从长远来看，涓滴效应占主导地位，应通过一定政策引导避免地区间经济差距过大。同时，该理论还揭示了各部门、各产业之间的内在联系，指出地区间的各经济部门之间一定要协调合作，保持均衡发展，这为国家或地区制定整体发展规划，确定各产业和各部门的发展顺序，提供了一定的理论指导和政策工具

(Gilder, 1985)。

(4) 梯度推移理论。

梯度推移理论是基于 Vernon (1966) 的工业生产生命周期阶段理论提出的。工业生产生命周期阶段理论指出，社会经济中的各产业部门及各产品，都会经历初创、发展、成熟、衰退四个阶段 (Vernon, 1966)。Hirsch (1978) 在此基础上进行了理论的补充与完善，相关文献继续将区域经济学理论纳入其中，最终得到了地区经济发展梯度推移理论。该理论认为不同区域间存在经济与技术的梯度差异，其中发达地区拥有最好的技术和经济水平，属于最高梯度，应优先加快发达地区发展，然后利用产业扩张和要素转移带动次发达地区（中梯度区域）和欠发达地区（低梯度区域）的发展，最终实现整个区域经济的发展。但该理论最大的问题在于如何合理划分梯度地区，虽然理论上操作较为简便，但实际操作中存在很多难以量化的取舍 (Hirsch, 1978)。

(5) 中心—外围理论。

Prebisch (1957) 通过探讨发达国家与不发达国家间的中心—外围不平等关系及其具体发展模式和政策主张时，首次提到了中心—外围理论，而后 Friedman 等 (1966) 将其引入区域经济学理论研究中，进一步完善拓展了中心—外围理论。该理论主张，所有国家或地区的经济发展区域系统都是由中心系统和外围系统构成的空间二元系统结构。其中，中心系统处于支配地位，能够通过支配效应、信息效应、现代化效应、心理效应、生产效应和连锁效应等反馈机制来进一步巩固其系统支配地位；而外围系统无论是资源还是区位等都处于劣势，在整个系统中处于依附地位 (Lynn, 1961)。在社会经济发展过程中，中心系统和外围系统彼此不断相互作用、相互协助，共同推进了区域整体发展。在社会经济发展初始阶段，区域间经济二元结构较为明显，空间呈现单核结构，但是随着经济不断发展，单核结构将逐步扩张演变为多核结构，政府在整个过程中应适时适度进行干预，促进中心系统和外围系统相互融合，直至社会经济实现一体化发展 (Friedman et al., 1966)。

(6) 倒"U"形假说。

美国经济学家 Williamson 在 1965 年首次将收入分配理论中的倒"U"形假说拓展到区域经济理论研究中,指出区域经济增长中经济差距符合倒"U"形假说,并首次将区域均衡发展与区域经济增长联系在了一起,通过时间序列与截面数据的实证分析得出,地区经济发展阶段与区域经济差异之间呈现的是倒"U"形关系(Williamson,1965)。具体来说就是,地区经济发展初期,区域间经济增长差异较小,但随着地区经济发展推进,地区间经济增长差异将逐步增大,直至达到顶点后,随着经济的继续发展,区域间的差异会逐步缩小。这一理论受到了很多学者质疑,但也有学者证明了其存在的可能性(Polak & Williamson,1991;Alonso,1978)。

综上所述,上述诸多区域不平衡增长理论的共同点在于强调经济体内区域间非均衡增长的重要性,认为通过不平衡增长可以最终实现经济的整体增长,将区域均衡增长放在了次要地位。但在实际经济增长过程中,区域经济平衡增长和不平衡增长两者是对立统一的,不平衡增长的最终目的是实现更高级发展阶段的区域均衡增长。

现实中,全球各国经济发展的经验也进一步验证了这些理论,但是不同国家或地区由于种种原因,最终区域发展不平衡带给国家的影响显然不同。有的国家或地区通过分阶段发展,最终实现了区域整体经济稳定发展、居民生活水平提高;但是有的国家或地区由于区域发展严重不均衡,即使政府出台了相关措施,也无法避免地出现区域间经济差异越来越大的情况,而居民收入的巨大差异也会带来社会的不安定因素,影响整个经济体经济形势的正常运行,阻碍了共同富裕的实现,甚至导致国家陷入"中等收入陷阱"。

除了区域不平衡增长理论这一分支外,区域经济增长理论的另一分支为区域平衡增长理论。区域平衡增长是指国家或地区内的各产业、各区域内部和各区域之间的经济保持同步增长。区域平衡增长理论主张应在国家或地区内的区域间均衡布局生产力、发展相关产业、共同实现经济增长,最终实现区域间平衡发展。其主要代表性经典理论有新古典区域平衡发展理论、贫困恶性循环理论、大推进理论以及低水平均衡陷阱理论等。

新古典区域平衡发展理论基本是基于新古典经济增长模型发展而来的,

除了前面提到的主张经济体内的各要素间均衡发展外，该理论还认为各个经济要素之间存在千丝万缕的关系，相互依赖、相互补充、共同发展。如果优先发展某一地区或部门，侧重于重点投资，将会影响其他经济要素的发展，同时不利于侧重发展地区或部门的经济正常运行。各地区或各部门之间的经济联系，势必会导致贫困落后地区或部门对侧重发展地区或部门的阻碍，最终导致整个经济体内的地区或部门得不到更好的发展。因此，一个经济体内的地区或部门应该齐头并进，最终实现快速发展。

贫困恶性循环理论主要是从不发达国家角度出发，从需求和供给两方面的循环来分析指出资本形成在不发达地区会形成明显的恶性循环。从供给角度出发，由于不发达地区的经济发展水平低，人均收入水平也远低于发达地区，这就意味着不发达地区的居民只能将绝大部分收入用于基本生活消费，而难以形成大量储蓄，进而该地区的储蓄总额和储蓄率普遍偏低。然而，低储蓄力会造成地区总体的可用资本不足，可用资本形成不足将引起生产规模无法扩大，市场整体生产率下降导致低产出问题，低产出问题最终会导致低收入问题，这也回到了一开始的问题原点，不发达的经济体内，周而复始地进行着"低收入—低储蓄—低资本形成—低生产率—低产出—低收入"的恶性循环。从需求角度出发，同理，资本也会在不发达地区形成一个恶性循环。导致不发达地区需求恶性循环的原因同样是人均收入水平低下，最终形成"低收入—低购买力—低投资引诱—低资本形成—低生产效率—低产出—低收入"的恶性循环。

大推进理论更多关注的是外部经济效果对经济体内部经济发展的影响。该理论认为外部资本对相互补充部门同时投资，可以从需求和供给两个角度同时实现对地区或部门经济发展的促进。从需求角度看，外部资本对相互补充部门投资，能够创造更多互为需求的市场，进而解决了由于市场内部需求不足造成的经济发展缓慢问题；从供给角度看，外部资本对相互补充部门投资，能够进一步提高相互补充部门间的劳动生产率，降低生产成本，提高企业利润率，进而增加企业实际利润，提高劳动者报酬，最终提高全民储蓄率，增加地区的资本存量，促进投资增加，避免由于供给不足带来的发展阻碍。

低水平均衡陷阱理论以马尔萨斯理论作为理论支撑，通过研究发展中国家的人口增长率、人均资本情况、产出增长率和人均收入增长率的关系，发现发展中国家存在低收入水平反复轮回的问题，难以实现经济可持续增长。而产生这一问题的主要原因是收入水平低，绝大多数收入被用于维持生活必需品的支出，而且生活环境差、医疗水平低，导致人口死亡率高，拉动经济增长的人口增长速度缓慢，另外低收入带来的最直观的影响就是拉低居民总体储蓄率。从另一个角度看，如果以提高国民收入水平来增加居民储蓄和投资，社会经济环境得到改善，人口增长率提高，但这又会使人均收入被拉低，从而形成发展中国家经济发展的轮回性"低水平均衡陷阱"。

总而言之，区域平衡增长理论更偏向于静态理论分析，主要是把具体问题过度抽象化、简易化以及理论化处理，具体政策参考性、实际操作性较差，存在一定缺陷性。

2.2.2 区域经济增长不平衡的测度研究

合理测度区域经济增长不平衡是研究区域经济增长不平衡的基础和起点。测度区域经济增长不平衡的方法有很多，常用的主要有绝对差异测度（如极差、标准差、加权标准差等）、相对差异测度（如极值差率、变异系数、加权变异系数等）以及指数测度（如基尼系数、泰尔指数、艾肯森指数等），学者在分析具体问题时可以采用单指标也可采用多指标共同测度。但是在有关区域经济增长差异的实际测算时，由于文献研究视角、采用方法等的不同，得出的结论也有所不同。

部分学者通过经济增长速度测度分析发现，改革开放前中国区域经济增长差异呈现扩大趋势（Friedman，1987；Ignace，1989），改革开放后区域间的经济增长差异急剧扩大（Tsui，1996）。一些学者采用变异系数衡量区域经济增长总体不平衡情况，认为随着社会经济发展，中国区域经济增长总体差距有所缩小，但沿海地区和非沿海地区间的经济增长不平衡有所增加（杨开忠，1994；Qian，1998）。随后，一些学者在研究中将不同的时间段和空间点引入，运用绝对指标、相对指标以及 Williamson 系数等，以人均GDP为主要参考指标，讨论区域经济增长不平衡的问题，并指出区域经济增长差距到一定阶段将逐渐收敛（蔡昉、都阳，2000；潘文卿，2010；Zhou et al.，2016；Huang，2019）。另外，运用基尼系数、泰尔指数等指标测算中国区域经济增长不平衡的文献也很多。它们运用泰尔指数的分解功能，对区域经济增长差异的衡量指标工业总产值、GDP、人均GDP等进行分解，得出中国沿海区域内部经济增长差异在缩小，但是东部沿海地区与西部内陆地区的经济增长差距不断扩大；同时，中国工业向东南部沿海地区集聚，且集聚效应明显（Anna，2014；王文剑、覃成林，2008；Zhang et al.，2017）。

随着计量经济学发展，有关区域经济增长差异的测算方法得到了进一步拓展，一些学者将各测算指标与综合分析方法相结合，测算了区域经济增长不平衡。例如，部分学者将多元聚类分析方法引入区域经济增长不平衡的测度，利用多维变量汇总开发出新的测算综合指数，同时应用聚类分析来识别具有相似区域经济增长特征的区域，为各国区域经济增长是否平衡提供重要依据（Goletsis & Chletsos，2011；Lyhagen & Rickne，2014；郭劲光、万家瑞，2019）。也有学者将测度指标进行了一定分解，其中基尼系数的分解测度是学者在研究中广泛应用的。很多学者将基尼系数具体分解为区域间差异超变净值、区域间差异超变密度以及区域间差异三部分（Dagum，1997），并在后续研究中与泰尔指数、对数方差、变异系数的平方等不等式及阿特金森测度等的分解测算指标进行对比分析（Das & Parikh，1982；Belton，2006；张鹏飞等，2019）。另外，近年来，随着探索性空间数据分析（Exploratory Spatial Data Analysis，ESDA）方法的研究深入，ESDA方法为测度区域经济增长不平衡提供了更为直观、有力的方法和工具，成为研究区域经济增长不平衡一个新的研究方向。有关区域经济增长不平衡研究开始结合其以空间关联测度为核心的中心思想，将区域经济增长数据与数据空间分布格局相结合，运用技术手段对区域间的经济增长不平衡进行了详细描述以及可视化处理（Yamamoto，2008；Gallo & Ertur，2010），这既可以通过空间结构和空间关联分析区域经济增长不平衡的特点（丁建福等，2016；Kim & Yie，2016；郭劲光、万家瑞，2019；刘瑞翔等，

2020),又可以结合流动性指数、不平等指数、核密度估计等工具,具体探索空间视角下的区域经济增长不平衡(Lee et al.,2012;Batabyal et al.,2018;赵奥等,2020;许欣、张文忠,2021)。

2.2.3 区域经济增长不平衡的原因研究

早期研究中,国外很多学者认为区域经济增长不平衡主要是由于地理、气候、自然资源等外部条件造成的(Horngren,1962;Arrow et al.,1995;Williamson,1998;Demurger et al.,2002)。随着研究深入,越来越多学者发现,相较于外部条件,真正引起区域间经济增长不平衡的原因是区域自身的一些社会特质。经济发展阶段越高,区域自身的政策因素、产业结构以及地方开放程度等因素对区域经济增长不平衡的影响越为明显和重要(Zhang,1999;Yang,2002;Kanbur & Zhang,2003)。

具体来看,有关国外其他地区和国家区域经济增长不平衡的影响因素,近年来的研究主要集中在地理区位因素、要素投入、外商直接投资、金融发展等方面(Barrios & Strobl,2009;Sehrawat & Giri,2016;Kim & Yie,2016;Simson,2021)。而针对中国,一些学者认为其区域经济增长不平衡的主要原因是国家政策,即中国政府制定的区域经济发展战略方针和相关政策是造成中国区域间经济增长不平衡的主要原因,并通过经济实力将地区进行划分,具体分析了各区域发展战略与区域互动等方面,进一步证明国家政策,尤其是中国多年来的城乡不均衡发展战略,对区域经济增长不平衡的重要影响(Knaap,2001;Fleisher,2001;刘瑞翔等,2020;宾津佑等,2021)。部分学者认为产业结构是导致中国区域经济增长不平衡的最主要原因。结合经济增长与产业结构变动关系,学者通过对产业结构对GDP贡献的分解,发现第二产业的区域间差异是区域间经济增长差异变大的主要原因(钟学义、王丽,1997;Qi et al.,2007);同时,从区域产业结构差距角度,运用泰尔指数分解出产业间和产业内部的差距对区域经济增长不平衡的影响,发现中国优势产业正在向东部沿海地区集聚,而其他地区也有产业集聚现象,这造成了区域内的趋同增长,从而加大了区域间经济增长不平衡（Jian & Fleisher，1996；Herrmann-Pillath，2002；贺珍瑞等，2017；安景文等，2018）。还有一些学者认为地方开放程度等因素是区域经济增长不平衡产生的主要影响。从收入分配、生产集聚等角度结合中国区域经济的增长方式及区域经济增长差异的变化分析，发现地区开放程度是造成区域经济增长差异的主要原因，无论是沿海地区还是内陆地区，外商直接投资对经济增长的促进作用同样巨大，其还能影响地区技术创新能力。这些因素在中国区域间开放程度不同的情况下，都进一步加剧了区域间增长不平衡（Anuradha & Husain，2000；Fujita & Hu，2001；魏子哲、丁文广，2015；雷俐等，2020）。另外，一些学者还从地区文化、科技创新、人口流动等角度分析了中国区域经济增长不平衡的原因（白俊红、王林，2016；李晶晶、苗长虹，2017；李红、韦永贵，2020）。

更多学者认为区域经济增长不平衡是由多方面共同作用引起的，其中既包含了地理位置、气候条件以及自然资源等客观环境，又包含了国家区域发展政策、地区产业结构、开放程度以及文化等方面的主观因素。不同学者的研究切入点不同，其主张的造成区域经济增长不平衡的主要原因也不同。一些学者通过研究中国1980年至今以来区域经济增长差距的演变路径和过程，得出区域经济增长不平衡往往与区域发展战略、地区开放程度、经济全球化及区域要素市场扭曲程度相关（Li et al.，2004；Stiglitz，2010；覃成林等，2011；郭源园、李莉，2017；张鹏、杨雪，2021）。还有一些研究通过展示中国区域经济增长模式，分析区域经济增长不平衡性，得出要素投入、人力资本、外国直接投资以及地区基础设施建设等才是引起中国区域经济增长不平衡的主要原因（Fleisher et al.，2009；Golley，2012；逯进、苏妍，2017；潘桔、杨丹，2019）。另外，还有部分学者从区域经济增长动力不足角度出发，研究区域经济增长不平衡的影响因素，发现社会投资、人口增长、固定资产折旧率、技术进步与创新等会影响区域经济增长动力，最终导致区域间经济增长差异（Sehrawat & Giri，2016；钟业喜等，2018；Gumpert，2019；孙学涛等，2020；盛垒、张子彧，2021）。

随着研究不断深入，越来越多的学者选取较小地理单位进行区域经济增长不平衡的研究。基于循环累积因果理论，一些学者单独研究中国沿海部分地区，发现生产要素的循环和累积是驱动中国区域经济增长不平衡产生的根本原因，在中国改革开放、转型发展过程中，广东、浙江、福建、江苏和山东等地区是转型时期要素积累的主要受益者，再加上政府的政策选择和一些过度发展措施，进一步加剧了中国区域间经济增长不平衡（Golley，2010；蒋天颖等，2014；刘金涛，2016；赵丹等，2020；孟霏等，2021；宾津佑等，2021）。还有一些学者，引入农村工业化程度研究中国东部沿海各省的区域经济增长不平衡，发现农村工业化程度差异的扩大是导致省际区域经济增长不平衡的主要原因之一（Zheng & Kuroda，2013；周晓艳等，2016；王雅竹等，2020）。

2.3　地区税负与区域经济增长不平衡关系研究

地区税负对区域经济增长影响作用明显，税收和经济增长之间的关系是政府运用税收政策宏观调控市场的基本理论。政府可以通过调节地区税负结构、税负规模及利用税收优惠等手段作用于区域经济增长，减小区域间经济增长不平衡，实现区域间经济均衡增长。经过多年发展，国内外已有许多学者从多角度研究了地区税负对区域经济增长不平衡的影响，结合自身研究，本书主要是从以下三个方面进行梳理。

2.3.1　地区税负对区域经济增长不平衡的影响研究

由于现代市场经济发展起步较早，西方发达国家很早就开始关注到地区税负对区域经济增长不平衡的影响。基于社会福利理论，学者们通过分析税收政策对区域经济增长的影响发现，降低地区所得税税负能够提高劳动者的生产积极性，提高社会创新能力，进而促进经济长期可持续发展（Mundell，1971；Laffer，1974；Samuelson，1979；Evans，1983；Gilder，1985）。部分学者结合各国区域经济增长面板数据分析发现，政府降低地区税负有利于提高经济增长速度，同等条件下，地区税负相对较低的区域比地区税负相对较高的区域拥有更快的经济增长速度；进一步具体分析发现，政府采取降低税负的措施能够提高本地区投资水平，但如果各个地区均采取相关措施，将形成税收竞争，共同减税行为成为零和博弈，反而不利于区域经济增长（Mullen，1994；Tanzi et al.，2000；Wilson，2008；Jens et al.，2011；Stoilova，2017）。

从国外具体研究角度来看，一是通过文献研究发现，地区税负变动会显著影响区域产业结构变动，政府税收政策具有较明显的引导和调控作用，可以有效协调区域经济增长和促进产业结构调整（Appelbaum & Katz，1996；King & Fullerton，2004）。其中部分学者利用美国各州的数据进行实证分析，以探索州和地方税负结构与区域经济增长之间的关系。研究发现美国各州税收结构不同对区域产业发展产生了不同影响（Tan，2006；Adkisson，2014），同时学者运用相关数据构建CGE模型研究碳税对第一产业发展的影响，发现低碳税率有助于第一产业的发展（Meng，2014）。二是政府税收将引起要素市场的扭曲，影响生产要素供给、企业投资行为，最终影响区域经济增长（Corsetti & Pesenti，2001；Romer，2010；Stoilova，2017）。例如，部分学者通过分析美国个人资本利得税，使用差异对比方法分析了地区税负变动对企业资本杠杆的影响，发现降低地区税负会导致企业资本杠杆降低（Danielova & Sarkar S，2011；Lin et al.，2013）；另外，一些学者通过分析70个国家（23个高收入国家、23个中等收入国家和24个低收入国家）在1970—2009年的观测数据，发现增加消费税和财产税的同时，减少所得税可以促进区域经济长期增长（Acosta-Ormaechea et al.，2019）。三是从财政分权角度分析，通过分析国家在财政分权后的不同经济表现发现，政治集权下的经济分权能够给予地方政府足够动力通过降低地区税负进行相互竞争，以谋求自身经济可持续增长，当然这也造成了区域间经济增长不平衡（Blanchard & Shleifer，2001；Zidar，2019）。另外学者们还从其他角度进行了研究，例如一些学者发现备受地方政府欢迎的直接投资激励方式效果并不显著，应将地区税负降低和投和资激励相结合，方可达到更好地促进区域经济增长的预期效果（Danielova & Sarkar，2011；Zou et al.，2018）；还有些学者从地区税负感知度出发，通过分析税率和税基变化对感知税负的影响,发现大多数地区纳税人并不是根据实际的税收负担做出理性税收决策,而是更倾向于税负感知较低的非理性决策,地方政府可以从增加财政收入与减少纳税者税收感知两个方面去考虑制定相关税收政策(Blaufus,2010;Feng et al.,2014;Aparicio,2019)。

国内针对地区税负对区域经济增长不平衡的影响研究虽然起步相对较晚,但是针对我国自身实际研究要更为深入。一些学者从总量视角实证检验了我国地区税负对区域经济增长不平衡的影响,普遍发现地区税负对区域经济增长具有抑制作用,认为我国区域经济增长不均衡的主要原因之一是各地区实际税负不一致(马拴友、于红霞,2003;张伦俊,2006;郭庆旺、贾俊雪,2009)。另外,部分学者基于新凯恩斯动态随机一般均衡模型,进一步证明了相对于采取财政扩张政策,合理降低地区税负、采取结构性减税更有利于我国区域经济增长与转型(卞志村、杨源源,2016)。通过具体分析,部分学者结合经济增长门槛假说验证了地区税负对区域经济增长不平衡的影响,发现经济发展水平不同,地区税负影响效应也不同。因此,地方政府为了实现区域经济增长,会主动采取积极的税收政策,但最终产生的效果不同:在经济发展水平低的地区,降低税负将抑制经济增长;在经济发展水平高的地区,税负降低将促进经济增长(张福进等,2014;童大龙等,2015;刘清杰、任德孝,2017)。还有一些学者通过实证分析发现,地区税负水平与区域经济增长之间呈倒"U"形关系,而产业结构升级能够提高地区税负的边际效应以及地区最优税负水平(李彦龙、乔倩,2019;金春雨、董雪,2020)。

还有一些学者从地区税负的具体税种、税率构成出发,更为深入、具体地探讨了不同税种税负对区域经济增长不平衡的影响。首先,部分学者考察了不同税种对区域经济增长的具体影响效应,发现营业税税负对区域经济增长的负效应最弱,而个人所得税税负的负效应最强,企业所得税次之,而在我国东中西部地区,不同税种的具体影响不同(何茵、沈明高,2009;姚秋歌等,2020);其次,有些学者基于 NK-DSGE 模型衡量了所得税和消费税税负对区域产出的影响,发现李嘉图资本所得税税负或消费税税负的上升将导致区域产出下降,而非李嘉图劳动所得税、企业所得税和家庭消费税税负的下降可以促进区域产出增加（刘海波等，2019）；最后，一些学者基于带有潜在门限变量的时变系数向量自回归模型，运用实证检验了间接税与直接税比值对区域资本、劳动和技术的时变影响效应，发现在区域经济发展不同时期，地区税负结构对产出、消费、金融以及物价影响作用不同（程婉静、冯烽，2015；金春雨、董雪，2020）。还有一些学者运用中国县级数据探讨了税率变动对区域经济增长的影响，得出增值税减税的正效应明显高于企业所得税减税的正效应的结论（周清，2012；李戎等，2018）。此外，部分学者还从区域经济增长不平衡产生的具体点进行了相关研究。研究发现，我国的间接税阻碍了区域技术和创新水平的提升（肖叶，2019；陈明艺等，2021），同时对区域间收入不平等产生了显著的逆向调节效应（刘穷志，2011；储德银、迟淑娴，2017）。总体而言，地区税负结构决定了区域内地区、行业及纳税个体间的税收负担分配格局，在有关地区税负结构调整时应最大限度地保持税收中性，避免地方政府过多干预造成区域间经济增长差异扩大（李永海、孙群力，2016；席七万，2018）。

2.3.2　地区税负对区域经济增长质量的影响研究

国外直接研究地区税负对区域经济增长质量影响的成果并不是很多，因为西方经济学说更偏向于秉承亚当·斯密的观点：政府应该扮演的是国家"守夜人"的角色，无论是中央政府还是地方政府对区域经济增长质量的直接干预很少，相关研究主要集中在有关地区税负对区域全要素生产率的影响上，因为通过经济理论分析，西方经济学家们认为要素投入增加带来的经济增长方式不具有可持续性，只有全要素生产率才是保障区域经济高质量、可持续增长的决定性因素（Krugman，1991；Nelson，1996；Sala – I – Martin et al.，2005；Everaer et al.，2015）。

在早期研究中，学者们主要是通过建立一般跨期生产模型发现，税收政策通过影响产品和要素价格最终影响生产要素利用率，例如，美国采取的固定资产折旧税收优惠政策的冲击，提升了国内固定资产的投资（Bernstein & Nadiri，1988；House & Shapiro，2006）。随着研究不断拓展，一些学者运用多个国家和地区的所得税数据分析，发现税负对企业家精神有所影响，税负高容易降低企业家的创新创业精神，通过降低地区税负可以推动企业家创新创业，提高区域全要素生产率（Djankov et al.，2010；Gordon & Sarada，2018；Venncio et al.，2020）。还有部分学者通过分析地区税收优惠政策与公司行为之间的互动，发现公司会根据税收预期调整自身行为，使公司价值有所增加，而且企业会根据税收优惠政策导向调整投资导向，尽可能提升企业投资效率（Obiri，2011；Doidge & Dyck，2015）；而政府临时性减税政策对小型企业的影响要高于大型企业，但是对于区域全要素生产率的提高要看政策是否能给企业带来即时现金流，否则企业很难有动力提升自我创新能力（Zwick & Mahon，2017）。另外，一些学者通过分析欧美各国制造业数据，研究能源税变化对区域全要素生产率的影响，发现能源税征收会影响区域全要素生产率的提升，但是区域适应性不同带来的影响不同，适应性较高的区域能够实现能源税双赢（Gonseth et al.，2015；Bourgain & Zanaj，2020）。

国内学者也结合我国实际情况做了一定的理论和实证研究，起初多是研究哪种因素是影响区域经济高质量增长的关键因素，目前学术界基本达成一致，认为区域全要素生产率是实现区域经济高质量增长的关键点（蔡昉，2005；白重恩、张琼，2015）。因此，近几年有关地区税负对区域经济增长质量的研究多以其对区域全要素生产率的影响作为主要切入点。一些学者研究了积极财政政策对区域全要素生产率的影响，研究发现1998年以来我国积极的财政政策对区域全要素生产率的增长和科技技术进步具有较好的促进作用，而且区域不同，影响不同，其中对西部地区正向影响最大，其次是中部，东部最小（郭庆旺、贾俊雪，2005；梁伟健、张乐，2017；朱沛华、李军林，2020）。具体到地区税负对区域全要素生产率的影响，学者们也做了大量研究。一些学者通过分析发现降低地区税负能够正向激励企业全要素生产率水平提高，但是过度的税收优惠可能会引起企业"惰性"，减弱其研发和创新的主动性（彭鹏，2013；杨莎莉等，2019）；其中，所得税税负降低能够有效促进地区全要素生产率水平提高，而且相较于个人所得税的减免，企业所得税的减税激励作用更为显著，其能够通过对企业人力资本积累或企业技术创新的影响，最终提高区域全要素生产率（郑宝红、张兆国，2018；许先普、李加主，2020）。另外，一些学者研究发现，我国当前税制体系中间接税比重过高造成了税制结构失衡，既不利于税收引导区域经济高质量增长，也不利于激发企业和企业家的自主创新精神和行为，从而影响了区域经济增长质量，应进一步优化税制结构（王雄飞、李香菊，2018；杨振，2020）。此外，还有学者从企业微观数据分析了地区税负对企业全要素生产率的影响。其中，部分学者通过分析我国沪深两市 A 股类上市公司数据，考察了降低地区税负对企业全要素生产率的影响，并得出降低企业所得税税负会提高企业全要素生产率的结论（张明，2017；郑宝红、张兆国，2018）；另外，有的学者通过测算分析全国税收调查数据得出增值税多档税率对全要素生产率的影响，认为简并增值税税率能够推动全要素生产率提高（刘柏惠等，2019）。还有部分学者通过分析技术产业省级平衡面板数据，运用 SLX 等模型研究各地区税负与区域全要素生产率之间的关系，得出降低地区税负能促进本地区的高技术产业全要素生产率的提高，其主要是通过提高企业层面的生产率来实现的结论（刘伟江、吕镯，2017；朱玉飞、安磊，2018）。

2.3.3 地区税负对区域企业绩效的影响研究

纵观中国税收来源微观基础，90%以上的税收收入是由企业缴纳或代缴的，其中企业所得税和大部分流转税（包括增值税、营业税以及消费税等）是企业缴纳的主要税种，而个人所得税大部分也是由企业代扣代缴的。因此，研究地区税负对区域经济增长不平衡的影响，也应充分考虑地区税负对区域经济增长微观基础的影响，研究地区税负对区域企业绩效的影响。

梳理国外研究可知，地区税负变动将影响区域企业绩效，其中最核心的观点是，从理论角度看地区税负的减轻能够有效提升区域企业绩效。自 20 世纪 80 年代的世界减税浪潮起，国内外针对地区税负变动对区域企业绩效的影响开展了大量研究。无论是凯恩斯主义学派还是供给学派的研究中，均认为降低地区税负能够助力企业发展，对于提振宏观经济具有积极作用（Hall & Jorgenson，1967；Schwab & Oates，1991；Wolkoff，1993；Lanis & Richardson，2015）。随着研究的深入，近年来，学者们越来越多地选用微观企业数据，来研究地区税负对区域企业绩效及相关细节的影响。一些学者通过研究公司的所得税税负，探讨其公平性，发现企业有效税率（ETR）与公司规模、是否为上市公司、公司业绩、资产密度和财务杠杆率都有密切联系（Janssen & Buijink，2000；Masso，2011）。而由于各种原因，很多企业有效税率与法定企业税率相背离，企业往往会通过自身努力获得较低税率，促进自身获取更高企业绩效，以便拥有更多自有利润；而地方政府为了自身利益也会默许企业部分避税行为（Gillman et al.，2002；Stanfield，2011；Olabisi et al.，2019）。部分学者从具体税种税负变动角度研究地区税负对区域企业绩效的影响。从资本所得税税负对区域企业绩效影响来看，一些学者通过分析资本所得税如何影响地区税收收入，指出降低资本所得税能够通过提高企业自筹资金能力，促进企业绩效增加（Kathleen et al.，2005；Strulik & Trimborn，2012；Harger & Ross，2016）；另外一些学者从企业家部门和职业异质性出发构建了 Bewley 模型，分析得出降低资本形成的税负能够刺激企业投资，而且针对创业资本、非创业资本的影响效应不同的结论（Kitao，2008；Lanis & Richardson，2015；Khan et al.，2020）。另外，部分学者通过研究发现，降低所得税税负对促进企业绩效提高的成效是最大的，以美国为例，通过实证分析发现，地区所得税税负每降低 10%，相应地，企业投资会增加 20%（Kitao，2008），同时通过构建有关雇员和公司的空间均衡模型，发现美国州所得税降低能够同时为公司和员工带来正效应（Serrato et al.，2016）。同时，部分学者还通过研究发现地区增值税税负等流转税税负变动对区域企业绩效具有影响。一些学者通过研究国家降低整体或某些行业的增值税税率的政策冲击，分析增值税税率降低对企业的影响，发现增值税税负降低后，对应的地区或行业的企业利润及绩效得到了显著提升（Kosonen，2015；Huang et al.，2019；Hoseini & Rosenzweig，2020；Wang et al.，2021）。但是也有一些学者认为，地区税负变动对企业绩效的影响并不明显（Feeny，2002）。例如，Yagan（2015）运用准实验设计和美国公司纳税申报数据，评估了美国2003年有关股票红利税减税政策的影响效用，通过研究发现2003年相关税负的降低并没有给公司投资和员工薪酬带来任何变化。

近年来，国内有关地区税负对区域企业绩效的影响研究也逐步涌现，很多学者展开相关研究。国内学者在研究地区税负对区域企业绩效的影响时，通过多角度、多行业的分析，普遍认为地区税负与区域企业绩效存在负相关关系，也有个别学者认为地区税负对企业绩效的影响不显著（刘行、李小荣，2012；李华、宋常，2013；王玺等，2015；田彬彬等，2017；李苏敏等，2020）。具体来看，相关文献研究主要可以分为以下两大类。

一是研究一种税种或不同税种税负对区域企业绩效的影响效应。部分学者运用中国工业企业数据库数据或上市公司数据，研究企业所得税税负与企业绩效间的相关关系并进行了具体实证分析，得出企业所得税税负与企业绩效间存在显著的负相关关系，企业所得税税率优惠能够显著促进企业对技术创新的投入和发展的结论（李华、宋常，2013；张玲玲，2013）。一些学者发现企业增值税税负降低对企业投资具有明显促进作用（聂辉华等，2009；滕承秀，2019），其中增值税税率每下调1%，则企业的投资约增加16%（许伟、陈斌开，2016）；另外，从"营改增"政策总体来看，其对区域企业绩效提升具有较好的促进作用，而且其对不同行业企业的绩效影响力度不同（申广军等，2016；滕承秀，2019；余新创，2020）。还有部分学者研究了个人所得税税负对商户活力的影响，通过实证分析发现，中国个人所得税改革能够更好地激发中高收入个体工商户的活力，个人所得税税率每减免1%，就会激发个体工商户增加雇员7.8%（高凤勤等，2019；刘蓉、汤云鹏，2020）。还有很多学者从多税种税负角度研究地区税负对区域企业绩效的影响，通过不同视角研究发现，在当前经济增长由高速增长转向高质量增长背景下，多税种税负降低能够提高区域创新效率，显著促进企业创新，还能提高企业产出增长率，增加盈利水平（李旭红、马雯，2014；李林木、汪冲，2017；王乔、黄瑶妮，2019；高正斌等，

2020)。

二是侧重于讨论地区税负对异质性企业绩效的影响效应。相关文献早期主要关注国有企业和非国有企业的不同可能造成的地区税负影响不同，通过研究发现地方国有企业相较于非国有企业和中央政府控制的国有企业承担着更为沉重的税收负担，而企业的税收负担是影响其金字塔结构和生产、运营效率的重要因素（贾康等，1997；刘行、李小荣，2012）。随着研究深入，一些学者将关注点扩大到了各种异质性企业，其运用各地区、各行业的企业相关数据综合分析，结合企业异质类对不同税种税负比较研究，通过实证分析发现不同税种税收优惠对不同产业、不同领域的效应存在明显差异，政府若想激励特定领域和产业，应结合该领域和产业的特殊性采取相关措施，例如，扩大相关企业投资、提高企业盈利能力、促进企业科技创新等（张玲玲，2013；杨杨等，2014；柳光强，2016；田彬彬等，2017；蔡昌、田依灵，2017）。另外，部分学者以所得税改革为背景，运用企业专利数据分析得出，降低地区税负和研发费用抵扣政策共同促进了企业技术创新，其中从企业异质性分析可知，地区税负降低对装备制造业、大型企业以及市场化程度较高、法律约束水平较高地区的企业以及相对税费负担较重地区的企业促进作用更大，而研发费用抵扣政策则是对中小型企业作用更大（林洲钰等，2013；杨继生、黎娇龙，2018；李建军等，2019；万广南等，2020）。

2.4　文献述评

综上所述，虽然处在不同社会环境下的世界各国的税制结构、政府税收政策的侧重点和导向各有不同，但是作为财政政策的重要抓手，各级政府历来重视地区税负对区域经济增长的影响，国内外有关税收政策相关影响的理论和实证分析都很丰富，地区税负对区域经济增长不平衡的影响也是学术界恒新的一个研究热点，并取得了丰硕的成果，也为本书的研究提供了非常有益的参考。

但是，通过对上述文献的梳理可以发现，虽然关于地区税负与区域经济增长不平衡的关系问题已经有了大量较深入的研究，但目前仍存在以下问题有待进一步解决：首先，在研究地区税负对区域经济增长不平衡的影响时，没有充分考虑地区税负及各个税种税负的联动效应，大多是分析某一税种对区域经济、产业结构或企业绩效的影响，但是显然地区税负与多方面因素存在相互关系，并共同作用于区域经济增长，单独研究其中某一部分势必造成效果评价失真。其次，针对地区税负对区域经济增长不平衡的影响分析，当前的研究大多集中在区域经济增长层面，鲜有研究通过剖析区域经济增长内部层面，综合探讨地区税负通过要素投入、地区财政支出、产业结构调整等中介途径所产生的间接效应。最后，现有研究大多采用普通静态面板数据模型、常参数计量模型等，可能存在一定的内生性问题；将地区层面数据和微观企业层面数据在模型中同等对待也会影响模型估计的一致性。

因此，本书将综合分析地区税负对区域经济增长不平衡影响的理论基础，剖析我国地区税负的现状，从地区税负的直接影响效应和间接影响效应出发，分析地区税负与区域经济增长不平衡之间的关系，并力图厘清地区税负对区域经济增长质量和区域经济增长微观基础的具体影响，为制定促进区域经济协调、高质量、可持续增长的税收政策，实现共同富裕，提供具有参考价值的建议。

第 3 章　地区税负与区域经济增长不平衡的一般理论分析

税收是各国实施经济调控的重要财政工具之一。当今世界经济增长步伐放缓，各国都在寻求更好的经济增长点，合理运用税收政策推动国家、区域经济增长已然成为大势。政府运用税收工具能够减轻市场主体的税收负担，释放、激发市场主体活力，引导促进区域经济协调发展，实现产业结构升级，从供给需求机制角度引导企业良性发展。同样，考虑到地区税负对区域经济增长的重要影响，无论是学术界还是实务界，都在力图探寻最优税负，为实现区域均衡增长寻求更为完善的方案，实现对经济增长更好的调节与引导。结合前人研究基础，本章将进一步探讨地区税负对区域经济增长不平衡的影响机制。首先，通过分析地区税负的一般理论基础，深入分析地区税负影响区域经济增长不平衡的总体影响机制。其次，基于区域全要素生产率是保持地区经济高质量增长的关键点这一理论基础，分析地区税负对区域全要素生产率的影响机制，进一步验证其总体影响。最后，考虑到企业是区域经济增长的微观基础，通过研究分析地区税负对企业绩效的影响，进一步验证其总体影响。综上所述，本章通过从不同角度对地区税负对区域经济增长不平衡的影响进行理论分析和影响机制探讨，为本书研究构建了系统的理论研究框架，并为下文开展相关实证分析提供了理论基础。

3.1 地区税负的一般理论分析

3.1.1 地区税负的内涵

地区税负是指地区内的经济个体必须履行相关纳税义务，致使纳税人收入减少形成纳税人的经济负担或者经济损失，是一个地区的税负总水平。从宏观来看，政府向纳税人无偿征收税收，通过将征收的财富再分配到不同经济个体之间，缓解居民收入分配不均的现象。从本质上讲，税收负担是一种财富再分配机制，不仅能够直观地表现纳税人的税负压力，更能作为国家宏观调控的依据，以此来判断国家能否较好地实现其公共财政职能。从微观来看，纳税个体缴纳的税款是其部分经济利益转向国家的一个过程，这部分是需要纳税人承担的，也就构成了纳税人的税收负担，无形中影响了纳税个体的经济行为。

3.1.2 地区税负的分类

地区税负是衡量一个地区纳税人税收压力的重要指标，其包括不同的种类，这些不同种类的地区税负所内含的经济意义及其所具有的经济效应存在差异。一般而言，地区税负可以具有以下分类。

（1）名义税负与实际税负。

在现实经济活动中，纳税人应当承担的税收压力和实际承担的税收压力会有所出入，主要是由于名义税负和实际税负之间存在一定的差距，也就是说应当承担的税负不代表纳税人最后实际承担的税负。对名义税负水平来说，它表示纳税人依法名义上应当缴纳的税款在其计税依据中的占比；而对于实际税负水平而言，则表示纳税人实际缴纳的税款在其计税依据中的占比。相较于名义税负，实际税负更能反映纳税人实际的经营情况以及纳税活动给其带来的经济影响。

（2）平均税负与边际税负。

地区税负还可以依据研究角度的不同划分为平均税负和边际税负。其中，平均税负可用一定时段内的纳税额除以计税依据来表示，以个人所得税为例，它主要反映的是纳税人每一单位实际收入所带来的税收负担。而边际税负可用纳税额的增量除以计税依据增量来表示，它可以反映纳税人最后一单位计税依据所带来的税收负担。

（3）宏观税负、中观税负与微观税负。

宏观税负是指一国的所有纳税人承担的总体税收负担，一般用一国的税收总额占国内生产总值的比重来衡量；中观税负用于衡量某一地区的税收负担水平，主要用该地区的税收总额占地区生产总值的比重来衡量；微观税负则是单个纳税人缴纳的税款在其收入、利润等相关指标中所占的比重（Fullerton & Rogers，1993；安体富等，1999；郭庆旺等，2010）。宏观税负代表着一个国家的整体税负水平，对于分析和评估一国整体税收政策的效应具有重要意义；通过考察中观税负，不仅能够了解某一地区纳税人的税收负担，还可以评估一国不同地区纳税人承担税收负担的差异程度；微观税负则能反映企业、个人等单个纳税人所承担的税收负担水平，还可以用于评估不同微观纳税主体承担税负的公平状况。

3.1.3 地区税负的具体衡量

研究地区税负主要从地区税收负担的绝对量和相对量两个方面进行研究，以便于从各个角度对某一地区税负水平进行科学的评价与分析。

（1）绝对量衡量。

理论上，地区税负的绝对量是指地区在一定时期内的税收收入总额，体现的是某一地区在一定时期内从社会各个经济主体中获取的税收的绝对收入规模。但是在各个国家实际操作中，会根据税收在政府收入的中具体地位做出调整。例如，在中国，政府的收入形式较为复杂而且不规范，税收仅为其一部分，所以在计算政府税收征税总额即政府收入总额作为地区税负的绝对量,具体主要有三个计算口径(高亚军等,2016)。第一种与理论一致,采用税收收入总额;第二种采用财政收入总额,这里的财政收入是指税收收入以及纳入预算管理内的其他收入;第三种采用政府收入,这里的政府收入是指将各级政府和部门通过任何形式取得的收入总和,即在财政收入基础上又包含了预算外收入、制度外收入和其他没有反映出的收入。由于绝对值指标仅是规模大小的变动,无法判断税收收入能否做到对国民收入的合理体现和二次分配,所以更为常用的为地区税负的相对量衡量。

(2)相对量衡量。

地区税负的相对量是指税收收入占地区社会产出总量的比例,其体现的是某一地区纳税主体整体缴纳税款的总额占该地区同期社会剩余产品的比重,同时需考虑其税收以及社会经济内部结构状况,常常使用地区某一时期的税收收入总额占同期地区国民经济总量的比重来衡量。国际常用的地区税负指标是用地区税收收入总额除以地区生产总值,在大部分国家政府收入中税收收入占据绝对优势。但是,我国目前正处在改革开放时期,市场经济体制并不完善,相应的配套财政税收体制也在发展变革中,其中除了税收收入外,政府收入还包括很多其他形式的收入,这造成了税收收入、财政收入和政府收入之间差距明显。所以,很多学者在分析中国地区税负水平时,为了全面客观,往往从税收收入、财政收入和政府收入三个层面分析,得出三个口径的税负:小口径地区税负、中口径地区税负、宽口径地区税负(安体富等,1999;李忠,2012;吴进进等,2018)。具体计算公式如下所示:

小口径地区税负 = 地区税收收入总额 ÷ 同期 GDP × 100% ①

中口径地区税负 = 地区财政收入总额 ÷ 同期 GDP × 100% ②

---

① 地区税收收入总额 = 地区内各项税收收入 + 进出口环节的增值税、消费税、关税 − 出口退税。

② 地区财政收入总额 = 地区内各项税收收入 + 纳入预算管理内的地区其他收入 = 地区内各项税收收入 + 专项收入 + 行政事业性收入 + 罚没收入 + 国有资本经营收入 + 国有资源有偿使用收入 + 纳入政府预算管理的其他收入。

大口径地区税负 = 地区政府收入总额 ÷ 同期 GDP × 100%①

考虑到本书实际研究需要，本书最终选择国际常用的小口径地区税负作为实证分析的地区税负衡量指标。

3.1.4 税负的影响因素

根据以往学者研究成果可知，影响地区税负水平的因素很多，主要影响因素有地区经济发展水平、税收制度、地方政府职能以及地方人文特色等（李永友等，2005；郭健，2006；黄晶，2017；刘书明等，2018）。

（1）地区经济发展水平。

一地的经济发展水平是影响地区税负的主要因素。课税收入的本质来源是社会剩余产品，地区经济发展水平越高，单位产品价值中的剩余产品价值才越高，而地区税负总体负担能力才会更强。经济发展水平对地区税负的影响主要是通过以下几个方面产生的。

第一，生产力水平对地区税负的影响。生产力的变动既会影响地区税负的供给，也会影响税负的需求。生产力水平的高低直接决定了地区剩余产品量的多少。生产力水平越高，地区创造的剩余产品越多，地区企业和居民收入将增加，而相应地，税基和税源也更为广泛、丰富，总体经济对税收的承受能力也越强。同时这也提高了当地居民对社会公共品的需求层次，经济发展水平较低时，居民关注点多集中在温饱上，但经济发展水平较高时，居民基本需求得到满足后，其对教育卫生、社会保障、科学文化以及环境保护都有了一定要求，这客观上要求地方政府提高税收收入，满足社会公众需求。纵观世界各国实践情况，也证明了经济发展水平越高，往往地区税负也越高。

第二，经济增长方式对地区税负的影响。根据利用生产要素资源的基本模式，可将经济增长方式分为粗放型经济增长方式与集约型经济增长方

---

① 地区政府收入总额 = 地区内各项税收收入 + 地区非税收入 + 社会保险基金收入 + 贷款转贷回收本金收入 + 债务收入 + 转移性收入。

式。不同的经济增长方式下产生的社会剩余产品量不同，对税收的影响显然也不同。粗放型经济增长方式下，地区经济以高资源投入、消耗为代价，追求经济的规模扩张效应，而这样的后果往往是无法获得更多社会剩余产品；集约型经济增长方式下，地区经济是通过技术进步、高科技推广等方式提高各资源的使用效率，最终获取更多社会剩余产品。显然，在同等资源约束下，集约型经济增长方式能够为地区创造更多剩余价值，进而提供税源、负担更大税收负担。

第三，经济结构对地区税负的影响。地区经济结构是个复杂的经济系统，系统涵盖了地区经济的各个要素以及各要素间的相互关联、结合以及影响关系，是在地区长期发展过程中形成的。往往地区税负的变动，更多的是由于地区经济结构的变动。好的经济结构是结合本地区实际情况建立在坚实的经济可能性基础之上的，它能够充分发挥地区经济优势，利用地区内外一切有利因素，合理有效地利用当地资本、劳动等资源促进生产率提高，保证地区各经济部门协调发展，推动技术提升，最终获取现有条件下能创造的社会剩余产品，为地区税收提高创造更多可能。当然，经济结构变动也有可能带来地区税负的不确定性变动，例如产业结构构成不同会直接影响税源结构。

（2）税收制度。

地区税负依托于税收制度形成，税收制度中有关税制构成要素、税种具体设置和税收征管等都直接影响了地区税负。

首先，税制构成要素通过征税对象、征税范围、计税依据以及税收优惠等影响地区税负。在其他因素不变的情况下，征税对象越多、征税范围越广，地区税负越高；计税依据也称为税基，它为计算税额提供了标准，其最核心的是税率，税率也是整个税收制度的核心，在不考虑其他因素变动的情况下，地区税率的高低直接决定地区税负的轻重；税收优惠是地方政府基于社会经济发展目标而采取的调节地方税负的措施，主要是基于税收乘数理论，力图通过税收减免获取更多国民收入增加量。显然，税收优惠直观上降低了税收负担，但是其也可能会削弱地方税收增长稳定性，引起税源转移。当前世界各国大多采用投资抵免、再投资退税、固定资产加速折旧等间接优惠方式,避免引起税收收入过度波动。

其次,具体税种的设置对地区税负的影响也很明显,主要体现在:一是税种设置完善度会影响税收负担水平。税种设置越完善,地区税负越高,例如发达国家;反之,由于发展中国家经济起步较晚,税种设置相对较少,地区税负相对较轻,但是有些地区可能存在非税收入负担较重的情况。二是主体税种选择不同,对地区税负影响不同。梳理学者们的前期研究可以看到,当前发达国家多以直接税为主体税种,税负不易发生转移,相对较为公平;发展中国家多以流转税为主要税种,但流转税的征收以商品或劳务流转额征收,纳税个体往往容易通过瞒报收入等手段规避税负,或是通过对上下游经济体转嫁税负,这显然破坏了税收的公平性原则。

最后,税收征管环境对地区税负也存在一定的影响,具体体现在:一是地区税收征管水平的高低显著影响地区税负,具体体现在地区潜在税收收入和实际入库税收收入的差异。在征税手段先进、稽查力度强和税收征管信息化程度比较强的地区,应纳税主体避税成本较高,地区实际税负与名义税负之间差异较小;反之,由于避税成本较低,可能实际税负与名义税负之间存在一定的差异,影响税收公平,造成地区间税负差异。二是地区税务人员素质不同也会影响地区税负。政府不会直接征收税收,都是通过税务机关工作人员代理征税,这就形成了一种"委托—代理关系",而显然双方信息是不对称的,税务机关工作人员对纳税主体的了解要远高于政府,一旦税务人员出于个人私利或其他原因,就会与纳税主体串谋获利,而税法是存在一定的自由裁量权的,这也为上述串谋提供了客观条件。因此,税务人员的个人素质必然影响地区税负的高低,寻租行为可能造成地方税收的损失和地区实际税负的降低。

(3)地方政府职能。

地方政府职能是地方政府在中央政府领导下应发挥的内在职能的具体外在表现,规定了地方政府具有的权力和义务。市场经济环境下,政府参与经济活动的职责范围理论上与市场自我调节是互补的,但是在实际操作中,政府和市场之间存在更为复杂多变的关系。地方政府职能范围决定了地方政府的收支规模,这也为研究地区税负提供了逻辑起点。地方政府职能范围不同，政府支出对象、支出范围以及支出结构都各不相同，同时中央和地方的财政分权水平也会影响到地方政府职能的实现。国家合理界定地方政府职能范围，能够确保地方政府明晰自身的公共职责和活动范围，合理征收税收收入，确保地区税负的稳定。地方政府征收税收最大的去处是为当地供给公共品，地区公共品需求不同、提供方式不同、提供效率不同都可能影响到地区税负水平。例如，经济发达地区居民往往对地区公共品要求较高，那么相应地要为此承担更多的税负支出；公共品供给开始多为政府直接提供或政府委托采购，但随着社会发展催生出政府主导社会参与供给的模式，而不同的模式带来的价格不同，进而影响地区税负的高低。

（4）地方人文特色。

地方人文是指地方的各种文化现象，是一个动态概念，其涵括了某一地区人们共有的价值观、共有的符号和共用的各种规范。而地方人文中区别于其他地方的优秀内容，皆为该地区的地方人文特色。地方人文特色凸显的是文化特色因素，文化特色会影响整个地区居民的行为，进而影响地区纳税个体的纳税行为。具体而言，一地的传统习惯、生活方式、风土人情、消费文化、行为规范、价值观念以及思维方式都会或多或少地对当地居民的生产、消费、投资、储蓄和纳税行为产生影响，进而影响地区税负的高低。随着市场经济的发展，税收文化也逐步发展起来，并对地方税负产生了最直接的影响。在税收文化较好的地区，纳税个体法制观念强，了解税收对国家和个人影响的深远意义，乐于主动纳税；反之，若某地区税收文化低下，纳税个体法制观念淡薄，被动甚至逃避纳税，依法治税难以实现。地方人文特色对地方税负的影响往往不那么直观，更多的是通过无形的思想影响与上文中的各个影响因素交错产生影响。

3.1.5 地方税负的影响因素

（1）整体宏观税负水平影响地区税负平均水平。

地区税负是一国宏观税负在地区层面的体现，一般而言，宏观税负越高，地区税负的平均水平就越高，而宏观税负水平主要取决于一国的税收制度。

首先,税制的覆盖面会影响宏观税负和地区税负。如果一国税制的税种齐全,对社会经济的覆盖面较广,则在其他条件一定的情况下,就能够征收更多的税收,宏观税负和地区税负水平就较高。相对而言,发达国家的税种设置较为完备,税制覆盖面较广,其宏观税负和地区税负就较高,而许多发展中国家由于受税源、税收征管水平等条件的限制,税种设置不够完备,税制覆盖面较窄,宏观税负和地区税负就较低。

其次,税率会影响宏观税负和地区税负。一方面,税率水平直接决定宏观税负和地区税负水平,税率水平越高,宏观税负和地区税负就越高;另一方面,税率的形式也会影响宏观税负和地区税负,相对于比例税率和定额税率而言,累进税率会导致税收收入以较税基变动幅度更大的幅度变动,从而可能带来宏观税负和地区税负的更剧烈波动。

最后,税收优惠的力度会影响宏观税负和地区税负。在税制其他条件一定的情况下,税收优惠范围越广,总体优惠力度越大,纳税人实际缴纳的税收数额就越少,宏观税负和地区税负就越低。

(2) 区域税源状况影响地区税负。

税源是政府征税的经济来源,即使在一国实施统一税收制度的背景下,不同区域税源状况不同,地区税负就会存在差异。

首先,区域税源丰富程度影响地区税负。构成整体税制的税种可以分为流转税、所得税、财产税等,其中,流转税以商品和劳务的流转额为计税依据,所得税以企业利润或个人所得为计税依据,而财产税则以财产的价值等为计税依据,不同区域税源的丰富程度不同,地区税负就存在差异。例如,不同区域的地区生产总值构成存在差异,由于不同种类地区生产总值的可税性不同,在同等地区生产总值水平下,这些区域就呈现不同的地区税负;不同区域的企业盈利状况不同、个人收入水平不同,则所得税税基规模就不同,所得税的地区税负就会出现差异。同理,较富裕地区企业和居民的财产持有数量和价值不同,财产税收入也会存在差异,从而影响地区税负水平。

其次,区域税源结构影响地区税负。不同的税源分别对应不同的税种或同一税种的不同税目，而不同税种、不同税目的税率水平和税率结构不同，这就会导致税源结构不同的区域可能具有不同的地区税负。一方面，某区域适用高水平税率的税源越多，地区税负一般就越高；另一方面，一般存在定额税率、比例税率和累进税率等不同税率结构，这些种类的税率分别适用于不同税基。由于不同区域的税源结构不同，适用不同税率的税基也不同，从而可能导致同样规模的税源提供不同规模的税收收入，进而形成不同的地区税负。以个人所得税为例，世界各国多采用累进税率，如果地区居民收入水平较高，缴纳的个人所得税税额就较多，地区税负将会高于地区居民收入水平较低的地区。

最后，区域税源分布不同导致能享受到的税收优惠不同，进而影响地区税负。各国税制中均存在一些具有特殊政策目的的税收优惠政策，针对不同行业、不同规模和性质企业、不同种类经济活动，甚至直接针对特定区域的特定经济活动，由于各地的税源分布不同，其能够享受到的税收优惠数量就存在差异，最终影响了地区税负。例如，许多国家都有针对高新技术的税收优惠政策，这就导致拥有更多高新技术企业的区域能够较其他区域获得更多的税收优惠，从而降低本区域的地区税负。

此外，若地方政府具有一定的税收立法权，则各地不同的税收制度自然会带来不同水平的地区税负。例如，在许多联邦制国家，地方政府具有较完备的地方税立法权，其可能会针对本地区的特定税源设立税种，则这种本地特有的税种就会提高地区税负；更常见的是拥有税收立法权的地方政府自主设定税率，从而导致不同区域的税负存在差异。在单一制国家，地方政府的税收立法权受到很大限制，但也常常具有一定的在中央政府设定的范围内自行决定某些税种的开征停征、自行确定某些税种的税率水平的权力，这都会造成不同区域地方税负的差异。

（3）税收征管力度影响地区税负。

地区税收征管力度的强弱会影响地区税负。地区的税收征管力度主要取决于地方政府的税收努力程度和当地的税收征管能力。

首先，地方政府的税收努力程度影响地区税负。如果中央与地方之间财权和事权不匹配、中央对地方的转移支付不完善或地方税体系不健全，都可能导致地方政府的财政收入无法充分满足其财政支出需求，进而形成财政缺口，强化地方政府的税收征收意愿，提高其税收努力程度。同时，由于地区间财力存在差异，经济基础好、总量大的发达地区财政缺口一般小于经济基础薄弱、税源和税收收入较少的欠发达地区，因而发达地区政府的税收努力程度往往也低于欠发达地区。地方政府的税收努力程度越高，其征税意愿越强烈，同等条件下地区税负水平就可能越高。

其次，不同区域的税收征管能力影响地区税负。地方政府的主观税收努力需要通过客观的税收征管能力来实现，地方政府的税收征管能力越高，当地的税收流失就越低，纳税人实际税负与名义税负之间的差异就越小，地区税负就越高。税收征管能力一般取决于税收征管法规的完备程度、税收征管机构设置的适当程度、税收征管手段的科学程度以及税收征管人员的专业素质和工作态度等因素。

（4）税收与税源的背离影响地区税负。

由于税制设计问题，很难保证税源产生地一定会获取对等的税收，这种不对等就是税收与税源的背离。税收与税源的背离会影响地区税负，具体表现在以下三个方面。

首先，由于商品或劳务的购买者与生产者在地域上存在分离，若一个税种的课征环节为生产环节，则其税收收入归属地与商品或劳务的消费地就存在分离，若生产厂商在一国存在地域上的分布不均，则厂商集中的地区可能会吸收商品或劳务消费地的税收，导致各地的名义税负出现此消彼长。

其次，总部经济会影响地区税负。大型企业集团往往存在跨地区经营的情况，而税制中常常存在分支机构税收在总机构所在地汇总缴纳的规定，这就引发了税收的区域间转移，进而导致总机构所在地的名义税负较高，而分支机构所在地的名义税负相应降低。

最后，由于电子商务的发展，经济主体不必在商品和劳务的消费地设置实体机构就能够完成商品和劳务的销售，从而发生税收与税源的背离，影响地区税负。在传统的经营模式下，虽然存在一个地区的消费者直接从外地的销售方购买商品的情况，但由于不同地域所导致的空间隔离，数量较少，销售方往往需要在消费者所在地设立实体机构，才能充分实现在当地的销售,而这些实体机构也会在消费者所在地缴税。但是电子商务的发展彻底消融了不同地域消费者和销售方的空间距离,使销售方较集中的区域从全国不同区域的消费者处获得了大量的销售收入和利润,从而提高了这些区域的名义税负。

3.2 区域经济增长不平衡的一般理论分析

3.2.1 一般性分析

(1) 总体分析。

在学术研究领域中,一般认为经济增长是一个国家或地区在一定时期内生产的产品和服务的增加量,通常是用国内生产总值或地区生产总值的增长来表示。就一个国家或地区而言,只有维持稳定增长的经济状况才能够使经济总量持续增加。而在任何一个可以分为两个以上经济区域的国家里,由于区域资源配置和客观环境等条件不同,区域经济增长不平衡问题是难以避免的,这一问题一直以来都是各国政府所关注的重点。从区域不平衡增长理论梳理可知,诸多区域不平衡增长理论虽然各有不同,但是都强调了区域间经济增长不平衡在国家或地区经济发展过程中的不可回避性,同时指出了适度的区域不平衡增长能够促进整个国家的经济整体增长,区域经济平衡增长和不平衡增长两者是对立统一的,不平衡增长的最终目的是实现更高级发展阶段的区域均衡增长。但是并非所有的区域不平衡增长都能够最终实现区域均衡增长,过大的区域间经济增长差距往往无法通过市场自身调节机制回归到区域间均衡增长,反而会造成经济增长速度较快的发达地区吸引更多的优质资本、劳动力以及技术,经济增长速度较慢的落后地区本身就存在一定发展短板,又流失了大量优质资源,长此以往,区域间的经济增长不平衡将陷入恶性循环,增长差距会越来越大。

通过前文文献梳理可知,各国区域间经济增长不平衡问题在不同时期呈现不同特点,国家相关政策对不同区域产生的影响也有显著的差异性。

到底是哪些因素导致了区域经济增长不平衡并非一成不变,而是随着时间和区域的变化而发生变化,这一问题一直以来是研究区域经济增长不平衡的关注点之一。本书认为影响区域经济增长不平衡的原因可分为不可移动因素和可移动因素两大类。不可移动因素是指在区域经济增长过程中,有些增长因素依赖于某区域地理空间,无法通过市场交易或交通运输流通到其他经济区域中的因素,例如,自然条件、区域政策、运输网络等。可移动因素则与不可移动因素相反,是指可以在不同区域、不同产业间流通、转移的因素,例如,资本、劳动力和技术等。在区域经济增长过程中,不可移动因素决定了经济发展的初始条件和内在潜力,也决定了某一地区对可移动因素的吸引能力,而可移动因素的转移与否往往决定了区域经济增长的方向、强度和质量。只有两者有机结合才能促进区域经济稳定增长,如果区域内的可移动因素和不可移动因素耦合度不高,即使某一区域拥有充足的资源也可能难以实现经济较好增长,而两类因素耦合度高的区域经济增长迅速,进而加剧了区域间的经济增长不平衡。

此外,为实现区域间经济均衡增长,除了市场机制自身调节外,更离不开政府的宏观经济政策。影响区域经济增长不平衡的因素众多,从政府角度来看,其作为"看得见的手"参与市场调控能够在较大程度上影响经济增长。政府之所以能够有源源不断的实力去调节经济,主要在于政府有各项收入来源作为保障,在各项收入来源中起到支撑作用的是税收收入,纳税者按照法律法规定时定量地向政府纳税,政府获得了可支配资金,将会对宏观经济产生重大的影响力,本章3.3将深入细化分析地区税负对区域经济增长不平衡的影响机制。

(2)区域经济增长的质量及可持续性分析。

评价某一国家或地区的长期经济增长绩效,不能只看其一段时期的经济增长速度,更重要的是看国家或区域经济增长的质量以及可持续性(蔡昉,2005)。在经济增长早期阶段,大多数国家和地区的资源禀赋特征是劳动力相对丰富但资本相对稀缺,资本积累成了是否能够打破贫困束缚,实现经济起飞的关键。这在最早期的经济增长理论模型中也得到了体现,例如,哈罗德—多马模型将资本视为唯一关注的生产要素,仅考察投资与储蓄、资本产出比率以及其与产出增长率的关系（Lewis, 1954），认为在劳动力无限供给的条件下，资本投资增加就意味着经济增长（Jones, 1994）。随着社会经济发展，显然劳动力无限供给这一假设无法实现，以索洛为代表的新古典经济增长理论开始兴起，其以西方发达国家为研究对象，将劳动力作为稀缺资源与资本一起纳入区域经济增长分析。观察到要素报酬递减规律后，经济学家们发现经济增长中存在资本和劳动无法解释的部分，并称其为全要素生产率（Total Factor Productivity, TFP）的残差。新古典经济增长学派认为，区域经济增长的可持续性来自上述残差中的技术进步和体制改革所带来的生产率的提升，当然还有可能受其他尚不能单独计量的因素的影响。

在新古典经济学的基础上，新古典经济增长理论不再假设市场完全竞争，同时将技术创新过程内生化，进一步探讨了是否存在报酬递增经济可持续增长的理论可能性。这一经济增长理论认为，与单纯增加资本或劳动等传统要素的经济增长能力相比，知识水平的提高能够创造几乎无限的增长机会，而且区域发展中的历史路径、地理特点以及具体制度都可以通过影响知识进而作用于区域经济增长（Sala-I-Martin, 1996；Sala-I-Martin et al., 2005）。正是基于知识报酬递增产生的正面反馈，国家或地区可以将自己锁定在特定的技术状态下，通过制度构造更好的知识创造和使用环境，结合国家或地区历史、地理等特色，使不同国家或地区具有不同的、适合自己的技术创新能力以及快速适应经济、技术状况变化的能力。同时考虑到知识在经济主体间进行的转移不是无成本和无摩擦的，知识的重要部分往往根植于地区的个人和经济体的日常活动中（Cortright, 2001），故区域内所有有利于知识发展与技术创新的努力都有利于保持区域经济的可持续增长。

虽然经济增长理论流派很多，而实践中不同国家或地区的经济增长阶段也有异同，但是仍然可以梳理协调各个理论给出的经济增长转折点和增长源泉，具体参见图3.1。具体而言，在经济增长初期，一个国家或地区的发展比较优势往往集中在相对丰富的自然资源以及与之相关的初级生产品上，但是显然仅仅依靠这些不可再生资源维持区域经济增长是不长久的。

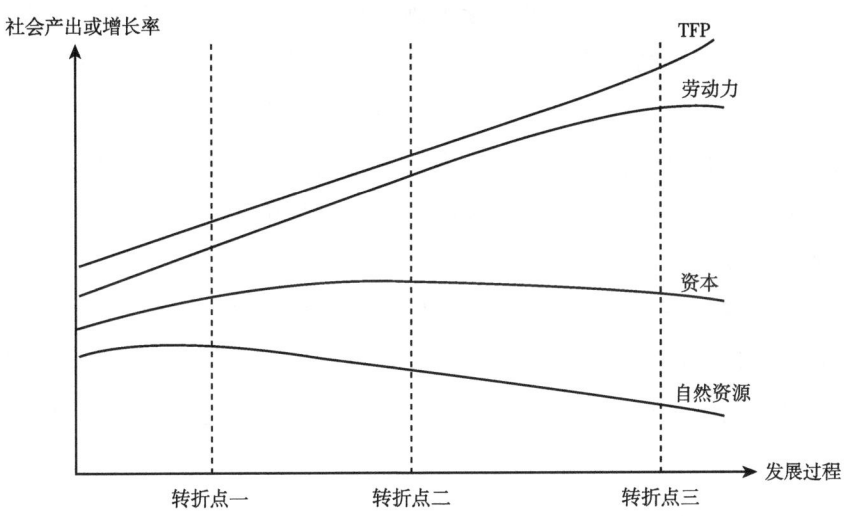

图 3.1 地区经济增长方式转变与可持续增长源泉的理论分析

发展到一定程度后,区域经济增长方式将出现转折点,即由依靠不可再生资源转向依靠可再生的物质资本积累。早期经济增长理论和大部分发展经济学的理论分析逻辑,都是基于这个转折点开始的,同时将居民储蓄水平能够提高到可以打破贫困恶性循环的临界最小水平作为转折成功的标志。而这个转折点能否成功实现、如何实现,是早期发展经济学家最为关心的问题,也是库兹涅茨关于农业经济增长时期与现代经济增长时期的分野。综观世界各国仍处于贫困状态的国家或地区,究其根源,还是尚未跨越这一重要转折点。当完成这个转折后,国家或地区的资本积累成为经济增长中至关重要的生产要素,但是由于资本报酬递减规律的存在,资本积累无法保持经济无限增长。但国家或区域经济增长到一定阶段,将遇到经济增长的第二个转折点:经济增长的源泉由主要依赖资本积累转为主要仰仗技术进步或生产率的提高。经过实践经验分析可以发现,在第二个转折点上国家或地区间发生分化,主要分化为三种类型。第一种是国家和地区完成了转变,全要素生产率提高成为经济高质量、可持续增长的主要源泉,例如以美国为代表的西方发达国家。第二种是没有完成这一转变,反而在经济进一步向前发展过程中,由于劳动力短缺造成了资本报酬的迅速递减,从而未维持国家或地区的经济高速增长,其中最为典型的例子就是苏联

（蔡昉，2005）。第三种是某些国家或地区的人口转变完成较快，劳动力人口不断增加，拥有高储蓄率以及充足的劳动力供给等经济增长条件，使资本报酬率递减过程出现了一定程度的延后，例如东亚国家和地区。但是这种延后并非长久之计，一旦劳动力人口不再增加，人口老龄化程度加速并加深，人口红利这一当前经济增长的重要引擎便消失，而经济增长最终还是要依靠全要素生产率的提高。

综上所述，一国不同区域在经济发展过程中各类要素的投入不同将导致区域经济增长的不平衡。在经济增长前期阶段，无论是自然资源、资本还是劳动力的大量投入，都可为区域经济增长带来一定的促进作用，而地区资源禀赋不同，经济增长速度不同。例如，一些地区自然资源较为丰富，习惯于依赖自然资源的大量投入拉动经济增长，但这往往意味着区域经济增长模式的落后和粗放，而自然资源的不可再生和稀缺性也要求地区必须转变经济增长模式。但从长远来看，代表技术进步的全要素生产率才能够真正意义上实现区域经济的高质量、可持续增长。显然，掌握了更高技术水平的地区相较于技术落后地区将拥有更强的经济增长动力，区域间的经济增长不平衡性将会更为明显。

3.2.2　数理分析

基于新古典经济增长理论，选用其最为经典的以技术为中心内容建立的索洛经济增长模型进行分析推导。该模型在假设规模报酬不变的前提下，引入生产函数与积累函数两个函数，在要素边际产出会随着要素投入使用量的增加而减少这一条件下，结合社会储蓄率不变这一前提，与生产函数结合起来，最终可以得到一个简单的一般均衡经济增长模型。假设某一国家或地区为封闭经济体，其中社会生产中只存在资本 $K(t)$ 和劳动力投入 $L(t)$，而且社会储蓄率 (s) 是外生的且资本折旧率 δ 是大于 0 的常数。市场的初始资本和劳动力分别为 K_0、L_0，而且地区人口增长率为不变的常数 n。以 C－D 生产函数为基础，结合上述假设，可将生产函数写为

$$Y = K^{\alpha} L^{\beta} \tag{3.1}$$

式中，Y 为地区生产总产出；K 为资本投入量；L 为劳动力投入量；α 为资本投入的产出弹性，β 为劳动投入的产出弹性，$\alpha + \beta = 1$ 且为非零正数。

将式（3.1）两侧同时除以 L，定义 $k = K/L$ 为人均资本存量，$y = Y/L$ 为人均产出，进一步处理可以得出人均产出（y）和人均资本存量（k）的关系式，具体如下所示

$$y = k^{\alpha} \tag{3.2}$$

假设地区不存在技术进步的情况，将式（3.2）取对数求导可得

$$\frac{\dot{y}}{y} = \alpha \frac{\dot{k}}{k} \tag{3.3}$$

从式（3.3）中可以看到人均产出的增长率仅取决于人均资本存量的大小，而且 $0 < \alpha < 1$，这意味着人均产出增长率与人均资本存量增长率是正向关系，人均资本存量越高，则人均产出增长率越高。

在新古典经济增长模型中，一地在某一时点的资本存量净增加额等于社会总投资减去折旧总额，故资本积累模型为

$$\begin{aligned} \dot{K} &= I - \delta K \\ &= sF(K, L, t) - \delta K \end{aligned} \tag{3.4}$$

式中，$\dot{K}$ 为资本对时间的微分；I 为总投资；s 为社会储蓄率且 $0 \leq s \leq 1$，将式（3.4）两侧同时除以 L，可得

$$\dot{K}/L = sf(\dot{k}) - \delta k \tag{3.5}$$

从前面推导可知

$$\dot{k} = \frac{d\left(\dfrac{\dot{K}}{L}\right)}{dt} = \frac{\dot{K}}{L} - nk$$

$$n = \frac{\dot{L}}{L}$$

将 $\dot{K}/L$ 换成 k 的函数，可得

$$\dot{k} = sf(k) - (n + \delta)k \tag{3.6}$$

式（3.6）即为索洛经济增长模型的基本微分方程，其中（$n+\delta$）代表了资本与劳动力比值的有效折旧率，即当社会储蓄率为 0 时，人均资本的降低速度将取决于劳动增长率和资本折旧率。

通过上述分析发现，当模型中的变量都相同且匀速增长时，该模型存在稳定状态。假设其稳定状态点为k^*，通过图 3.2 中的索洛经济增长模型运作过程，可以看到具体稳定状态值。从图中可以看到 $sf(k)$ 线和 $(n+\delta)k$ 线的交点对应的值为k^*，即稳定状态下的 k 需要满足

$$sf(k^*) = (n+\delta)k^* \qquad (3.7)$$

由式（3.6）、式（3.7）可知，当 $\dot{k}=0$ 时，人均资本存量实现稳定状态，而此时社会人均储蓄等于社会有效折旧，而且该点是本模型唯一的稳定状态点。在这个点上，人均产出为$y^* = f(k^*)$，社会人均储蓄为$sf(k^*)$，则人均消费为$(1-s)f(k^*)$，而且模型中的变量均在匀速增长，增长速度为劳动力增长速度 n。进一步分析可得，模型稳定点的大小受到多种因素影响，生产函数、社会储蓄率、劳动力增长率以及社会有效折旧率中的任何值发生变动，都将影响k^*的大小。

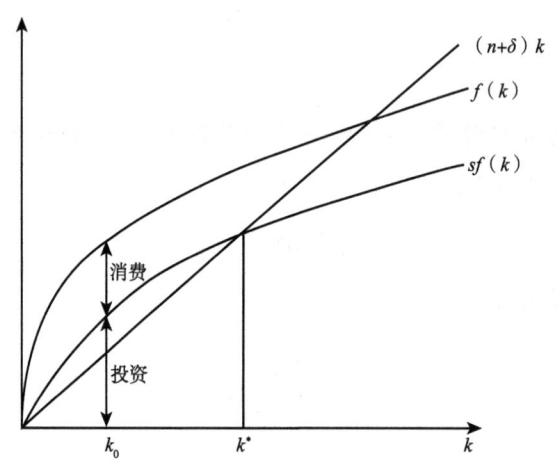

图 3.2　不考虑技术进步下的索洛经济增长模型稳定点

显然，社会经济增长离不开技术进步，将技术进步这一因素引入经济增长模型是新古典经济增长理论的重要特点之一。在实践中，技术进步往

往与人力资本伴生,故此处假定技术进步与劳动力增加是共生的,则式(3.1)可写为

$$Y = F(K, AL)$$
$$= K^\alpha (AL)^\beta \tag{3.8}$$

将式(3.8)两侧同时除以 L,可得到人均社会产出生产函数

$$y = k^\alpha A^\beta \tag{3.9}$$

为进一步分析,假定 $\check{k}$ 为资本技术比,即 $\check{k} = K/(AL)$;假定 $\check{y}$ 为产出技术比,即 $\check{y} = Y/(AL)$,则式(3.9)可简化为

$$\check{y} = \check{k}^\alpha \tag{3.10}$$

继续对等式 $\check{k} = K/(AL)$ 两侧取对数求导,可得

$$\frac{\check{k}'}{\check{k}} = \frac{k'}{k} - \frac{A'}{A} - \frac{L'}{L} \tag{3.11}$$

将式(3.4)代入式(3.11),令 g 为技术增长率,即 $g = \dfrac{A'}{A}$,可得

$$\check{k}' = s\check{y} - (n + g + \delta)\check{k} \tag{3.12}$$

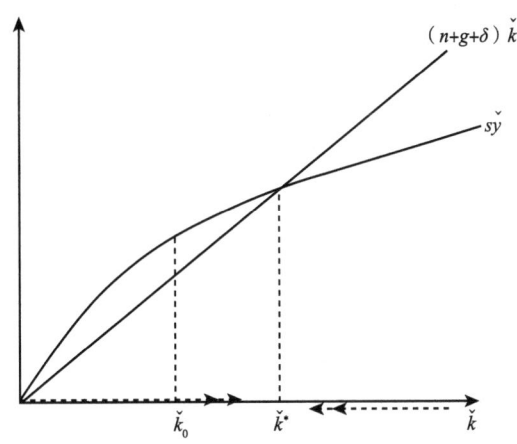

图 3.3 考虑技术进步下的索洛经济增长模型稳定点

由图 3.3 可以看出,社会经济增长中资本技术比值未达到稳定状态前,将不断增长。当它达到稳定状态后,总产出增长率将仅与技术增长率和劳

动力增长率相关，而与社会储蓄率无关，此时社会人均总产出的增长率等于技术进步率，即人均产出的增长源泉来自技术进步。结合上文理论分析，基于以上推导，进一步推广来看，区域经济增长高质量、可持续增长的源泉是基于式（3.8）中的 A，即技术进步，具体体现为全要素生产率。

3.3 地区税负对区域经济增长不平衡的影响机制分析

区域经济增长不平衡问题一直以来都是各国政府所关注的问题。对于一个国家或地区而言，只有均衡持续稳定增长的经济体才能够使社会稳定、国际地位提升。在学术研究领域中，一般将经济增长认为是一个国家或地区在一定时间内生产的产品和服务的增加量，它能够体现一个国家或地区的经济水平和生活质量，通常是用一个年度内实现的国内生产总值来表示。影响经济增长的因素众多，从政府角度来看，其作为"看得见的手"参与市场调控能够对经济增长产生较大程度的影响，政府之所以能够有源源不断的动力去调节经济，主要在于政府有各项收入来源作为保障，在各项收入来源中主要起到支撑作用的是税收收入，纳税者按照法律法规定时定量地向政府纳税，政府获得了可支配资金，将会对宏观经济产生重大的影响力。

同时，在任何一个可以分为两个以上经济区域的国家里，由于区域资源配置和客观环境不同，不同地区的经济增长速度也不同，为实现区域均衡发展，除了市场机制自身调节外，也离不开政府的宏观经济政策。税收政策作为政府宏观政策中极其重要的一部分，既发挥着社会管理与经济调节的作用，又需要通过向纳税人课税获取财力保障，这使得税收在为政府带来可支配资金的同时，让纳税人承受着相应的税收负担，而这种负担的高低将对地区经济运行机制产生不同程度的影响，尤其是可能引起不同地区间的资源流动，影响到区域间以及区域内经济增长。因此，地区税负对区域经济增长不平衡的影响机制是值得研究的重点之一。本节首先对地区税负对区域经济增长不平衡的总体影响机制进行分析；其次从区域经济增长质量视角出发,分析地区税负对区域全要素生产率的影响;最后通过企业绩效这一视角,探讨地区税负对区域经济增长不平衡微观基础的影响机制。

3.3.1 总体影响机制分析

(1)总体影响机制的一般性分析。

新古典经济学派认为政府通过政府宏观经济政策这只"看得见的手"可以影响区域经济增长,而在制度经济学派眼里,这只"看得见的手"的本质就是制度,他们认为制度是政府影响经济增长的最重要因素,而制度影响区域经济增长主要是通过以下三个方面:一是规范和约束市场行为;二是激励市场;三是明确产权归属、降低交易成本。结合新古典经济学和制度经济学来看,地区税负作为国家税制的产物,对区域经济增长不平衡的影响也是一种制度性的作用,主要体现在两个方面:一是通过地区税负的变动,直接或间接地作用于经济增长的各项驱动因素,进而影响不同区域经济增长的速度和质量,造成区域间经济增长不平衡。具体而言就是,地区税负能够通过具体的税种制度和相应的税制结构作用于劳动力、资本、技术以及市场需求等驱动因素,影响其使用效率,降低或提高其交易成本,最终影响区域经济增长。考虑到现实中资本要素主要是由社会储蓄和投资决定的,而技术进步又多依附于劳动力、资本,因而很多学者将地区税负对区域经济增长的驱动作用视为地区税负对区域经济增长的多重影响效应(张伦俊、陆建华,2001;李文,2011;高培勇,2015)。二是地区税负通过影响地区税收收入支出的结构和数量作用于区域经济增长,政府的财政支出结构将直接或间接地影响区域经济增长,例如,对公共技术品部门的支出可以促进区域长期经济增长;对区域公共品和服务的供给可以吸引更多资本投资;可以通过财政补贴等方式引导区域产业结构调整;等等。

本书通过分析、总结最终得出,地区税负可以直接或间接地通过多渠道作用于区域经济增长和区域间经济均衡,且在国家或地区的不同发展阶段,不同税种、税制结构对经济增长的影响都各有不同。总之,本书认为地区税负对区域经济增长不平衡的影响路径主要有三个：一是地区税负不同将会影响区域生产要素的投入，即地区税负大小不同将影响资本、劳动力、技术的投入量，进而作用于区域经济增长速度和区域间经济增长的均衡；二是地区税负不同将会影响地区产业结构的变动，即政府可以通过调整产业纳税涉及的不同税种制度、税制结构等方面，调整产业间具体的税负，引导企业、劳动力、资本、技术流向"税负低洼地"，带来产业集聚和规模效应，进而影响区域经济增长速度和质量；三是地区税负高低将影响地区财政支出，而财政支出的大小和结构能够直接影响区域经济增长，同时能够影响要素投入和产业结构变动，最终共同作用于区域经济增长和区域间经济增长的均衡。总体影响路径详见图3.4。

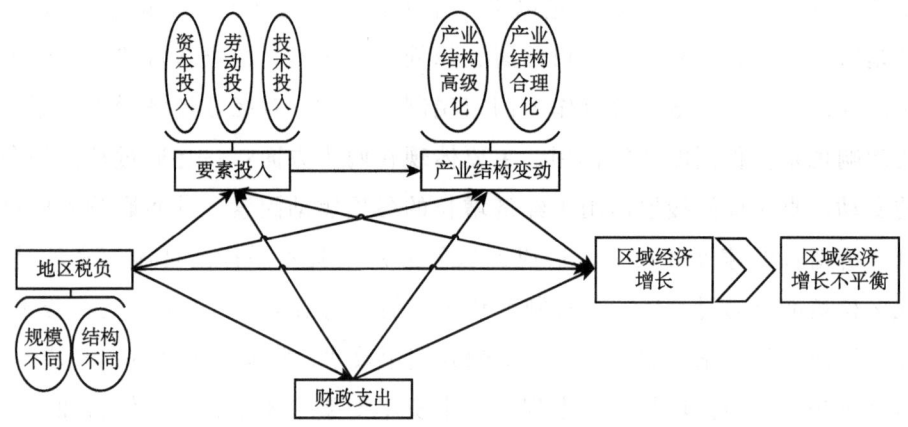

图 3.4 地区税负对区域经济增长不平衡的总体影响机制

（2）数理分析。

基于上述三个路径，我们将从厂商、家庭、政府多角度，对地区税负对区域经济增长影响展开具体数理阐释，构建基于内生经济增长理论的地区税负对区域经济增长不平衡影响的理论框架。

①厂商行为。

假定在区域经济增长模型中主要包含两类厂商：一类是生产消费品的私人部门厂商；另一类是生产技术品的公共部门厂商。其中，基于规模报酬不变形式下生产消费品厂商的具体生产函数为

$$Y = F(K, L_p, A, G_K)$$
$$= A^{\mu} K^{\alpha} L_p^{\beta} G_K^{1-\alpha-\beta-\mu} \tag{3.13}$$

式中，Y 为消费品厂商总产出；K 和 L_p 分别为厂商在市场中购买的物质资本和劳动力资本；A 为 t 时期内厂商可以免费使用的技术存量；G_K 为 t 时期当地政府公共生产性产品（政府公共基础设施）的支出；μ、α、β 以及 $1-\alpha-\beta-\mu$ 分别为厂商的物质资本、劳动力资本、技术产品以及政府公共生产性产品支出的产出弹性，其中 μ、α、β 的取值范围为 $[0, 1]$。

生产技术品的公共部门厂商在生产时需要考虑当期可以使用的技术存量 A 以及技术存量依附的劳动力资本 L_A。参考 Romer（1990）有关技术品的定义，认为市场技术品为社会公共品，而由于公共品的特殊性，市场并无有效的定价机制和供给机制，所以假定需要政府从私人部门征收一定税额来补贴厂商生产技术品。结合上述理论及规模报酬不变的性质，参考 Kosempel（2004）的具体技术形式，生产技术品厂商的具体生产函数可以表示为

$$\dot{A} = \varphi A^{\theta} L_A^{1-\theta} - A \tag{3.14}$$

式中，$\dot{A}$ 为技术品厂商总产出；φ 为市场上生产技术品的技术前沿；θ 和 $1-\theta$ 分别为技术存量和技术存量依附的劳动力资本的产出弹性。

②家庭行为。

假定区域经济中存在大量同质家庭，即这些家庭的偏好、资本以及人口数都相同，而且家庭规模稳定，人口增长率为零，考虑到便于后期推导，将家庭人口数标准化为 1。同时假定模型为无限届期，模型中的各个家庭拥有社会生产所需的劳动力资本和物质资本，通过资本出售和出租来获取收入。在社会生产期初，家庭会根据自己的预期税后收入来决定当期消费额，其余部分通过社会储蓄等形式借贷给私人部门获取收益。以某个代表性家庭为例，考虑到家庭可控因素，其一般通过选择恰当的消费和劳动力资本以实现家庭效用最大化（Turnovsky，2004；姚秋歌等，2020）。基于新动态财政思想以及结合 Turnovsky（2004）的家庭效用函数，可以得到家庭效用函数的具体形式为

$$U(C,L) = \int_0^{+\infty} e^{-\rho t} u(C,L)\,\mathrm{d}t \qquad (3.15)$$

$$u(C,L) = \ln C + \vartheta \ln L \qquad (3.16)$$

式中，ϑ 为 μ 和 β 的参数；C 为 t 时期家庭消费。

家庭消费者将自己的税收收入分为两部分，一部分用于家庭当期消费，另一部分用于对下一期家庭资本的积累。则某个代表性家庭的预算约束为

$$\dot{K} = (1 - \tau_K - g\tau_Y)rK + (1 - \tau_L - g\tau_Y)wL + \delta K - (1 - \tau_C)C + G_S \qquad (3.17)$$

$$L = L_p + L_A \qquad (3.18)$$

式中，K 为资本总额；L 为劳动力总额；C 为消费总额；τ_K 为 t 时期征收的资本所得税税率；τ_L 为 t 时期征收的劳动所得税税率；τ_C 为 t 时期征收的消费税税率；τ_Y 为 t 时期的增值税税率；g 为经济增长率（社会产品增值率）；r 为资本的价格；w 为劳动力工资；δ 为下一期家庭资本积累比例；G_S 为政府对消费家庭的转移支付。

③政府行为。

通过前文可知区域经济增长的源泉来自技术，而技术的公共品属性决定了其的供给来自公共技术品的生产，由前面假设可知，私人部门可以任意使用地区经济中的技术存量，因此为了保证地区经济的高质量、可持续增长，政府需要通过对私人部门征税以供补贴和维持公共部门技术品的生产，故政府应满足以下预算约束：

$$G_A + G_K + G_S = \tau_K rK + \tau_L wL + \tau_C C + \left(\frac{\tau_Y}{1+\tau_Y}\right)Y \qquad (3.19)$$

$$G_A = \overline{w_A} L_A = w\,L_A \qquad (3.20)$$

式中，G_A 为政府对公共部门的补贴；G_K 为政府的公共生产性支出。依据产品分配净尽原理，假定市场产品均可分配消耗完毕，则式（3.17）和式（3.18）可以转化为以下形式：

$$\dot{K} = \left[1 - \alpha\tau_K - (1-\alpha)\tau_L - \frac{\tau_Y}{1+\tau_Y}\right]Y + \delta K - (1-\tau_C)C + G_S \qquad (3.21)$$

$$w\,L_A + G_K + G_S = \left[\alpha\tau_K + (1-\alpha)\tau_L + \frac{\tau_Y}{1+\tau_Y}\right]Y + \tau_C C \qquad (3.22)$$

④寻求最优化。

社会经济增长的最终目的是实现社会效用最大化。为厘清这一问题，本书在约束条件式（3.14）、式（3.18）、式（3.21）和式（3.22）下，构造有关社会效用最大化问题的汉密尔顿函数。具体如下所示：

$$H = \ln C + \vartheta \ln L + \lambda_1 \left\{ \left[1 - \alpha \tau_K - (1-\alpha)\tau_L - \frac{\tau_Y}{1+\tau_Y} \right] Y + \delta K - (1-\tau_C)C + G_S \right\}$$
$$+ \lambda_2 (\varphi A^\theta L_A^{1-\theta} - A) + \mu_1 (L_p + L_A - L) + \mu_2 \left\{ \left[\alpha \tau_K + (1-\alpha)\tau_L + \frac{\tau_Y}{1+\tau_Y} \right] Y + \tau_C C - G_K - G_S \right\} \quad (3.23)$$

式中，λ_1、λ_2 为汉密尔顿乘子；μ_1、μ_2 为拉格朗日乘子。结合式（3.13）~式（3.22），可得式（3.23）最大化的一阶条件为

$$\partial H / \partial C = C^{-1} - (1-\tau_C)\lambda_1 + \mu_2 \tau_C = 0 \quad (3.24)$$

$$\partial H / \partial L = \vartheta L^{-1} - \mu_1 = 0 \quad (3.25)$$

$$\partial H / \partial L_A = \lambda_2 (1-\theta) \varphi A^\theta L_A^{-\theta} + \mu_1 + \mu_2 w = 0 \quad (3.26)$$

$$\partial H / \partial L_p = \lambda_1 \left[1 - \alpha \tau_K - (1-\alpha)\tau_L - \frac{\tau_Y}{1+\tau_Y} \right] \beta A^\mu K^\alpha L_p^{\beta-1} G_K^{1-\alpha-\beta-\mu}$$
$$+ \mu_1 + \mu_2 \left[\alpha \tau_K + (1-\alpha)\tau_L + \frac{\tau_Y}{1+\tau_Y} \right] \beta A^\mu K^\alpha L_p^{\beta-1} G_K^{1-\alpha-\beta-\mu} = 0 \quad (3.27)$$

$$\partial H / \partial G_S = \lambda_1 - \mu_2 = 0 \quad (3.28)$$

$$\partial H / \partial G_K = \lambda_1 \left[1 - \alpha \tau_K - (1-\alpha)\tau_L - \frac{\tau_Y}{1+\tau_Y} \right]$$
$$(1-\alpha-\beta-\mu) A^\mu K^\alpha L_p^{\beta-1} G_K^{-\alpha-\beta-\mu} + \mu_2$$
$$\left\{ \left[\alpha \tau_K + (1-\alpha)\tau_L + \frac{\tau_Y}{1+\tau_Y} \right] (1-\alpha-\beta-\mu) A^\mu K^\alpha L_p^{\beta-1} G_K^{-\alpha-\beta-\mu} - 1 \right\}$$
$$= 0 \quad (3.29)$$

$$\dot{\lambda}_1 = -\partial H / \partial K + \rho \lambda_1$$
$$= -\lambda_1 \left\{ \left[1 - \alpha \tau_K - (1-\alpha)\tau_L - \frac{\tau_Y}{1+\tau_Y} \right] \alpha A^\mu K^{\alpha-1} L_p^\beta G_K^{1-\alpha-\beta-\mu} - \delta \right\}$$

$$-\mu_2\left[\alpha\tau_K+(1-\alpha)\tau_L+\frac{\tau_Y}{1+\tau_Y}\right]\alpha A^\mu K^{\alpha-1}L_p^\beta G_K^{1-\alpha-\beta-\mu}+\rho\lambda_1 \quad (3.30)$$

$$\dot\lambda_2=-\partial H/\partial A+\rho\lambda_2$$

$$=-\lambda_1\left\{\left[1-\alpha\tau_K-(1-\alpha)\tau_L-\frac{\tau_Y}{1+\tau_Y}\right]\mu A^{\mu-1}K^\alpha L_p^\beta G_K^{1-\alpha-\beta-\mu}-\delta\right\}$$

$$-\lambda_2\theta\varphi A^{\theta-1}L_A^{-\theta}-\mu_2\left[\alpha\tau_K+(1-\alpha)\tau_L+\frac{\tau_Y}{1+\tau_Y}\right]$$

$$\mu A^{\mu-1}K^\alpha L_p^\beta G_K^{1-\alpha-\beta-\mu}+\rho\lambda_2 \quad (3.31)$$

结合消费家庭效用函数,可得静态优化条件为

$$u_C(C,L)+wu_L(C,L)=0 \quad (3.32)$$

将式(3.28)代入式(3.24)和式(3.29)中可得

$$\frac{G_K}{Y}=1-\alpha-\beta-\mu \quad (3.33)$$

$$\frac{\dot C}{C}=-\frac{\dot\lambda_1}{\lambda_1}=g \quad (3.34)$$

继续由式(3.30)和式(3.34)可得

$$g=\alpha A^\mu K^{\alpha-1}L_p^\beta G_K^{1-\alpha-\beta-\mu}-\delta-\rho \quad (3.35)$$

结合式(3.26)、式(3.27)、式(3.28)以及式(3.31)可得

$$-\frac{\dot\lambda_2}{\lambda_2}=\mu A^{\mu-1}K^\alpha L_p^\beta G_K^{1-\alpha-\beta-\mu}\frac{(1-\theta)\varphi A^\theta L_A^{-\theta}}{\beta Y/L_p+w}-(\theta\varphi A^{\theta-1}L_A^{-\theta}-1-\rho) \quad (3.36)$$

由静态优化条件可知,当区域经济处于稳态时,市场理性经济参与主体在两个部门间的劳动力分配份额是不变的,由此假定用于私人消费品的劳动力份额为 ε,则用于公共部门的劳动力份额为 $1-\varepsilon$。

由式(3.14)可得

$$g+1=\varphi A^{\theta-1}L_A^{1-\theta} \quad (3.37)$$

假定要素市场是完全竞争市场,则由式(3.14)可推导得出

$$\beta=\alpha A^\mu K^{\alpha-1}L_p^\beta G_K^{1-\alpha-\beta-\mu}$$

$$=\alpha\frac{Y}{K} \quad (3.38)$$

$$w = (1-\alpha)\frac{Y}{L} \tag{3.39}$$

结合式（3.35）、式（3.37）、式（3.38）以及式（3.39）可得

$$g = \frac{\mu(1-\theta)[\beta+\varepsilon(1-\alpha)]\frac{\varepsilon}{1-\varepsilon} - \theta + 1 + \rho}{1 + \theta - \mu(1-\theta)[\beta+\varepsilon(1-\alpha)]\frac{\varepsilon}{1-\varepsilon}} \tag{3.40}$$

从式（3.40）中可以看出，决定区域经济增长率的显性表达式中，税负的直接变量并没有出现，仅包括政府财政支出，公共部门、私人部门劳动力份额，折现率以及要素边际贡献率等。因此可以得出，地区税负除了能直接影响区域经济增长外，更多的是通过影响要素投入、政府财政支出来影响区域经济增长。进一步分析，假定某一国家或地区的宏观税负是既定不变的，则各个具体税种之间的平衡将存在某些关联，假定 $M = C/Y$，则根据政府预算约束平衡式（3.19）可得

$$\tau = \alpha \tau_K + (1-\alpha)\tau_L + M\tau_C + \frac{\tau_Y}{1+\tau_Y} \tag{3.41}$$

通过分析总税率与不同税种税率之间的显性表达关系，可以得出不同税种税负变动的短期影响，结合式（3.41）对各税种税率进行静态分析，可得

$$\frac{\partial \tau_K}{\partial \tau_Y} = -\frac{1}{\alpha(1+\tau_Y)} < 0 \tag{3.42}$$

$$\frac{\partial \tau_K}{\partial \tau_C} = -\frac{M}{\alpha} < 0 \tag{3.43}$$

$$\frac{\partial \tau_L}{\partial \tau_Y} = -\frac{1}{(1-\alpha)(1+\tau_Y)^2} < 0 \tag{3.44}$$

$$\frac{\partial \tau_L}{\partial \tau_C} = -\frac{M}{(1-\alpha)} < 0 \tag{3.45}$$

$$\frac{\partial \tau_Y}{\partial \tau_C} = -\frac{1}{M\tau_C^2} < 0 \tag{3.46}$$

通过分析式（3.42）~式（3.46）可知，两种税率之间的偏微分结果都小于零，这意味着在地区税负不变的情况下，某一税种税率的减少必将导致另一税种税率增加。但是不同税种对投资率等的影响是不同的，即使

区域总体税负达到最优,由于税制结构的不同,区域间也会有不同的经济增长速度和福利水平。

⑤考虑产业结构变动的分析。

前文中提到政府可以通过调节地区税负影响不同产业、不同产品的边际成本率、平均价格以及均衡产量,引导产业结构变动,进而影响区域经济增长,而不同区域的不同产业结构变动最终导致了区域经济增长不平衡。同时地区税负结构不同可能会改变不同产业的宏观税负和实际收益,进而引起不同产业之间的替代效应和资源再分配效应。当前政府实施的产业政策主要有两种方式:直接干涉和间接引导。政府更多的是通过间接引导方式介入资源配置、影响厂商选择,进而影响产业结构变动。以私人产品厂商为例,考虑到前文假设私人部门可以任意使用区域经济中的技术存量,且技术存在内生影响,故在各产业满足规模报酬不变约束条件下的生产函数可简化为

$$Y_i = A_i K_i^{\alpha_i} L_i^{\beta_i} G_i^{\gamma_i}, \alpha_i + \beta_i + \gamma_i = 1 \tag{3.47}$$

式中,$i=1,2,3$,分别表示第一产业、第二产业、第三产业。由于三大产业理论上所受影响类似,故此处以 i 产业作为代表举例说明。其中 Y_i 视为 i 产业产出,同理 A_i 为 i 产业的技术进步,考虑到税收政策对劳动和投资的影响,资本要素的投入量可表示为

$$K_i = K_i^0 - \chi_{i_i} T_{i_i} K_i^0 (0 < \chi < 1) \tag{3.48}$$

劳动要素的投入量可表示为

$$L_i = L_i^0 - \chi_{i_i} T_{i_i} L_i^0 (0 < \chi < 1) \tag{3.49}$$

式中,K_i^0、L_i^0 为不受政府税收影响的生产要素投入量;T_{i_i} 和 T_{i_i} 分别为从 i 产业取得的资本税收入、劳动税收入;χ_{i_i} 为资本税对资本投入的影响系数;χ_{i_i} 为劳动税对劳动投入的影响系数。

政府对产业 i 的财政支出为

$$G_i = \eta_i \sigma T = \eta_i \sigma \left(\sum_{i=1}^{3} T_{i_i} + \sum_{i=1}^{3} T_{i_i} \right)(0 < \eta_i < 1, 0 < \sigma < 1) \tag{3.50}$$

式中,σ 为税收收入 T 中用于财政支出的比例;η_i 为总支出 G 分配至产业 i 的比例。显然,总税收为三大产业的资本税和劳动税收入总和。于

是，产业 i 的产出函数可进一步表示为

$$Y_i = A_i (K_i^0 - \chi_{i_k} T_{i_k} K_i^0)^{\alpha_i} (L_i^0 - \chi_{i_l} T_{i_l} L_i^0)^{\beta_i} \left[\eta_i \sigma \left(\sum_{i=1}^{3} T_{i_k} + \sum_{i=1}^{3} T_{i_l} \right) \right]^{\gamma_i} \tag{3.51}$$

对 T_{i_k}、$T_{i_l}(i=1,2,3;j=1,2,3;i \neq j)$ 分别求一阶偏导，得到式（3.52）和式（3.53）：

$$\frac{\partial Y_i}{\partial T_{i_k}} = -A_i \chi_{i_k} \alpha_i K_i^0 (K_i^0 - \chi_{i_k} T_{i_k} K_i^0)^{\alpha_i - 1} (L_i^0 - \chi_{i_l} T_{i_l} L_i^0)^{\beta_i} G_i^{\gamma_i}$$

$$+ A_i \gamma \eta_i \sigma_i \left[\eta_i \sigma \left(\sum_{i=1}^{3} T_{i_k} + \sum_{i=1}^{3} T_{i_l} \right) \right]^{\gamma_i - 1} K_i^{\alpha_i} \tag{3.52}$$

$$\frac{\partial Y_i}{\partial T_{i_l}} = -A_i \chi_{i_l} \beta_i L_i^0 (K_i^0 - \chi_{i_k} T_{i_k} K_i^0)^{\alpha_i} (L_i^0 - \chi_{i_l} T_{i_l} L_i^0)^{\beta_i - 1} G_i^{\gamma_i}$$

$$+ A_i \gamma \eta_i \sigma_i \left[\eta_i \sigma \left(\sum_{i=1}^{3} T_{i_k} + \sum_{i=1}^{3} T_{i_l} \right) \right]^{\gamma_i - 1} L_i^{\beta_i} \tag{3.53}$$

$$\frac{\partial Y_i}{\partial T_{j_k}} = \frac{\partial Y_i}{\partial T_{j_l}} = A_i \gamma \eta_i \sigma_i (K_i^0 - \chi_{i_k} T_{i_k} K_i^0)^{\alpha_i}$$

$$(L_i^0 - \chi_{i_l} T_{i_l} L_i^0)^{\beta_i} \left[\eta_i \sigma \left(\sum_{i=1}^{3} T_{i_k} + \sum_{i=1}^{3} T_{i_l} \right) \right]^{\gamma_i - 1} \tag{3.54}$$

通过对各产业偏微分结果分析发现，针对自身产业的税收，无论是资本税税收总额，还是劳动税税收总额，对产业生产产出的作用都是反向作用，即增加本产业税收将减少生产总值；反之，无论是降低资本税税收总额，还是降低劳动税税收总额，或是二者同时降低，都将提高该产业生产总额。而其他产业的税收总额对该产业生产产出的影响是同向作用，即当增加其他产业的税收总额时；该产业生产产出会增加；而减少其他产业的税收总额时，该产业的生产产出会减少。

随着经济发展，各国或地区第一产业占比相对下降，对于产业结构变动贡献相对较小，在这里不做过多考虑。接下来以第二产业和第三产业为例，分析不同层次的税负对产业结构变动的影响。假设当市场中仅存在第二产业和第三产业时，在此将 i 产业的资本要素和劳动力要素合并视为总产业投入要素 Z_i，通过前文分析可知 $Z_i = Z_i^0 - \chi T_i H_i^0$，其中 v 为 Z_i 的产出弹性，根据 C-D 生产函数，G_i 的生产弹性为 $1-v$，政府对 i 产业的财政支出

为 $G_i = \eta_i G = \eta_i \sigma T = \eta_i \sigma (T_2 + T_3)$，本假设中，总税收来自第二产业和第三产业。则两个产业的生产函数分别为

$$Y_2 = A_2 Z_2^v G_2^{1-v}$$
$$= A_2 (Z_2^0 - \chi T_2 H_2^0)^v [\eta_2 \sigma (T_2 + T_3)]^{1-v} \quad (3.55)$$

$$Y_3 = A_3 Z_3^v G_3^{1-v}$$
$$= A_3 (Z_3^0 - \chi T_3 H_3^0)^v [\eta_3 \sigma (T_2 + T_3)]^{1-v} \quad (3.56)$$

对式（3.55）、式（3.56）中的 T_2 和 T_3 分别求一阶偏导，得到式（3.57）~式（3.60）：

$$\frac{\partial Y_2}{\partial T_2} = A_2 (\eta_2 \sigma)^{1-v} (Z_2^0 - \chi T_2 H_2^0)^{v-1} (T_2 + T_3)^{-v}$$
$$[-\chi v (T_2 + T_3) + (1-v)(Z_2^0 - \chi T_2 H_2^0)]$$
$$= A_2 (\eta_i \sigma)^{1-v} Z_2^{v-1} T^{-v} [-\chi v T + (1-v) Z_2] \quad (3.57)$$

$$\frac{\partial Y_2}{\partial T_3} = A_2 (\eta_2 \sigma)^{1-v} (Z_2^0 - \chi T_2 H_2^0)^{v-1} (T_2 + T_3)^{-v} (1-v)(Z_2^0 - \chi T_2 H_2^0)$$
$$= A_2 (\eta_i \sigma)^{1-v} Z_2^{v-1} T^{-v} (1-v) Z_2$$
$$(3.58)$$

$$\frac{\partial Y_3}{\partial T_3} = A_3 (\eta_3 \sigma)^{1-v} (Z_3^0 - \chi T_3 H_3^0)^{v-1} (T_2 + T_3)^{-v}$$
$$[-\chi v (T_2 + T_3) + (1-v)(Z_3^0 - \chi T_3 H_3^0)]$$
$$= A_3 (\eta_i \sigma)^{1-v} Z_3^{v-1} T^{-v} [-\chi v T + (1-v) Z_3] \quad (3.59)$$

$$\frac{\partial Y_3}{\partial T_2} = A_3 (\eta_3 \sigma)^{1-v} (Z_3^0 - \chi T_3 H_3^0)^{v-1} (Z_3^0 - \chi T_3 H_3^0)^{v-1}$$
$$(T_2 + T_3)^{-v} (1-v)(Z_3^0 - \chi T_3 H_3^0)$$
$$= A_3 (\eta_i \sigma)^{1-v} Z_3^{v-1} T^{-v} (1-v) Z_3 \quad (3.60)$$

考虑产业结构转型一般是该产业占总产值的占比，故令

$$\varphi_i = \frac{Y_i}{Y_2 + Y_3}$$

由式（3.57）~式（3.60）可得式（3.61）、式（3.62）：

$$\frac{\partial \varphi_2}{\partial T_2} = \frac{\partial \varphi_3}{\partial T_3} = \frac{-\chi v Y_2 Y_3}{(Z_2^0 - \lambda T_2 H_2^0)(Y_2 + Y_3)^2} < 0 \quad (3.61)$$

第3章 地区税负与区域经济增长不平衡的一般理论分析

$$\frac{\partial \varphi_2}{\partial T_3} = \frac{\partial \varphi_3}{\partial T_2} = \frac{\lambda v\, Y_2 Y_3}{(Z_3^0 - \lambda T_3 H_3^0)(Y_2 + Y_3)^2} > 0 \tag{3.62}$$

根据式（3.61）和式（3.62）可知，第二产业税收总额 T_2 的增加不利于第二产业产出占比 φ_2 值的增加；反之，税收总额 T_2 的增加会引起 φ_2 增加。第三产业税收总额 T_3 则是同向作用于第二产业，T_3 减少将引起 φ_2 值增加。对于第三产业，同样是自身税收总额与产业产出呈反向作用，对第二产业减税将导致第三产业的产业产出减少，如果以 Y_3/Y_2 作为产业结构转型的衡量指标，通过上述推导可以得出对第三产业减税或对第二产业增税能够促进产业结构转型的结论。

前文分析中没有考虑技术进步对产业结构升级的影响，但是技术进步对产业结构升级的影响毋庸置疑。在各国实际操作中，大多数国家出台了针对技术进步的特定对象减税措施，力图通过降低产业提升技术进步的税负，促进产业技术升级，最终促进产业产出增加和产业结构升级。引入技术进步的税收总额 T_{iA}，代入式（3.47）中可得

$$Y_i = (A_i^0 - \chi T_{i_A} A_i^0) K^\alpha L^\beta \left[\eta_i \sigma \left(\sum_{i=1}^{3} T_{i_k} + \sum_{i=1}^{3} T_{i_i} + \sum_{i=1}^{3} T_{i_A} \right) \right]^\gamma \tag{3.63}$$

式中，A_i^0 为不受政府税收影响的技术进步；T_{i_A} 为 i 产业的技术进步的税收收入；χ 为技术进步相关税收对技术进步的影响系数。

对式（3.63）中的 T_{1A}、T_{2A} 和 T_{3A} 分别求一阶偏导，得到式（3.64）~式（3.66）：

$$\frac{\partial Y_3}{\partial T_3} = K_3^\alpha L_3^\beta (-\chi A_3^0 G^\gamma + A_3 \gamma G^{\gamma-1})$$

$$= -K_3^\alpha L_3^\beta G^\gamma \left(\frac{\chi A_3^0 G - A_3 \gamma}{G} \right) < 0 \tag{3.64}$$

$$\frac{\partial Y_3}{\partial T_2} = \frac{\partial Y_3}{\partial T_1} = A_3 K_3^\alpha L_3^\beta G^{\gamma-1} > 0 \tag{3.65}$$

根据式（3.64）和式（3.65）可知，针对第三产业进行有关技术进步的特定减税政策能够促进第三产业生产总值提高，而针对其他产业相关技术进步的减税政策会导致第三产业生产总值下降。技术进步对某产业的影

响不是独立的，还要考虑到三次产业之间技术进步相互作用所产生的机制效应。本节利用产业结构升级指数（ITU）（胡小梅，2016）来分析针对技术进步的地方税负对产业结构升级的影响，具体测度方法：$ITU = \sum_{i=1}^{n} iq(i)$，其中 $q(i)$ 为 i 产业占 GDP 比重，$n=3$，产业对应的生产成本为 CO_i。则可知

$$ITU = \frac{Y_1 - CO_1}{GDP} \times 1 + \frac{Y_2 - CO_2}{GDP} \times 2 + \frac{Y_3 - CO_3}{GDP} \times 3 \qquad (3.66)$$

结合式（3.47）可知 $\frac{\partial Y_i}{\partial A_i} > 0$，即 i 产业技术进步有利于该产业产出提高；结合式（3.63）可知 $\frac{\partial A_i}{\partial T_i} < 0$，即减少与技术研发相关的税费负担，有利于技术进步；基于此，对式（3.66）中的产业结构升级分别求导，得出结果如下：

$$\frac{\partial ITU}{\partial T_{iA}} = \frac{\partial ITU}{\partial A_i} \times \frac{\partial A_i}{\partial T_{1A}} < 0 \qquad (3.67)$$

通过式（3.67）分析可知，增加有关技术进步的相关税负不利于产业结构升级，而出台针对技术研发和科技创新层面的特定对象的税收优惠政策能够推进产业结构升级进程，而产业结构变动会作用于区域自身及区域间经济协同增长，最终影响区域经济增长不平衡。

综上所述，我们可以得到以下结论：地区税负对区域经济增长不平衡的影响是多角度、多路径的复杂影响，很难简单通过某一方面的分析厘清地区税负的作用，其既可以通过直接路径影响区域经济增长，又能够通过复杂的间接路径实现对区域经济增长的间接影响。地区税负的间接影响是通过影响财政支出、要素投入、产业结构变动中的一系列的变量最终作用于区域经济增长。从市场微观层面来看，地区间税负结构和总量的不同，将导致地区间的市场供给水平以及市场实现均衡的决定因素——市场价格不同。换言之，地区税负不同将影响地区间以及地区内的生产要素实际价格不同，进而影响企业、劳动者的生产、投入决策，造成资本、劳动力的跨区流动，最终导致区域间经济增长的不均衡。从宏观层面来看，地区税

负不同将导致政府财政支出不同，影响区域的公共品供给，同时改变各要素的实际使用成本，最终影响市场对资源的配置，改变地区经济结构，最终影响区域经济增长。

3.3.2 地区税负对区域经济增长质量的影响机制分析

通过前文分析可知，影响区域经济增长的主要力量是资本积累和全要素生产率。虽然在一定时期内资本积累能够促进经济增长，但是根据资本边际报酬递减规律，长久依赖要素投入的粗放型经济增长模式将导致经济结构失衡、资源短缺和环境恶化等问题，不利于区域经济高质量、可持续增长。现代经济增长理论和世界各国经济发展实践充分表明，在区域经济增长中，技术带来的全要素生产率对经济增长的促进作用愈加重要。经济发展到一定阶段后，资本、劳动力等生产要素的投入对经济增长的贡献不断会降低，在这种形势下，若区域全要素生产率维持原有水平甚至下降，区域经济增长速度也必将放缓并持续下行，显然通过改进生产效率和技术创新来提高全要素生产率是保持经济高质量、可持续增长的关键（Mankiw，1991；易纲等，2003；唐未兵等，2014）。因此，本书在探讨了地区税负对区域经济增长的总体影响机制后，进一步从区域全要素生产率角度出发，研究地区税负对区域经济增长质量的影响机制，即地区税负对区域全要素生产率的影响。

当前学术界对区域全要素生产率的提升因素进行了广泛而深入的研究，研究发现按照是否直接影响区域全要素生产率，可将影响因素划分为内在因素和外在因素（Syverson，2011；朱玉飞、安磊，2018），同时指出全要素生产率对财政政策非常敏感。从这个意义上看，税收政策属于影响全要素生产率的外部因素，而其能够通过税负介入其他影响企业全要素生产率的内外部因素，实现对其深层次的影响。总之，地区税负主要是从资源配置、技术进步、融资约束、规模效应等角度对区域全要素生产率产生多方面影响。本节结合问题研究需要，将地区税负以地区税收政策实施集中度增函数的形式引入模型，使地区税负变动对区域全要素生产率的影响内生化,进而更为直观地反映地区税负通过对资源配置影响区域全要素生产率增长的情况。具体模型如下所示。

假设区域经济中有 i 个行业,每个区域内部的厂商生产同质性产品。产品市场和要素市场都是完全竞争的,而每个行业的投入要素价格由于受政府税收政策的影响而产生了不同程度的扭曲,其中有关技术品的税收优惠政策主要有两种:一种是针对特定对象的税收优惠政策,另一种是市场企业均可享受的普惠性税收优惠政策。假定生产函数依旧是规模报酬不变的 C-D 形式,区域内产品均为代表性厂商通过投入生产要素生产而来,不考虑其他影响因素,则生产函数为

$$Y_i = A_i F(K_i, L_i)$$
$$= A_i K_i^{\alpha_i} L_i^{\beta_i} (\alpha_i + \beta_i = 1) \quad (3.68)$$

式中,A_i 为区域代表性厂商拥有的技术优势,同时假设其位于价值链分工的上游环节,拥有明显的技术优势;α_i、β_i 分别为资本、劳动的产出弹性,而且各区域的要素产出弹性不同。不考虑其他影响,仅考虑地区税负对要素价格的扭曲,故厂商的利润最大化问题可表述为

$$\max P_i = \max p_i F(K_i, L_i) - (1 + e^{H_{Ki}}) p_K K_i - (1 + e^{H_{Li}}) p_L L_i \quad (3.69)$$

式中,p_K、p_L 为不存在地区税负对要素价格扭曲时的要素价格;$e^{H_{Ki}}$、$e^{H_{Li}}$ 分别为地区税负引起的劳动和资本的价格扭曲度,即现实中企业面临的实际要素价格为 $(1 + e^{H_{Ki}}) p_K$、$(1 + e^{H_{Li}}) p_L$。由常识可知,税收政策实施的特定对象集中度越高,能够惠及的获益厂商越少。因此,可以判定地区税负扭曲系数与政策实施集中度呈正向关系,而由于地区经济结构不同,税收政策实施的集中度在不同地区间存在差异。进一步求解代表厂商利润最大化的问题可得

$$\frac{\alpha_i p_i Y_i}{K_i} = (1 + e^{H_{Ki}}) p_K \quad (3.70)$$

$$\frac{\beta_i p_i Y_i}{L_i} = (1 + e^{H_{Li}}) p_L \quad (3.71)$$

假设 $K = \sum_i K_i, L = \sum_i L_i, Y = \sum_i P_i Y_i$,可推导得出,在包含政府税收政策的区域经济多部门均衡条件下,i 地区的资本要素与劳动要素投入表

达式分别为

$$K_i = \frac{\alpha_i p_i Y_i \frac{1}{(1+e^{H_{K_i}})p_K}}{\sum_j \alpha_j P_j Y_j \frac{1}{(1+e^{H_{K_j}})p_K}} K$$

$$= \frac{\widetilde{\sigma}_i \alpha_i \frac{1}{(1+e^{H_{K_i}})_i}}{\sum_j \widetilde{\sigma}_j \alpha_j \frac{1}{(1+e^{H_{K_j}})}} K$$

$$= \frac{\widetilde{\sigma}_i \alpha_i}{\widetilde{\alpha}} \widetilde{\phi}_{K_i} K \tag{3.72}$$

$$L_i = \frac{\beta_i p_i Y_i \frac{1}{(1+e^{H_{L_i}})p_L}}{\sum_j \beta_j P_j Y_j \frac{1}{(1+e^{H_{L_j}})p_L}} K$$

$$= \frac{\widetilde{\sigma}_i \beta_i \frac{1}{(1+e^{H_{L_i}})_i}}{\sum_j \widetilde{\sigma}_j \beta_j \frac{1}{(1+e^{H_{L_j}})}} K$$

$$= \frac{\widetilde{\sigma}_i \beta_i}{\widetilde{\beta}} \widetilde{\phi}_{L_i} L \tag{3.73}$$

式中，$\widetilde{\sigma}_i$ 为区域 i 的产出份额 $\frac{p_i Y_i}{Y}$；$\widetilde{\alpha}$ 和 $\widetilde{\beta}$ 分别为产出份额加权的资本要素、劳动要素的产出弹性 $\sum_i \widetilde{\sigma}_i \alpha_i$、$\sum_i \widetilde{\sigma}_i \beta_i$；$\widetilde{\phi}_{J_i}$（其中 $J = L, K$）为减税政策扭曲对部门间要素配置的影响，其中 $\widetilde{\phi}_{L_i}$ 为劳动要素错配系数，$\widetilde{\phi}_{K_i}$ 为资本错配系数。

$$\widetilde{\phi}_{K_i} = \frac{\frac{1}{1+e^{H_{K_i}}}}{\sum_j \left(\frac{\widetilde{\sigma}_j \alpha_j}{\widetilde{\alpha}}\right)\frac{1}{1+e^{H_{K_i}}}} \tag{3.74}$$

$$\phi_{K_i} = \frac{1}{1+e^{H_{K_i}}} \quad (3.75)$$

$$\widetilde{\phi}_{L_i} = \frac{\dfrac{1}{1+e^{H_{L_i}}}}{\sum_j \left(\dfrac{\widetilde{\sigma}_j \beta_j}{\widetilde{\beta}}\right)\dfrac{1}{1+e^{H_{L_i}}}} \quad (3.76)$$

$$\phi_{K_i} = \frac{1}{1+e^{H_{L_i}}} \quad (3.77)$$

参照 Aoki（2012）的研究，进一步处理得出资本和劳动错配的因子表达式如下：

$$\widetilde{\phi}_{K_i} = \left(\frac{\widetilde{\sigma}_i \alpha_i}{\widetilde{\alpha}}\right)^{-1} \frac{K_i}{K} \quad (3.78)$$

$$\widetilde{\phi}_{L_i} = \left(\frac{\widetilde{\sigma}_i \beta_i}{\widetilde{\beta}}\right)^{-1} \frac{L_i}{L} \quad (3.79)$$

在式（3.74）~式（3.79）的基础上，继续借鉴 Aoki（2012）对总量 TFP 的分解处理方式，得出地区 TFP 增长率受以下三项影响：

（1）技术进步率（Technological Progress Rate），其主要是以知识、技术、工艺和经验等无形的技术方式体现，具体表达式为

$$DPR = \sum_i \widetilde{\sigma}_i \ln \frac{A_{it}}{A_{it-1}} \quad (3.80)$$

（2）产业结构变动率（Industrial Structure Change Rate），具体表达式为

$$ISC = \sum_i \widetilde{\sigma}_i \frac{\dfrac{\widetilde{\sigma}_{it}}{\widetilde{\sigma}_{it-1}}}{\dfrac{(\widetilde{\alpha}_t)^{\alpha_i}(\widetilde{\beta}_t)^{\beta_i}}{(\widetilde{\alpha}_{t-1})^{\alpha_i}(\widetilde{\beta}_{t-1})^{\alpha_i}}} \quad (3.81)$$

这一项刻画了区域生产结构变动效应。若区域生产结构趋于合理化，该指标应 >0，即有利于区域生产价值链升级；反之，区域生产结构失衡将抑制区域生产价值链升级。

(3) 资源配置效率 (Resource Allocation Efficiency),具体表达式为

$$RAE = \sum_i \widetilde{\sigma}_i \left[\alpha_i \ln \frac{\widetilde{\phi}_{K_{st}}}{\widetilde{\phi}_{Kst-1}} + \beta_i \ln \frac{\widetilde{\phi}_{L_{st}}}{\widetilde{\phi}_{Lst-1}} \right] \quad (3.82)$$

根据模型前定假设,生产要素价格扭曲度为税收政策实施集中度的增函数,所以,当政府税收优惠政策越偏向于少数企业,区域内的要素扭曲度越高,进而抑制生产率增长,不利于区域生产价值链的升级;反之,政府税收政策普惠性越强,即惠及的企业范围越广,区域内要素扭曲度越小,进而促进生产率增长,有利于区域生产价值链升级。

综上所述,可以得知政府税收政策的实施不同,对地区税负影响不同,无论是对资本课税还是对劳动力课税,都将引起要素资源价格的扭曲,最终通过技术进步率、产业结构变动率、资源配置效率影响区域全要素生产率的增长。如果采取税收优惠政策,尤其是针对技术的相关税收优惠政策的实施,当政府税收优惠政策集中于惠及少数企业,其实施仅支持部分区域、行业或企业发展,将不利于甚至阻碍市场竞争机制的有效发挥,加大资源错配程度,不利于区域生产价值链升级,阻碍区域全要素生产率的提升,造成区域间经济增长不平衡。若政府税收优惠政策能够公平普惠地支持区域内的大部分企业发展,将激发市场竞争机制有效发挥和增强市场运转活力,优化资源配置方式,有利于区域生产价值链升级,促进区域全要素生产率的提升。

3.3.3 地区税负对区域经济增长微观基础的影响机制分析

企业是区域经济增长的重要微观主体,区域经济增长是由微观企业的发展所带动的,因此,研究地区税负对区域经济增长不平衡的影响,有必要探讨其对区域增长微观基础的影响,通过研究地区税负对企业生产经营的影响效应,验证前文中的地区税负对区域经济增长不平衡的宏观影响。从企业角度来看,实现企业价值最大化是其生产经营的最终目标,其所有行为的出发点也是基于此。税收对企业的微观效应将通过各方面影响企业

行为，例如投资行为（Chen & Tsai，2011）、融资行为（顾雷雷等，2018）和生产行为（林志帆、刘诗源，2017），具体体现为税收的收入效应和替代效应。从企业发展角度来看，税收的收入效应是指税负的增加会导致企业可支配的收入减少，从而使企业选择扩大投资来增加收入；税收的替代效应是指当税负变化导致企业收益率下降时，企业会通过投资其他更有吸引力的项目甚至会停止投资收益低的项目。当企业收入效应超过替代效应时，企业将增加相应投资；反之，企业则会减少当前生产，转向其他领域投资。总而言之，地区税负虽然对企业的不同方面会产生各种影响，但最终都会反映在企业绩效中，可以将企业绩效作为代表企业生产经营效果的最终指标。因此，地区税负会对区域内企业绩效产生何种影响，是税收政策制定者需要明晰的重要问题。第一，企业绩效的变化关乎政府税收政策是否切实达到了激发企业活力的目标；第二，政府税收政策若能改善企业绩效，是否同时能实现拉弗曲线理论所主张的涵养税源。这两个方面是判断税收政策对企业绩效影响是否达到了改革预期效果的关键。

虽然税收政策对企业绩效的影响比较复杂，但是最终地区实际税负影响的大小将落脚于市场需求和供给价格弹性，我们首先将企业生产要素的投入作为切入点，分析地区税负变化对企业绩效的影响。从静态角度分析，假设生产技术不变，企业的利润函数为

$$P = pq - wL - rK \quad (3.83)$$

式中，p 为产品价格；q 为企业产量；w、r 分别为工资率和资本使用成本率。经推导可得，利润最大化的要求为

$$\frac{q_L}{w} = \frac{q_K}{r} \quad (3.84)$$

不考虑其他因素影响，给定市场结构和需求函数，当地区税负降低时，相当于降低了生产要素的价格，首先看当资本价格降低时，均衡中的企业势必会增加资本投入，即 ΔK 上升，如果劳动价格也降低，但是资本增加的程度快于劳动增加的程度，这时 q_K 会减小，直到满足利润最大化的边际条件成立，显然这会引起 $\frac{K}{L}$ 变大。由此可以得出两个结论：一是地区税负

变动将影响所在地区企业固定资产的变动，地区税负减少可能会引起企业固定资产的增加；反之，地区税负增加将阻碍企业固定资产投资。二是地区税负变动将影响企业的资本劳动比，地区税负减少可能会引起企业资本劳动比的增大；反之，可能会使企业资本劳动比减小。

其次看劳动投入的变化。企业追求利润最大化目标会导致投入的条件需求函数与无条件需求函数相等，即 $l^c(r,w,q) = l(p,r,w)$，求导可得，要素交叉价格效应为

$$\frac{\partial l(p,r,w)}{\partial r} = \frac{\partial l^c(r,w,q)}{\partial r} + \frac{\partial l^c(r,w,q)}{\partial q} \times \frac{\partial q}{\partial r} \quad (3.85)$$

式（3.85）表示地区税负变动后资本价格变动引起的劳动投入需求变动，其中等号右侧第一项是替代效应，第二项是产出效应。企业在利润最大化情况下并不面临预算约束，所以产出效应不为零。为进一步明确产出效应，假定单个企业处在竞争性市场环境，则

$$\frac{\partial l(p,r,w)}{\partial r} = \frac{\partial l^c(r,w,q)}{\partial r} + \frac{\partial l^c(r,w,q)}{\partial q} \times \frac{\partial q(p=MC)}{\partial MC} \times \frac{\partial MC}{\partial r} \quad (3.86)$$

结合企业利润函数的拟凹性质：

$$\frac{\partial l^c(r,w,q)}{\partial r} > 0, \frac{\partial l^c(r,w,q)}{\partial q} > 0 \quad (3.87)$$

$$\frac{\partial q(p=MC)}{\partial MC} < 0, \frac{\partial MC}{\partial r} > 0 \quad (3.88)$$

由上式可知，$\frac{\partial l(p,r,w)}{\partial r}$ 的符号是不确定的，若投入的替代效应大于产出效应，那么资本增加将导致劳动减少；反之，资本和劳动都增加。当然，最终结果如何需要看企业所处的具体地区市场结构和需求条件，由实际经验数据来验证。

将技术进步引入生产函数，以劳动密集型企业为例，在动态情形下，当企业的资本劳动比在地区税负发生变动后发生变化，转换到新的生产可能性边界，即技术进步促进了企业生产率的提高。在给定其他条件不变的情况下，若企业将更多要素投入固定资产，由于存在生产周期，所以短期内企业销售额可能会下降；当然，如果没有新增固定资产，销售额将不会

下降。考虑到地区税负对企业创新的影响，借鉴 Hu 等（2005）的处理方法，将生产函数设定为

$$F(L,K) = A\, L^\alpha K^\beta$$
$$= e^{g(K)+\gamma I+\delta w} L^\alpha K^\beta \tag{3.89}$$

式中，$g(K)$ 为企业自主技术创新投入的资本；I 为行业特征，W 为企业产权结构。对 K 求导可得

$$\frac{\partial F}{\partial K} = \beta\, e^{g(K)+\gamma I+\delta w} L^\alpha K^{\beta-1} + g'(K) e^{g(K)+\gamma I+\delta w} L^\alpha K^\beta \tag{3.90}$$

结合前文理论分析可知，$g(K)$ 在正常情况下为增函数，故 $\frac{\partial F}{\partial K}>0$，即资本投入增加有利于生产的提高，侧面也说明了地区税负降低能够提升企业创新绩效。经济增长本质要求技术创新，企业若想获得超额利润也离不开创新的驱动，需要通过加大研发资本投入，掌握新技术、新工艺，占领新市场，提高企业竞争力。但是由于创新成本高于模仿成本，企业创新行为正外部性较强，所以企业效益往往低于社会效益，因此政府必须有所作为，为开展创新的企业提供必要的补贴以弥补损失。根据熊彼特创新理论，政府应针对企业创新活动行为提供相应政策，减轻企业创新负担，鼓励企业自主创新。综上所述，地区税负将影响企业的资本结构、资本劳动投入以及创新行为。地区税收负担越小，地区企业越有充足的资金调整自身资本结构，进而资产负债率也会控制在合理范围内，最终能够获得更好的企业绩效。

3.4　本章小结

本章首先梳理了地区税负的相关理论基础，明确了地区税负的分类，分析了地区税负的影响因素，发现整体宏观税负水平、区域税源状况、税收征管力度以及税收与税源的背离等因素会影响地区税负水平。其次，通过对区域经济增长不平衡的一般理论进行分析，发现在区域经济增长中，

资本、劳动都起到了一定的促进作用,区域间生产要素的投入不同将造成区域间经济增长不平衡;而技术发展尤为重要,其能够决定区域经济增长质量,是区域经济可持续增长的源泉。最后,本章在3.3节重点论述了地区税负对区域经济增长不平衡的影响机制,从总体影响、经济增长质量以及经济增长微观基础角度实施了一系列的定性分析和数理模型构建,为后文开展地区税负对区域经济增长不平衡的实证检验奠定了基础。一是分析了地区税负对区域经济增长不平衡的总体影响机制,认为地区税负除了直接对区域经济增长产生影响外,还可以通过要素投入、财政支出以及产业结构变动对区域经济增长产生间接影响,地区间税负水平和结构的不同将对区域经济增长产生不同影响,造成区域经济增长不平衡问题的出现。同时,从政府、厂商、家庭角度出发,构建生产函数、效用函数,得出有关社会效用最大化问题的汉密尔顿函数,并求得满足效用最大化的一阶导数条件,进而对地区税负如何通过财政支出、要素投入影响区域经济增长,进行了具体的理论分析,同时研究了具体税种之间的相互影响关系,而后又引入产业结构变动因素,进一步综合分析了地区税负对区域经济增长不平衡的总体影响。二是从全要素生产率视角出发,分析了地区税负对区域经济增长质量的影响机制,发现无论是对资本课税还是对劳动力课税,都会导致市场要素资源价格的扭曲,进而通过技术进步率、产业结构变动率、资源配置效率影响区域全要素生产率的增长,最终作用于区域经济增长。三是从企业绩效视角出发,分析了地区税负对区域经济增长不平衡微观基础的影响机制,发现地区税负可以通过企业的资本结构、资本劳动投入比以及创新行为等不同方面产生各种影响,最终影响企业绩效,降低地区税负能够为企业带来更多资金支持,促进企业绩效的提高。

第 4 章 我国地区税负和区域经济增长不平衡的典型化事实

本章分为两部分,第一部分为我国地区税负的典型化事实,从地区税负基本情况出发,测算了我国区域间地区税负差异,并分析了地区税负差异的成因。第二部分为我国区域经济增长不平衡的典型化事实,结合我国区域经济增长不平衡的现状,对区域经济增长不平衡进行了多角度测度。

4.1 我国地区税负的典型化事实

4.1.1 现行税收制度的发展沿革与现状

我国现行税收制度是 1978 年改革开放后随着社会主义特色市场经济的发展而不断建立、完善起来的,经过 40 多年的发展和变迁,我国逐渐形成了以货劳税和所得税为主体的税制结构体系。现从我国税制改革历程出发,梳理我国税收制度的演进历程,进一步深层次分析我国税收制度的现状。

(1) 现行税收制度的发展沿革。

结合我国市场经济发展和财税体制改革历程,以税制改革阶段性目标为大致区分点,按时间先后顺序,可将我国税收制度的发展沿革分为以下四个阶段。

①1978—1994 年:雏形期。

在本时期初始阶段,我国中央政府着力于经济秩序恢复,大力推行改革开放,自 1980 年起针对单一的税制格局进行改革,初步建立起以流转税、所得税为主体的复税制体系雏形。具体来看,我国自 1980 年起,逐步建立起了涉外税制、建成了内资企业所得税体系,同时全方位调整国家工商税制,构建个人所得税体系,恢复和改进原有关税体系,改革完善农业税体系等。一系列措施将我国税收制度从改革开放前相对单一的税制结构,转化成了以流转税、所得税为主体,其他税种互相配合的多层次、多税种、多环节征收的复税制体系(高培勇,2018)。在具体实施过程中,中央和各级地方政府为推动经济改革,通过推出利改税、企业基金制、利润留成制等措施进行"减税让利",财政收支运行一度陷入不平衡阶段,尤其是实施企业和银行的双重预算约束机制,地方政府市场责任意识淡薄,国家税收规模严重不足,中央政府的部分财政职能实际上是由银行代行,这造成中央政府的宏观调控职能无法有效发挥,而地方政府盲目投资,导致很多地区投资过热,引起了通货膨胀,改革迫在眉睫。

②1994—2004 年:成型期。

鉴于前文中的改革背景,1994 年的分税制改革为现行税收制度奠定了良好的基础,是现代税制结构调整的分水岭。中央政府结合过去十几年的发展经验,对财税体制进行了大刀阔斧的改革,按照"统一税法、公平税负、简化税制和合理分权"的原则,通过建立以增值税为主体、消费税和营业税为补充的流转税制,统一内资企业所得税,建立统一的个人所得税制,扩大资源税的征收范围,开征土地增值税以及确立适应社会主义市场经济体制需要的税收基本规范等一系列行动,全面改革税收制度,搭建了一个新型的税收制度体系。分税制改革的初始目的是治理通货膨胀、提高税收收入、增加中央政府财力和保证市场经济稳步发展,故除了厘清中央和地方政府税收责任外,本次税制改革增强了对投资的课税,例如,推出生产型增值税、开征土地增值税和固定资产投资方向调节税等,以及在某些经济领域内开征营业税而非增值税,同时为避免影响到外商投资,还特意推出了有关外商投资的过渡政策,即外商投资企业 5 年内间接税负超过改革前工商统一税部分全额返还。这造成了内外资企业税收负担存在较大差异,本次投资重税政策改革造成的负担基本由内资企业承受。另外国家还规整、取消了盐税、燃油特备税等一些小税种,同时将筵席税、屠宰税的征收权下放给地方政府,授予地方政府更多税收自主权,进一步提升了地方政府税收的主动性和积极性。

1997年亚洲金融危机后，原本的投资过热早已得到缓解，我国面临的更多是内需不足问题。1998年中央政府采取积极的财政政策，税收制度也随之做出了相应的调整，自2000年起，国家暂停征收固定资产投资方向调节税，同时允许企业将技术改造项目中的国有设备投资额的40%抵免应交所得税税额，进一步加大了对高新企业的税收优惠力度，提高内资企业工资计税标准，同时启征利息所得税等一系列调控措施。纵观这个阶段，通过税制改革，"资本先行"的思路使得国家基础建设顺利度过"瓶颈"期，国家积极财政政策也初见成效，税收优惠力度进一步加大，但是这并不能解决全部的问题，市场内需不足特别是居民消费不足的问题依旧存在，如何通过税制优化，实现社会供需引导，依旧是未来需要改变的问题。

③2004—2011年：结构性完善期。

平稳渡过亚洲金融危机，实现经济软着陆后，我国市场经济得到了更为长足的发展，但是内外资企业待遇不同、居民贫富差距过大等原因带来的收入分配矛盾愈加明显，如何实现公平合理成为这一时期税制改革的侧重点。基于更好实现公平这一目标，2004年国家开展了一系列的税制改革行动，在吉林、黑龙江两省试点免征农业税，同时增值税转型政策也在东北地区八大行业内展开"增量抵扣"试点工作。此后，为了缩小城乡差距，国家全面免征农业税，同时为了市场经济更为公平合理，增值税"增量抵扣"转型全面推行。另外，消费税也进行了一系列增进消费公平的改革，将环保和资源集约的理念纳入具体税制，优化应税品目录和税率，适应形势下的产业结构和消费结构；个人所得税每月抵扣额由800元提高至1600元并降低最低一档税率；企业所得税的"两法合并"也在微观层面拉开序幕。这些改革都暂时在一定程度上缓解了当时社会收入分配失衡与市场不公平的问题。

2008年，为了应对全球金融危机带来的外部压力，我国开始加快经济结构调整，并侧重于深化重点和关键领域的改革。政府对企业所得税进行了改革，规定自2008年起企业所得税税率从33%降至25%，同时结束了多年内外资企业两套税率的历史，规定内外资企业统一适用于25%税率。同时通过特殊规定，鼓励扶持产业发展，除了传统的针对农、林、木、渔业和公共服务建设项目，同时针对一些特定情况设定企业所得税优惠政策，主要偏向于国家重点扶持和鼓励发展的行业、高新技术企业和小微企业，例如，为了提高企业自主创新的积极性，政府提高了企业研发支出的抵扣力度，同时规定高新技术企业可以享受15%的低税率，小微企业则减按20%税率征收企业所得税。中央政府再次对个人所得税进行了调整，通过提高个人所得税的费用扣除标准至每月2000元；2011年9月再次提高工资薪金所得免征额至3500元，旨在进一步减轻个人所得税税负。这个阶段拉开了我国有增有减的结构性减税的序幕，取得了一定成效，但是我国税制本身与国家经济稳定增长的矛盾并未真正解决，如何实现税制的需求管理到供给管理的合理转变，还需要对当前税制开展更深层次的优化。

④2012年至今：深度优化期。

经过多年的高速经济增长，我国逐步步入经济新常态，税制改革亟须进一步深化。结合世界经济形势变动和我国经济发展现状，主要从以下几个方面推进税制改革：一是全力推动"营改增"工作完成，大力降低企业税负。2011年年初，国家开始在上海交通运输业和部分现代服务业进行"营改增"试点工作，并逐步推广试行。国家进行"营改增"的目的是实现企业抵扣链条的贯通性，避免双重征税，保证税收中性，其实质是一种涉及整个社会多行业的降低税收负担的行为。2016年5月，全面"营改增"开始，营业税退出我国税收历史舞台。各地区税收实践验证了"营改增"强有力的减税效用。二是环境保护税的开征。经过多年研究和微观实践尝试，2018年我国正式出台《环境保护税法》并具体实施，其是我国第一部基于税收法定原则制定的单行税法，是国家践行依法治国建设美丽中国的重要节点，更是我国推进生态文明建设的里程碑。三是有关资源税的深化改革。国家从2016年开始对资源税体系进行了全面改革，具体涉及资源税的征收范围、税费关系、具体税率、征收方式、税权划分以及税收优惠等方面。本次改革范围和力度空前，初步实现了资源税的规范、公平、高效，消除了过往资源税费混乱的状况，规范了征缴流程，实现了从价计征、清费立税，更好地提升和保障了资源的有效利用。四是有关个人所得税的深化改革。国家2019年1月1日正式颁布了新修订的《个人所得税法》，首次建立起了个人所得税综合与分类相结合的征税模式，将赡养老人费用、子女教育费用、房贷利息以及租房支出等列入个人税前扣除项目，扩大了扣除范围，同时将工资薪金应税免征额提升至 5000 元，个人所得税改革取得重大突破。除此之外，国家依旧没有停止对税制完善的步伐，除了出台一系列的减税政策外，房地产税等财产税的改革也一直在酝酿中，而国地税合并也进一步完善了我国的税收征管体制，税收征管效率逐步提升。由于近几年国外经济局势动荡，国内经济发展进入新常态，这种密集、大力度、持续性的减税政策可能还将继续出现。

(2) 现行税收制度的现状。

税制体系是指一国或地区根据自身具体情况进行税制设计时，将功能不同的各个税种进行组合配置，构成主体税种明确、辅助税种特色明显、功能互补、共同发挥作用的税种体系（马海涛，2008）。我国现行税制是以流转税和所得税为主体的复税制体系，在全国人民代表大会指导下，其常务委员会和国务院制定了税收的各项基本法规，当前我国主要包含 18 个具体税种（其中考虑到烟叶税属于针对特定行业征收税种，故不纳入讨论范围）。按征税对象性质对各税种进行分类是世界各国进行税收分类时最常用、最基本和最重要的一种方式，基于此，本书将我国现行税种分为五大类：一是流转税类。流转税是指以纳税主体的销售收入或数量、营业收入以及进出口产品的价格或数量为依据进行征收的税种，其主要存在于生产、流通以及服务提供过程中，具体税种有增值税、消费税、关税。二是所得税类。所得税是指依据国民收入对境内企业或个人征收的税种，主要是对企业利润及个人纯收入的调节再分配，具体税种有企业所得税和个人所得税。三是资源税类。资源税是指针对各种应税自然资源征收的税种，主要是为了对由于开发、利用自然资源形成的极差收入起到调节作用。具体包括资源税、土地增值税、城镇土地使用税。四是财产税类。财产税是指针对动产和不动产，以财产价值为征税对象征收的税种，主要对市场中一些财产和财产相关行为发挥调节作用。具体包括房产税、车船税、契税、车辆购置税。五是行为税类。行为税是指为了达到某些目的而对一些特定行为征收的税种。具体包括印花税、环境保护税、耕地占用税、船舶吨税、城市维护建设税、烟草税。

自1978年改革开放后,我国关于税收体制优化和政策调整从未停止过。同过去相比,当前国内国际环境发生了翻天覆地的变化,我国的经济以及税收收入结构也随之发生了巨大的变化。由图4.1可知,我国财政收入总额自2000年(13395.23亿元)逐年上升,到了2019年增长到190390.1亿元,增长了将近14倍;其占GDP的名义比重更是由2000年的13%不断上升至2019年的19.3%。2000年,我国国内生产总值为100280.1亿元,2010年为412119.3亿元,而到2019年,该数值已经上升到988528.9亿元,增长了将近10倍,可见我国经济一直在不断增长中。随着每年的国内生产总值、经济总量不断上升,税收收入的总额也在不断攀升。税收收入总额由2000年的12581.51亿元增长到2019年的158000.46亿元,增长了近13倍;其占GDP比重更是由2000年的12.55%不断上升至2017年的16.01%,有了大幅的增长。

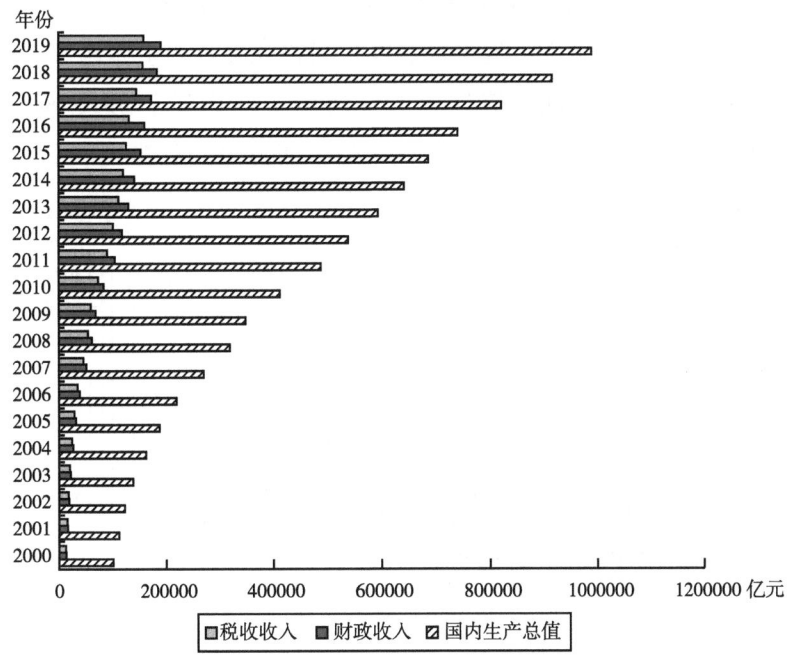

图 4.1　2000—2019 年我国 GDP、各项收入以及收入占比情况

资料来源:2001—2020 年《中国统计年鉴》。

(3) 我国主要税种发展现状分析。

由前文可知，自1994年分税制改革政策实施以来，我国一直实施的是以流转税和所得税为主体的税制结构，而流转税和所得税是我国税制结构中名副其实的主体税种，尤其是流转税税种在我国税收收入体系当中居于首要地位，其次是所得税税种，其他税税种所占比例较小。现在我们将从税类实际情况进行统计分析，明确当前各税种发展的实际情况。

①流转税税种。

我国各类税收收入随着税收总量的增长也在不断提升，虽然我国2016年完成了"营改增"改革，但这丝毫不影响流转税在整个税收体系中的主体地位。由图4.2可以看出，流转税在整个税制体系中所占份额最大，处于绝对的主导地位，然而其增长速度却处于不断下降的态势，2000年我国的流转税税收总额为5411.46亿元，在总税收收入中所占比例为43.01%，2018年时已达到77428.07亿元，占总税收收入的49%。单纯比较2000年和2017年的流转税占比，或许得出流转税的份额增加了，但是在2007年至2016年，流转税占比皆不足40%，足以看出流转税的主体地位正在慢慢削弱。在这19年期间，我国流转税的平均增长率达到了39.58%且增长一直相对均衡平稳，但全面"营改增"后呈明显上升趋势。

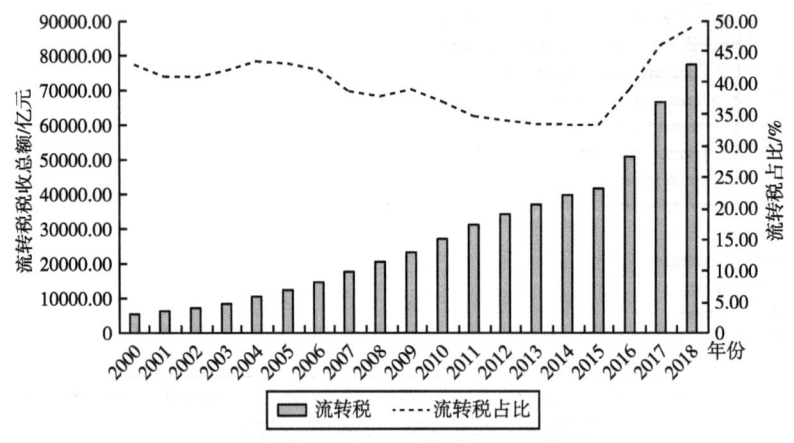

图4.2 2000—2018年我国流转税税收总额及其占比情况

资料来源：2001—2019年《中国税务年鉴》。

②所得税税种。

由图4.3可知，2000年以后所得税税收收入一直呈波动上升趋势，增长率却并不稳定，波动相对较大。2001年所得税税收总额达到3626.13亿元，比2000年的1659.27亿元增加了将近2000亿元，增长了1倍多，所得税税收总额占总税收收入的比重由2000年的13.2%也一跃成为23.7%，而2003年所得税税收总额为4337.54亿元，只比2002年增加了42.97亿元，足见所得税发生巨大波动。造成这一现象的主要原因在于，我国所得税增长的不稳定波动主要受宏观经济、国家政策的影响，在2001年，国家为了保证能够获得真实的所得税基数，决定实施所得税收入的分享改革，即实施增量分成，在这一年，我国的个人所得税以及企业所得税收入都有了一个大的增加量，占总税收收入的比重也都有了大幅度的提高，而在2003年国家政策红利效应不突出，造成所得税增加放缓。企业所得税、个人所得税份额在经过一段下降时期后又不断上升，虽然其变化跌宕起伏，但整体呈现上升趋势。而从2005年所得税税种收入占比达到15.54%成为我国第二大税种开始一直到2018年，其占比一直连年上升。

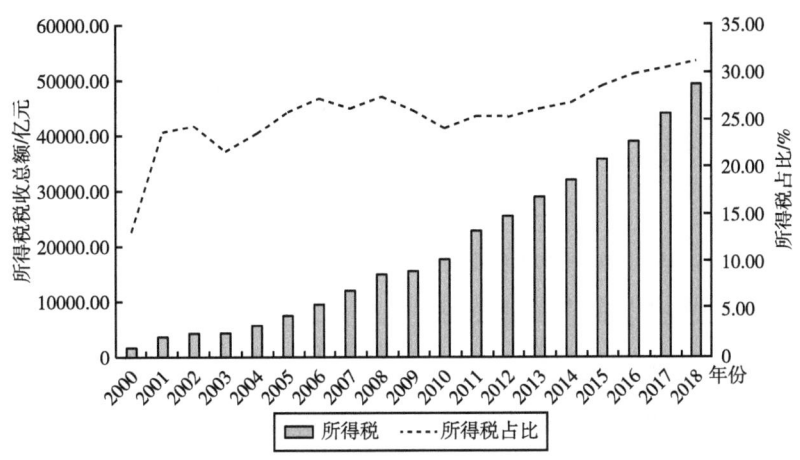

图4.3　2000—2018年我国所得税税收总额及其占比情况

资料来源：2001—2019年《中国税务年鉴》。

由图4.4、图4.5可以看出，在所得税的收入结构中我国主要依靠企业所得税，在2018年的税收收入中，企业所得税占到22.46%，而个人所得

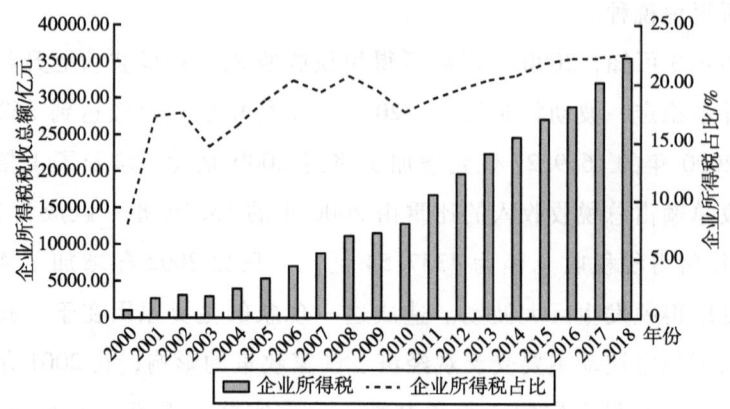

图 4.4　2000—2018 年我国企业所得税税收总额及其占比情况

资料来源：2001—2019 年《中国税务年鉴》。

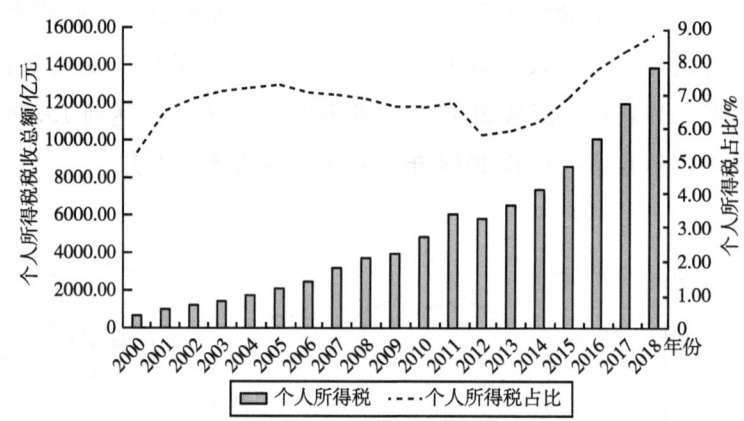

图 4.5　2000—2018 年我国个人所得税税收总额及其占比情况

资料来源：2001—2019 年《中国税务年鉴》。

税仅为 8.78% 左右。按照国际上其他国家的税收经验来看，个人所得税的比例增大到一定比率后会趋于稳定，企业所得税比例越来越小，社会保障税的比例会逐年上升，而目前我国的所得税体系还不够完善，企业所得税、个人所得税所占比重一直在增加，尚未达到稳定值，由此可见我国的税制结构仍旧有待提高。

③其他税税种。

由图 4.6 可知，2000 年以后其他税类税收收入一直呈波动变动状况，总体趋势为波动中下降,且波动相对较大。2000—2018 年,前 9 年以及后 6 年都是明显的下降趋势,但是 2009—2012 年呈现明显的上升趋势。从图 4.7 中可以看出,截至 2018 年年底,其他税税种收入总额为 31210.26 亿元,仅占总税收收入的 19.75%;其中占比较大的为契税(18.36%)、土地增值税(18.09%)、城市维护建设税(15.58%)以及车辆购置税(11.06%),而其他税种相对占比较小。

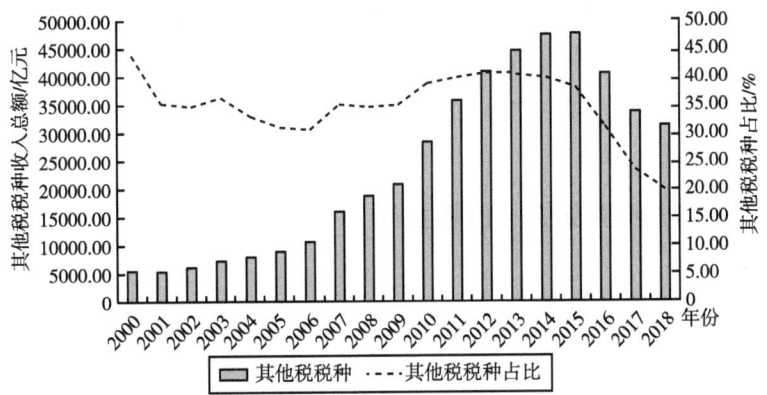

图 4.6　2000—2018 年我国其他税税种收入总额以及收入占税收总额比情况

资料来源:2001—2019 年《中国税务年鉴》。

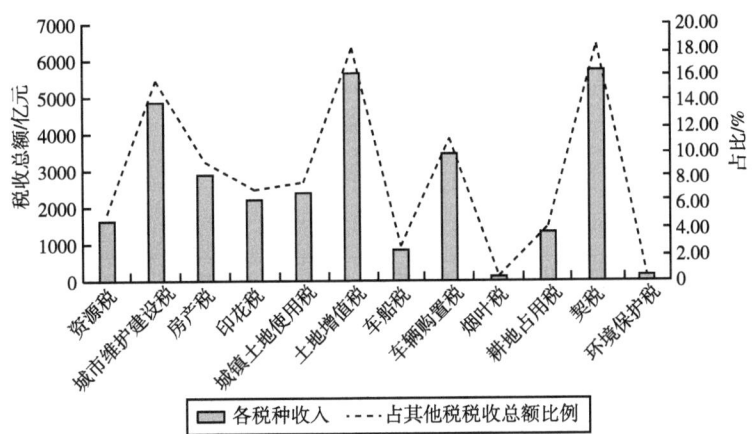

图 4.7　2018 年我国其他税税种收入总额以及各税种占其他税税收总额比情况

资料来源:2001—2019 年《中国税务年鉴》。

综上所述，以上数据多是对我国流转税比例、所得税比例及其他税税种比例的纵向对比，那么从横向来看，我国的流转税与所得税比例是否合适呢？根据国际经验，对流转税与所得税两者比率进行经验研究，一般从国家的人均 GDP 收入角度入手，根据我国 2018 年人均 GDP 为 64644 元，可以得知我国正处于中等收入国家的水平，但是税收结构与其他中等收入国家相比还有一定的差异。2018 年我国的所得税占总税收收入的 31.24%，流转税占 49%，其他税税种占 19.75%，显然当前我国流转税的比重偏高一些，而所得税的比重有待提高。除了这一显而易见的问题外，我国当前税制结构还存在一些深层次的问题。

4.1.2 地区税负的一般性描述

（1）地区税负形成基础。

地区税负是基于一国税收制度形成的。具体来看，以征税对象性质分类，当前我国税制主要包含五大类 18 个具体税种，具体如表 4.1 所示。

表 4.1　　　　　　　　我国现行税制一览表

税种类别	序号	具体税种	一般税率	收入归属		征收机关
				中央	地方	
流转税类	1	增值税	比例税率：一般纳税人为 13%、9%、6% 三档税率；小规模纳税人为 5%、3% 两档征收率	50%	50%	税务机关
	2	消费税	比例税率和定额税率	100%	0%	税务机关
	3	关税	比例税率：3%～50%	100%	0%	海关
所得税类	1	企业所得税	比例税率：基本税率 15%；小微企业：20%；高新企业：15%	60%[a]	40%	税务机关
	2	个人所得税	超额累进税率：共 7 级	60%	40%	税务机关

续表

税种类别	序号	具体税种	一般税率	收入归属 中央	收入归属 地方	征收机关
资源税类	1	资源税	比例税率：1%~20%	0%[b]	100%	税务机关
资源税类	2	土地增值税	超额累进税率：共4级	0%	100%	税务机关
资源税类	3	城镇土地使用税	差别定额税率	0%	100%	税务机关
财产税类	1	房产税	比例税率：从价计征1.2%；从租计征12%	0%	100%	税务机关
财产税类	2	车船使用税	定额征收	0%	100%	税务机关
财产税类	3	契税	比例税率：3%~5%	0%	100%	税务机关
财产税类	4	车辆购置税	比例税率：10%	100%	0%	税务机关
行为税类	1	印花税	比例税率和定额税率	97%或0%	3%或100%[c]	税务机关
行为税类	2	环境保护税	比例税率：各地不同	0%	100%	税务机关
行为税类	3	耕地占用税	定额税率	0%	100%	税务机关
行为税类	4	船舶吨税	比例税率：按执照期限和船舶吨位划分	100%	0%	海关
行为税类	5	城市维护建设税	比例税率：1%~7%	0%[d]	100%	税务机关
行为税类	6	烟叶税	比例税率：20%	0%	100%	税务机关

资料来源：国家税务总局及作者整理所得。

注：a. 各银行总行、海洋石油类企业及中国铁路总公司缴纳的归中央，其余中央与地方按比例分享。
b. 海洋石油类企业缴纳的归中央，其余全部归地方。
c. 证券交易印花税收入的97%归中央，其余3%和其他印花税收入归地方。
d. 各银行总行、保险总公司和中国铁路总公司集中缴纳的归中央，其余全部归地方。

由图4.8可知，2000年我国国内生产总值为100280.1亿元，2010年为412119.3亿元，而2019年该数值已经上升到988528.9亿元，增长了近10倍，足以显示我国经济一直在不断增长中。而随着每年的国内生产总值不断提高,税收收入总额也在不断攀升,从 2000 年的 12581.51 亿元增长到了 2019 年的 156402.90 亿元,增长了 12.43 倍;其占 GDP 的比重,即宏观税负更是从 12.55% 不断上升至 2019 年的 16.01%。

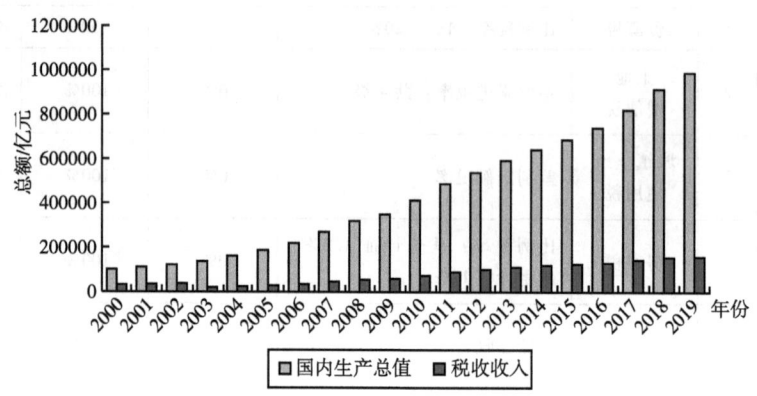

图 4.8　2000—2018 年我国国内生产总值、税收收入情况

资料来源:2001—2019 年《中国统计年鉴》。

(2)地区税负基本情况。

基于前文理论分析,本书最终选用小口径税负(税收收入/GDP 总额)作为地区税负的衡量指标。结合相关文献和国家统计局有关分区文件,本书将全国分为东部、东北、中部和西部四个区域[①],汇总相关数据计算得出 2000—2018 年的全国税负和四大区域的税负水平及变化趋势,具体详见图 4.9。

由图 4.9 可知,全国和四大区域的税负变化主要有以下特征。

一是各地区税负总量差异扩大,地区税负呈现"东西高、中间低"的不均衡现象。从税收总量来看,东部地区税收总量显著高于其他三个地区,对全国税收总量贡献最大,同其他三个地区相比,2000 年东部地区税收总量分别是中部地区的 3.93 倍、西部地区的 4.63 倍和东北地区的 6.36 倍;而 2018 年东部地区税收总量与其他区域差距更大,其分别是中部地区的 3.26 倍、西部地区的 4.37 倍和东北地区的 11.19 倍[②]。虽然税收总量与区

---

① 四个地区的具体划分详见引言部分。
② 数据来源:2001—2019 年《中国税务年鉴》,并根据四大区域进行了汇总。

第4章 我国地区税负和区域经济增长不平衡的典型化事实

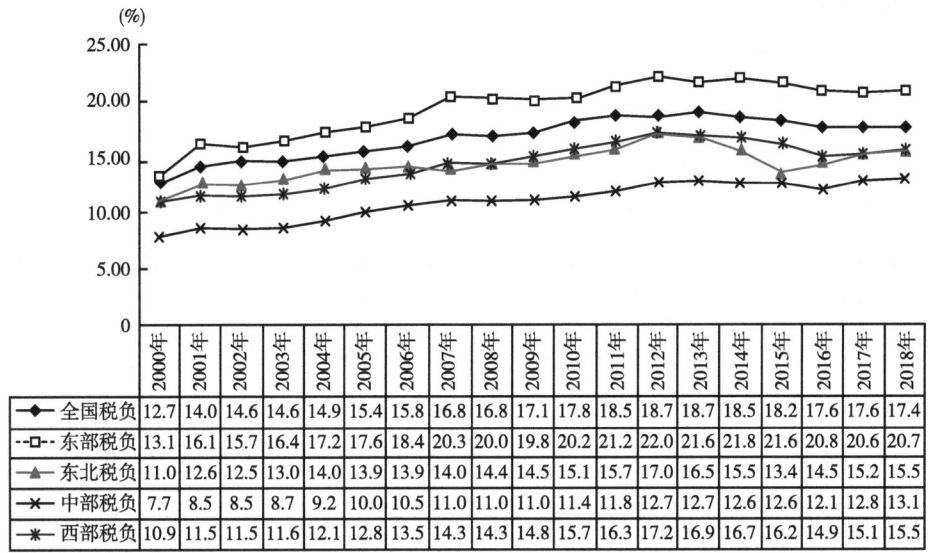

图4.9　2000—2018年全国和四大区域的税负变化

资料来源：区域税收数据来自2001—2019年《中国税务年鉴》，并根据四大区域进行汇总；GDP数据以及全国税收数据来自2001—2019年《中国统计年鉴》，并根据四大区域进行汇总。另外，以上数据均为当年价格。

注：数据单位为%。

域划分有关，无法直接体现地区税负的高低，但是税收总量差异扩大也从侧面体现了地区间税负差异扩大。从税负直接变化来看，2000年税负最高的东部地区分别是中部地区的1.69倍、西部地区的1.18倍和东北地区的1.2倍，而到了2018年，税负最高的依旧是东部地区，其分别是中部地区的1.59倍、西部地区和东北地区的1.3倍[①]。显然各地区税负增速不同，区域间的税负差距变化不同，总体并未有缩小之势。

二是全国和各区域的税负呈上升趋势，东部地区上升最为明显，中部地区增速最大。由图4.9可知，东部地区税负一直明显高于其他区域，其从2000年的13.1%到2012年的最高点22.0%仅用了13年时间，而后可能受"营改增"试点影响才转向略微下降趋势，在2000年东部地区税负比中

[①] 数据来源：税收数据来自2001—2019年《中国税务年鉴》，GDP数据来自2001—2019年《中国统计年鉴》，并根据四大区域进行了汇总。

部地区高 5.3 个百分点、比西部地区高 2.2 个百分点、比东北地区高 2.1 个百分点。中部地区这 19 年来虽然一直处在稳步上升中，但是税负一直是四个区域中最低的，其增长并未减小与其他区域的差距。经计算，2000—2018 年 19 年间，东部地区的税负总增长率[①]为 48.70%、中部地区为 54.38%、西部地区为 36.54%、东北地区为 37.47%，可见这些年来，地区税负总体呈上升态势，可能是受国家扶持政策影响，西部地区和东北地区 2012 年后呈下降趋势，2016 年后又开始转向略微上升趋势。

三是各区域内税负差异明显，直辖市税负相对较高，对区域总体税负提升作用明显。以 2018 年为例（详见图 4.10），分析区域内税负水平差异可知：第一，剔除北京、上海、天津三个直辖市以及浙江省后，东部地区各省市税负与其他三个区域差距并不大；第二，东北地区三个省份间税负差异相对较小，辽宁省的税负显著高于其他两个省，其他两个省相差无几；第三，中部地区省份间存在一定的税负差异，其中最高的为山西省（17.25%），最低的为河南省（10.76%），两者相差 6.49 个百分点；第四，西部地区省份间的税负差异最小，其中最高的为云南省（18.58%），最低的为重庆市（13.63%），两者相差仅 4.95 个百分点，虽然重庆市是我国四大直辖市之一，但其并未提升西部地区税负平均水平。

（3）地区边际税负比较分析。

区域边际税负是指地区税收总额增长额与地区 GDP 增长额的比值，代表的是地区税负变动与区域经济增长变动之间的关系。笔者通过数据计算绘制了图 4.11，其中由于东北地区 2015 年前后出现经济负增长，故数值存在较大变动，为便于参考，图的右侧纵轴代表的是东北地区的数值，左侧纵轴代表的是全国和其他三个地区的数值。

总体而言，无论是全国还是四大区域的边际税负，2007 年以前波动比较大，2008—2015 年波动较多。具体来看，东部地区边际税负水平最高，2000—2018 年东部地区的边际税率年均值为 22.16%、东北地区为 16.59%

---

① 此处的地区税负总增长率 =（2018 年某一地区税负 – 2000 年某一地区税负）÷2000 年某一地区税负。

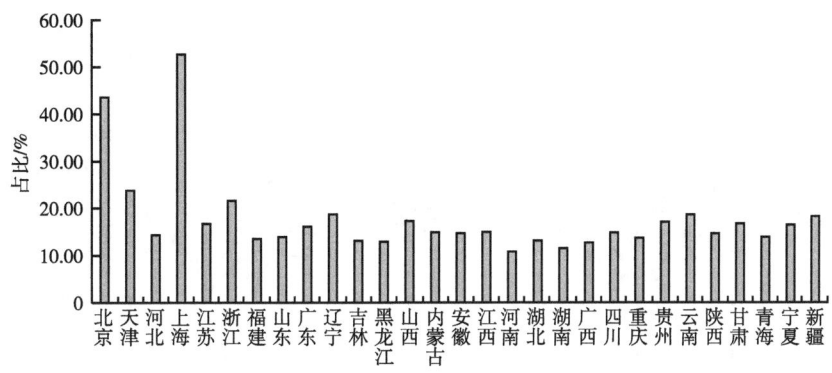

图 4.10　2018 年我国四大区域分省份税负情况

资料来源：2019 年《中国税务年鉴》，并根据四大区域进行汇总。

（由于东北地区 2015 年边际税率为 -342.91%，边际税负值不仅为负且极低，故剔除本年数据，计算了其他 18 年的平均值）、中部地区为 12.62%，西部地区为 15.52%，即东部地区均值分别高于东北地区、中部地区、西部地区均值 5.57 个百分点、9.54 个百分点、6.65 个百分点，这也意味着东部地区每新增 100 元 GDP 可提供的税收收入额分别是东北地区、中部地区、西部地区的 1.36 倍、1.76 和 1.43 倍。由此可见，东部地区税源含税金额远高于其他三个地区，这也与前文分析得出的东部地区税负最高这一特征相符。2008 年后，四大区域边际税率都出现了上涨的趋势，2012 年以后四大区域的边际税率有所下降，但是东部地区 2014 年又有明显上涨，2016 年四大区域的边际税负出现了大幅波动，但 2017 年又迅速回调至正常水平。

4.1.3　地区税负差异测度

（1）地区税负塞尔指数测度。

通过前文描述和分析地区税负的差异，本节采用塞尔指数来具体分析地区税负差异，将地区税负差异分解为各区域内部的税负差异和区域之间的税负差异两部分。塞尔指数也称为塞尔系数、塞尔指标，最早由 Theil（1967）用于研究国家间收入差距，后经推广成为考察主体间不平等性和

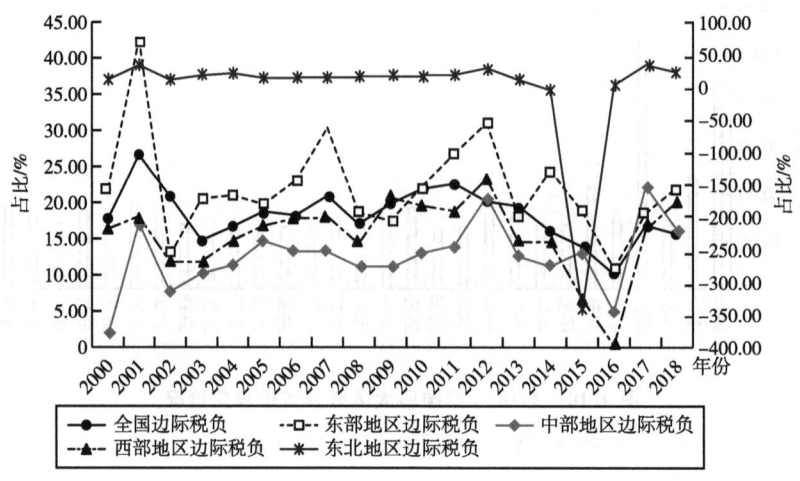

图 4.11 全国及四大区域边际税负变动趋势

资料来源：2001—2019 年《中国税务年鉴》，并根据四大区域进行汇总。

差异性的常用重要工具，其最大的特点在于，可以将主体的总差异分解为组内差异和组间差异，具体分析思路是基于个体不平衡性分解为组间和组内不平衡性。塞尔指数随时间变化的趋势能够体现地区税负差异变化的趋势，同时各部分变化的占比能够反映组内差异和组间差异对总差异的贡献率。

根据本书区域划分，设定 ER、NR、MR、WR 分别为东部地区、东北地区、中部地区、西部地区；T 为税负；I 为个体间差异指标；g_i 和 t_i 分别为区域内 i 省（市、区）的 GDP 和税收收入；G_i 和 T_i 分别为区域内 i 省（市、区）的 GDP 和税收收入占全国的比值。以东部地区为例，则

$$T_{ER} = \sum\nolimits_{ER} T_i \tag{4.1}$$

$$G_{ER} = \sum\nolimits_{ER} G_i \tag{4.2}$$

式中，T_{ER} 为东部地区税收收入占全国税收收入的比重；G_{ER} 为东部地区 GDP 占全国 GDP 总额的比重。基于此可得东部地区税负差异指数为

$$I_{ER} = \sum\nolimits_{ER} g_{ERi} \times \ln(W_{ER}/W_i) \tag{4.3}$$

式中，g_{ERi} 为东部地区（ER）第 i 省 GDP 占东部地区 GDP 总额的比

重；W_{ER} 为东部地区税负；W_i 为东部地区第 i 省的税负。则

$$g_{ERi} = G_i/G_{ER} \tag{4.4}$$

$$\begin{aligned}W_{ER} &= \sum\nolimits_{ER} t_i / \sum\nolimits_{ER} g_i \\ &= T\sum\nolimits_{ER} T_i / G\sum\nolimits_{ER} G_i \\ &= (T/G)/(T_{ER}/G_{ER}) \end{aligned} \tag{4.5}$$

$$\begin{aligned}W_i &= t_i/g_i \\ &= (TT_i)/(GG_i) \\ &= (T/G)/(T_i/G_i) \end{aligned} \tag{4.6}$$

结合式（4.1）~式（4.6），推导可得

$$I_{ER} = \sum\nolimits_{ER} \frac{G_i}{G_{ER}} \ln \frac{T_{ER}}{G_{ER}} \frac{G_i}{T_i} \tag{4.7}$$

$$I_{NR} = \sum\nolimits_{ER} \frac{G_i}{G_{NR}} \ln \frac{T_{NR}}{G_{NR}} \frac{G_i}{T_i} \tag{4.8}$$

$$I_{MR} = \sum\nolimits_{ER} \frac{G_i}{G_{MR}} \ln \frac{T_{MR}}{G_{MR}} \frac{G_i}{T_i} \tag{4.9}$$

$$I_{WR} = \sum\nolimits_{ER} \frac{G_i}{G_{WR}} \ln \frac{T_{WR}}{G_{WR}} \frac{G_i}{T_i} \tag{4.10}$$

以各地区 GDP 总额为权重，则可得到以下结果。

① 区域间税负差异为

$$I_B = G_{ER}\ln\frac{G_{ER}}{T_{ER}} + G_{NR}\ln\frac{G_{NR}}{T_{NR}} + G_{MR}\ln\frac{G_{MR}}{T_{MR}} + G_{WR}\ln\frac{G_{WR}}{T_{WR}} \tag{4.11}$$

② 区域内税负差异为

$$I_W = G_{ER}I_{ER} + G_{NR}I_{NR} + G_{MR}I_{MR} + G_{WR}I_{WR} \tag{4.12}$$

③ 地区税负总差异为

$$I = I_B + I_W \tag{4.13}$$

结合各地区 GDP 和税收收入，按式（4.11）~式（4.13）计算得出 2000—2018 年地区税负差异塞尔指数，具体详见表 4.2，并根据表 4.2 绘制了图 4.12 和图 4.13，以便后续分析。

表 4.2　　　　　　　　地区税负差异塞尔系数计算结果

年份	地区税负总差异	区域间税负差异	区域内税负差异				区域内税负差异
			东部地区	东北地区	中部地区	西部地区	
	I	I_B	I_{ER}	I_{NR}	I_{MR}	I_{WR}	I_W
2000	0.5249	0.4424	0.1032	0.0033	0.0041	0.1964	0.0825
2001	0.4576	0.3832	0.0940	0.0036	0.0065	0.1688	0.0744
2002	0.4636	0.3913	0.0935	0.0026	0.0079	0.1540	0.0724
2003	0.4532	0.3780	0.1024	0.0047	0.0085	0.1371	0.0752
2004	0.4440	0.3659	0.1047	0.0079	0.0135	0.1368	0.0781
2005	0.4441	0.3595	0.1092	0.0091	0.0256	0.1418	0.0846
2006	0.4160	0.3454	0.1138	0.0079	0.0236	0.0280	0.0707
2007	0.3953	0.3124	0.1382	0.0118	0.0224	0.0248	0.0829
2008	0.3986	0.3200	0.1257	0.0090	0.0292	0.0294	0.0786
2009	0.4067	0.3289	0.1253	0.0108	0.0264	0.0256	0.0778
2010	0.3975	0.3299	0.1053	0.0165	0.0250	0.0234	0.0676
2011	0.3877	0.3204	0.1072	0.0075	0.0233	0.0204	0.0673
2012	0.3649	0.3021	0.1017	0.0093	0.0186	0.0177	0.0628
2013	0.3703	0.3080	0.1051	0.0054	0.0130	0.0141	0.0622
2014	0.3699	0.3070	0.1080	0.0025	0.0110	0.0125	0.0629
2015	0.3827	0.3142	0.1199	0.0010	0.0089	0.0098	0.0684
2016	0.4008	0.3293	0.1219	0.0245	0.0097	0.0107	0.0715
2017	0.3877	0.3244	0.1073	0.0209	0.0110	0.0085	0.0633
2018	0.3789	0.3232	0.0956	0.0044	0.0105	0.0068	0.0557

资料来源：税收数据来自2001—2019年《中国税务年鉴》，并根据四大区域进行汇总；GDP数据以及全国税收数据来自2001—2019年《中国统计年鉴》，并根据四大区域进行汇总。

（2）基于塞尔指数的地区税负差异分析。

首先，区域间税负总差异分析。由图4.12可以看出，我国区域间税负总差异在2000—2014年一直呈现下降趋势，尤其是2000—2007年下降幅度较为明显，2007—2013年降幅较为平缓，2014—2016年出现了一定的上浮后，2017年又开始下降。区域间税负总差异在过去19年间呈现总体缩小趋势，但是缩小速度越来越慢，尤其是2014年后甚至出现了轻微上涨后再次下降，可能是经济进入新常态后的适当波动。总体来看，税负差异虽然呈波动下降趋势，但降幅越来越小，这也说明我国区域协调发展战略发挥了一定成效，区域间的税负总差异正在逐步缩小。

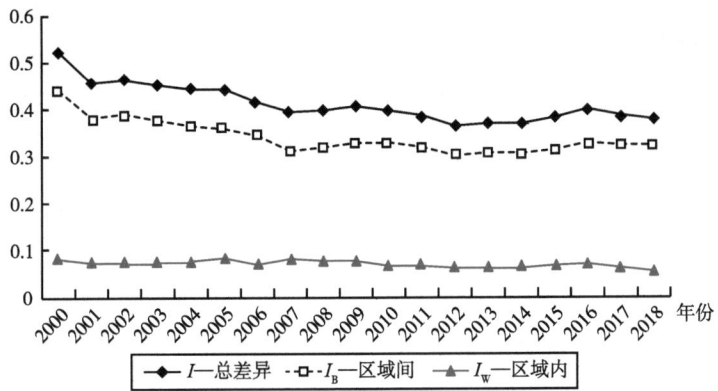

图 4.12　2000—2018 年全国税负差异塞尔指数分解

其次，各区域间税负差异分析。从图 4.12 中可以看到，各区域间税负差异走势与区域间税负总差异的走势类似，但其总体波动程度小于税负总差异。结合区域内税负差异来看，决定区域间税负总差异的更多是各区域间的税负差异。区域间税负差异在两个节点上降幅较大，一个是 2000—2001 年，另一个是 2006—2007 年，这可能得益于 2000 年前后提出的西部大开发战略以及 2007 年提出的东北老工业区振兴的战略，显然国家出台的区域协调发展战略能够促进区域间税负差异缩小。

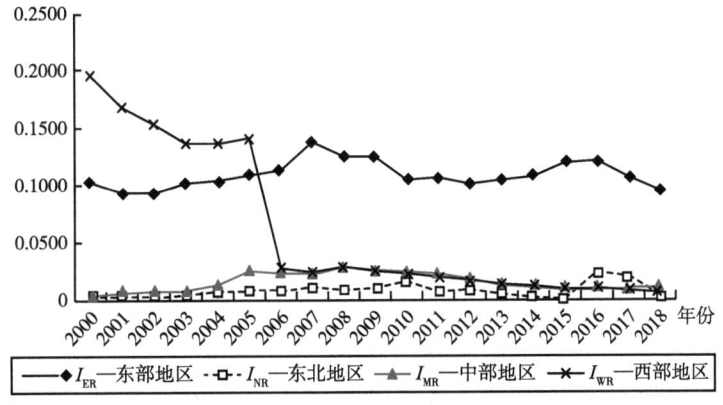

图 4.13　2000—2018 年各区域内部税负差异变化示意图

再次，各区域内部税负差异分析。从图 4.13 中可以看到，2000—2018 年，东部地区和西部地区区域内的各省市的税负差异波动变化较大，而中部地区和东北地区内的税负差异较为平缓。具体来看，东部地区内部税负差异在 2007 年达到峰值，这一时期是东部沿海地区高速发展时期，尤其是区域内直辖市、江浙沪地区以及珠三角地区的经济增长水平远高于其他东部地区，造成了东部地区省市间税负差异的扩大，从分省市数据来看，北京、上海、天津这三大直辖市税负上升较快，明显拉升了东部地区内部的税负差异。2000—2006 年西部地区税负差异较大，降幅也较为明显，尤其是 2005—2006 年出现大幅下降，可能是由于《促进产业结构调整暂行规定》的落地实施，西部各省市进一步优化产业结构，享受到西部大开发的税收优惠政策，2007 年以后西部地区税负差异依旧呈现轻微下降趋势。总体来看，西部地区各省市间的税负均衡度越来越高。东北地区和中部地区的税负差异变动较小，相对较为平缓，但是在 2010 年前后呈现轻微扩大趋势，随后中部地区税负差异平缓下降，东北地区也是如此，但是在 2015—2017 年出现了较大的波动。纵观区域内部税负差异变动，可以看到近几年我国进入经济新常态后，各区域内部的税负差异变动也愈加平缓，相较于区域间的税负差异，区域内税负差异对全国税负总差异的影响较小。

最后，各部分税负差异对总差异的贡献率分析。由图 4.14 可以看出，区域间的税负对税负总差异的贡献最大，而其贡献比值一直处于高位运行，变化不大，2016 年后还呈现上升趋势。就区域内部来说，东部地区区域内的税收差异对总税收差异贡献最大，但 2006 年以前西部地区税负差异贡献较多，2006 年后东部地区的税负差异贡献超过了西部地区。

4.1.4 地区税负差异成因

我国地区税负差异的形成可能存在以下几个原因。

（1）税源的可税性不同导致了地区税负差异。

首先，地区间行业发展状况不同导致了地区税负差异的形成。例如，相对其他行业，传统农业的技术水平往往较低，对应的劳动生产率、资本

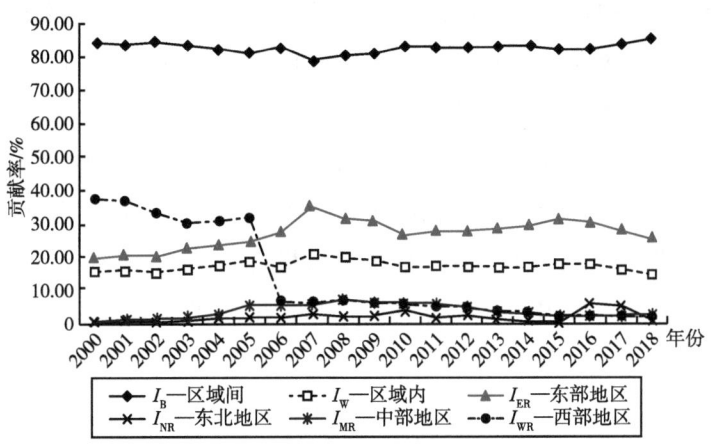

图 4.14　2000—2018 年各部分税务差异对总差异的贡献率

周转率均较低，产品剩余价值率较低，同时，基于农业弱质产业的性质，政府一般在税收政策上对农业加以照顾，使农业的税负很低。如果区域中传统农业比重较高，则地区税负一般就相对较低。以 2018 年为例，我国东部地区的农业生产总值占比最小（4.57%），其他三个地区的农业生产总值占比均在 10% 左右，是东部地区的 2 倍左右①，这是东部地区税负较高的成因之一。反之，如果区域内可税性高的行业占比较高，则地区税负就相对较高。

其次，不同区域的企业盈利状况、个人收入状况以及企业与个人财产持有状况的不同，都会造成区域税源可税性不同，进而导致地区税负差异。当前我国规模较大、技术较先进、盈利状况较好的企业大多分布在发达地区，显而易见，这类企业贡献税收的能力高于规模较小、技术落后、盈利状况较差的企业，这是地区税负差异的重要成因。企业财产持有情况对地区税负的影响也与此类似，例如，企业在发达地区持有的房地产价值远高于在欠发达地区的房地产持有价值，显然发达地区的相关房地产税负会高于欠发达地区。就个人收入方面而言，发达地区人均收入明显高于欠发达地区，如 2019 年北京市、上海市的城镇非私营单位就业人员平均工资分别

---

① 数据来源：2019 年《中国统计年鉴》。

为 166803 元、149377 元，而黑龙江省、广西壮族自治区、湖南省、贵州省则分别仅为 68416 元、76479 元、79303 元、83298 元①，差距巨大，很显然，发达地区个人所得税税源更丰富、可税性更强；与个人收入对应的个人财产持有情况发达地区也远优于欠发达地区，由于车船税、车辆购置税等税种的收入会同社会车辆持有情况直接挂钩，也会抬升发达地区税负。

（2）税收优惠政策不均衡导致了地区税负差异。

改革开放后，我国基于各类政策目标，出台了大量税收优惠政策，这些税收优惠针对的对象涉及地区、行业、特定园区、特定所有制企业、技术创新等行为等，由于不同区域的情况不同，其能够享受到的税收优惠力度存在较大差异，从而加剧了地区税负差异。下面以几类主要的税收优惠政策为例进行具体说明。

首先，特定园区相关税收优惠对地区税负的影响。无论是经济特区还是国家各类开发、试验区，其区域内纳税人都可以享受一定的税收优惠待遇，从表4.3中的各类国家级开发区分布来看，东部地区占44.76%，而中、西部地区占比之和仅44.75%；细看具体构成，无论是全面享受各种特殊优惠待遇的经济特区，还是针对高新技术、金融方面设置的高新技术产业开发和金融综合改革试验区，东部地区都遥遥领先其他三个地区。这种状况导致东部地区享受了更多特定园区税收优惠。

表 4.3　　　　　我国各类国家级开发区汇总　　　　　单位：个

类别	东部地区	东北地区	中部地区	西部地区	合计
经济特区	5	0	0	2	7
国家级新区	8	3	2	6	19
自贸试验区	5	2	1	3	11
国家级经济技术开发区	98	22	57	42	219

---

① 数据来源：国家统计局网站。

续表

类别	东部地区	东北地区	中部地区	西部地区	合计
国家级高新技术产业开发区	67	16	44	29	156
国家综合配套改革试验区	5	2	3	2	12
国家级金融综合改革试验区	4	0	0	1	5
合计	192	45	107	85	429
占比	44.76%	10.49%	24.94%	19.81%	100%

资料来源：《中国开发区审核公告目录》(2018年版)。

其次，外资相关税收优惠对地区税负的影响。改革开放至2007年，为了引进外资，鼓励外资企业在我国选址办厂，我国政府设置了两种不同类型的所得税制度，给予外资企业适用较低税率和较多的其他税收优惠政策，在2008年1月1日内外资企业所得税合并之后，许多外资企业也在随后的5年间享受了过渡期税收优惠政策。而东部地区凭借着改革开放先发优势获得了大量外商直接投资，进而享受了更多的外资相关税收优惠。2005—2012年[①]各区域外商投资相关情况见图4.15。由图可知，东部地区无论是在外商直接投资总额、注册资本还是外资企业数量上，均遥遥领先于其他地区。以外商直接投资总额为例，东部地区是东北地区的9.49倍、中部地区的7.88倍、西部地区的14.14倍，这也会对地区税负造成影响。

最后，高新技术相关税收优惠影响地区税负。我国针对高新技术的税收优惠力度很大，涵盖了所得税、流转税、财产税等多个方面。以所得税为例，税收优惠主要是以企业所得税税收优惠为主，通过税率式减免（高新技术企业可以减按15%的税率缴纳企业所得税）和税基式减免（研发费用加计扣除、固定资产加速折旧以及教育经费超额扣除等）作为主要税收优惠方式，同时结合税额式减免、增加亏损结转年限以及针对软件、集成电路生产的一些特定行业优惠等。当前我国高新技术企业在区域间分布极

---

① 由于政策变化2012年之后外商投资情况对地区税负影响没有太大意义，故此处仅分析2005—2012年的外商投资情况。

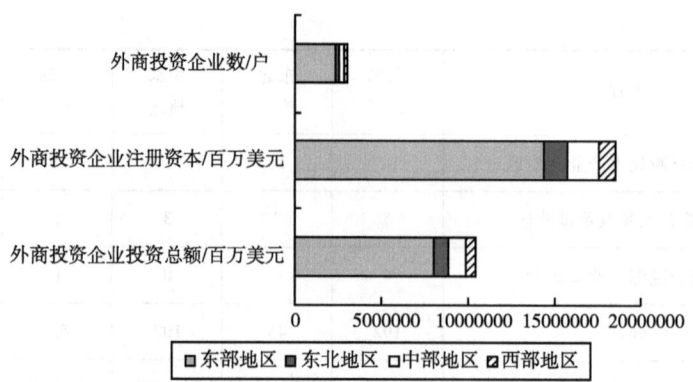

图 4.15　2005—2012 年各区域外商投资情况

资料来源：国家统计局网站。

为不均，整理 2000—2018 年各省市高新技术企业认定次数汇总数据发现，认定次数最多的北京市（10126 次）是最少的宁夏回族自治区（41 次）的 267 倍，而且东部地区的总认定次数占全国的 75.57%，分别是东北地区的 23.29 倍、中部地区的 5.24 倍、西部地区的 11.13 倍（见图 4.16）。显然，东部地区享受的高新技术相关的税收优惠更多。

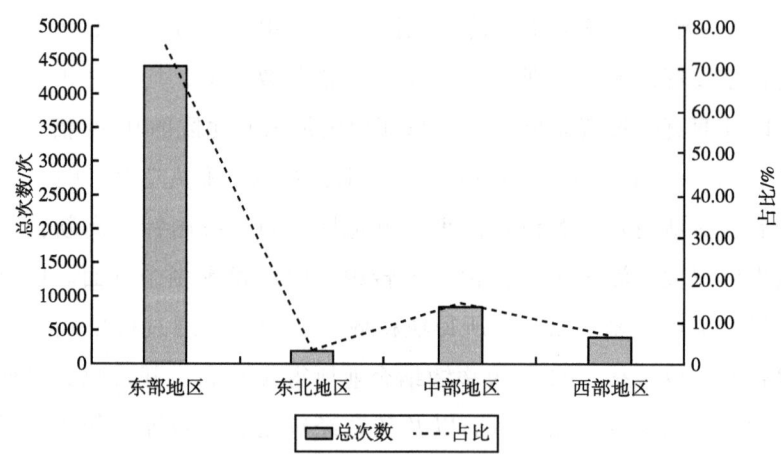

图 4.16　2000—2018 年各区域高新技术企业认定总次数

资料来源：国泰安数据库。

此外，有关金融、小微企业等的税收优惠享受情况发达地区一般也优于欠发达地区。虽然我国也出台了西部大开发和东北老工业基地税收优惠等针对部分欠发达地区的税收优惠政策，但总体来看，东部地区明显受益更多。

（3）税收征收力度不同导致了地区税负差异。

如前文所述，不同地方政府出于不同的财政压力会采取不同的税收征管策略，影响税收征收力度。在具体实践中，一般存在两种税收征管策略：放松税收征管和强化税收征管。放松税收征管的地区采取的是"放水养鱼"策略，往往这类地区地方政府财力充足，希望通过宽松的税收政策促进区域经济增长和吸引更多资本，涵养税源，这种地区往往多集中在东部经济发达地区。强化税收征管的地区往往反其道而行之，采取的是"竭泽而渔"策略，许多欠发达地区由于社会经济发展水平低，财政压力较大，地方政府若想获得更多税收收入，只能通过强化税收征管来提高税收收入，这种状况会提高欠发达地区的税负。

（4）税收与税源的背离导致了地区税负差异。

根据我国的税收政策，许多税收存在总部汇总缴税的规定，而总部更多集中在发达地区，这就导致发达地区通过总部经济吸收了许多欠发达地区的税收，从而提高了其名义地区税负。电子商务的兴起有利于发达地区吸收欠发达地区税收，虽然一些欠发达地区也在促进电子商务的发展，但发达地区如广东等省份电子商务机构更加发达，这就导致其吸收了许多产生于欠发达地区消费的税收，也提高了其名义地区税负。很多学者通过数据分析验证了税收与税源背离是地区税负差异产生的重要原因（靳万军，2007；韩一多，2020；谢易和，2021），林颖（2010）通过分析计算得出我国 2000—2009 年东、中、西三大地区的税收与税源背离度分别为 -1.22%、-10.09% 和 -2.71%，而北京、上海、天津三大直辖市的税收与税源背离度为 12.73%；满向昱等（2018）的研究指出，2007—2015 年东、中、西三大地区的税收与税源背离度分别为 13.15%、-25.71% 和 -6.86%，这意味着中部地区税收流出最为严重，而东部地区尤其是东部地区直辖市是税收的主要流入区域。

4.2 我国区域经济增长不平衡的典型化事实

4.2.1 区域经济增长不平衡概况

通过前文理论分析可知,区域经济增长不平衡现象普遍存在于世界各国发展过程中,适当的不平衡发展有利于区域间的经济增长,但是如果区域经济增长不平衡长期存在可能造成抽空效应,即优质资源、劳动力、技术等均流向发达地区,最终影响整个国家或地区的经济增长速度和效率,造成整个社会福利水平降低。由于我国地域辽阔,从东向西、从南向北在自然资源、社会人文以及其他区域特征等方面存在很大的差异,社会经济发展不可避免地存在并可能在很长一段时间内经历着不平衡发展过程,而区域经济增长不平衡是其最为重要的表现之一。

1978 年改革开放后,我国经济增长取得了举世瞩目的成绩。相较于 1978 年,截至 2018 年年底,我国国内生产总值从 3678.7 亿元增加到 900309.5 亿元,其中从 2000 年到 2018 年增加了近 10 倍,年均增速约为 9.2%。虽然我国的 GDP 一直处于增长状态,但是 GDP 的增长率却并非一直处于递增状态,而是一直处于不断波动中。如图 4.17 所示,2000 年,我国的 GDP 增长率为 8.5%,之后增长率不断上升,在 2007 年时升为 14.23%,成为这 8 年以来 GDP 增长率最高的一年,之后 GDP 增长率一直下降,自 2012 年至今,GDP 增长率一直以低于 8% 的速率变化。

根据《中国统计年鉴》以及各省市统计年鉴数据报告,结合图 4.18、图 4.19 可知:①从经济总量来看,以 2018 年为例,东部地区虽然仅有 9 个省(市),但是经济总量是中部地区的 2.07 倍、西部地区的 3.27 倍以及东北地区的 8.39 倍,远超其他各个区域。②从经济总量占全国比重来看,各地区经济占比一直相对平稳,未出现较大变动,仅是轻微变动。东部地区一直遥遥领先其他地区,2006 年达到最高点 58.40%,即使近几年回落,占比也一直处在 50% 以上;中部地区经济总量占比一直在 22% ~ 27% 波

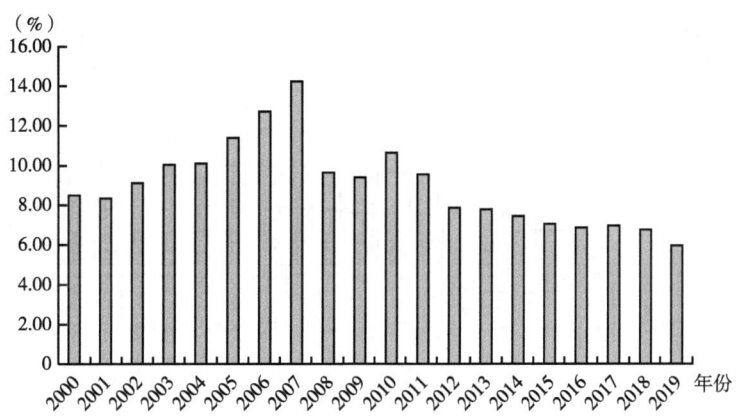

图 4.17 我国实际 GDP 增长率

资料来源：2001—2019 年《中国统计年鉴》。

动，其中 2012 年达到最大值 26.96%，随后占比连年略微下降。西部地区经济占比呈现上升趋势，但总占比一直较低，19 年间从 13.5% 上升到了 16.13%。东北地区仅包含三个省份，其在 2000—2005 年与西部地区的占比差距不是很大，但是 2006 年后其经济占比不断下降，形成明显的下降趋势。③从各地区 GDP 增长率变动趋势来看，各地区总体变动趋势是类似的，几个增长极值点都在相同或相近的年份，除了 2009 年全球金融危机影响出现的大幅下降外，其他点也相差不大，可见区域间的经济协同发展较强。我国经过多年的高速发展后，2012 年后开始进入经济新常态，经济增长速度开始放缓，但总体依旧是呈上升趋势。同时，从增速来看，2004 年以前东部地区 GDP 增速一直高于其他地区，2004—2009 年中部地区开始处于领先地位，2010 年至今一直是西部地区增速最快，而东北地区一直处于末位，即使国家出台了相关措施也未能实现较好的振兴作用。

综上所述，可以看出东部沿海地区和其他三个地区经济差距巨大。除了东部地区拥有优越的自然环境和地理位置外，国家优先发展政策也起到了很大的作用，虽然 2000 年以后国家出台了一系列缩小区域间差异的战略，例如西部大开发、东北老工业基地振兴等，起到一定的作用，但是区域间差异依旧明显，并未得到实质性改观。虽然理论上这种差异在一定范围内能够促进东部优势地区带动西部落后地区，实现"先富带动后富"，

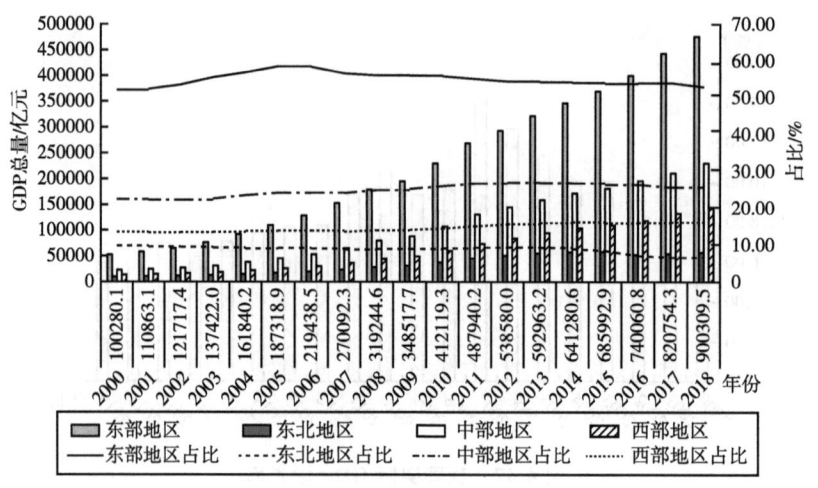

图 4.18　我国各区域 GDP 总量及占比

资料来源：2001—2019 年《中国统计年鉴》及各省市统计年鉴。

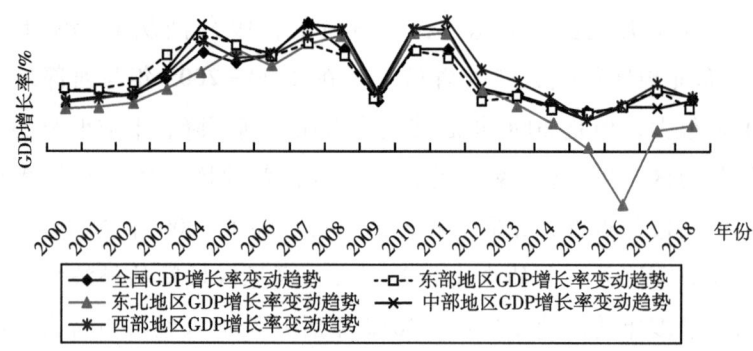

图 4.19　全国及各地区 GDP 增长率变动趋势

资料来源：2001—2019 年《中国统计年鉴》及各省市统计年鉴。

但当区域差异达到一定程度后，可能会造成"虹吸效应"，好的资源、劳动力、人口都将流向优势地区，最终导致区域间经济增长不平衡持续扩大，危及国家整体经济增长和社会稳定。

4.2.2　区域经济增长不平衡测度

前文概括性地分析了我国区域经济增长不平衡的情况，下面结合具体数据对我国区域经济增长不平衡进行测度。测度区域经济增长不平衡的方法很多,主要有绝对差异、相对差异以及指数分析三种。本节将基于这三种方法来对我国区域经济增长不平衡的大小进行测度和分析。

4.2.2.1 绝对差异、相对差异测度及结果分析

从统计角度理解经济增长不平衡,实际上是指样本中个体间的绝对差异和相对差异。绝对差异常用的测度指标有全距、平均差以及标准差;相对差异常用的指标有相对极差、不平衡差以及变异系数。结合本节研究内容,以上各测度方法可定义如下。

(1) 全距(R):

$$R = Y_{\max} - Y_{\min} \tag{4.14}$$

式中,$Y_{\max}$为区域经济增长水平最大值;$Y_{\min}$为区域经济增长水平最小值。

(2) 平均差(D):

$$D = \frac{\sum_{i=1}^{n} |Y_i - \bar{Y}|}{n} \tag{4.15}$$

式中,Y_i为区域i的社会经济增长水平;$\bar{Y} = \frac{1}{n}\sum_{i=1}^{n} Y_i$为社会经济增长水平的平均值;$n$为区域个数。

(3) 标准差(S):

$$S = \sqrt{\frac{\sum_{i=1}^{n} (Y_i - \bar{Y})^2}{n}} \tag{4.16}$$

式中,字母含义同上式。

(4) 相对极差(d):

$$d = \frac{Y_{\max} - Y_{\min}}{\bar{Y}} \tag{4.17}$$

式中,字母含义同上式。

(5) 不平衡差（B）：

$$B = 1 - \frac{Y_{\min}}{Y_{\max}} \qquad (4.18)$$

式中，字母含义同上式。

(6) 变异系数（CV）：

$$CV = \frac{S}{\bar{Y}} \qquad (4.19)$$

式中，S 为标准差，其他字母含义同上式。

本书整理 2001—2019 年《中国统计年鉴》中的相关数据，考虑到港澳台、西藏、海南较为特殊，分析数据时做了剔除。具体测算程序是：首先运用指数平滑法对 GDP 数据进行处理[①]，其次结合各省人口总数计算得出人均实际 GDP，最后依据公式计算得出全国和各个区域的绝对差异值和相对差异值。具体结果如表 4.4、表 4.5、表 4.6 所示。

表 4.4   我国人均实际 GDP 差异统计分析[a]

年份	全距	平均差	标准差	相对极差	不平衡差	变异系数
2000	14811.69	1615.01	2863.15	5.5636	0.9633	1.0755
2001	16137.84	1655.73	3125.05	5.5758	0.9638	1.0797
2002	17898.32	1750.23	3499.78	5.6023	0.9647	1.0955
2003	19508.51	1890.99	3886.02	5.5239	0.9647	1.1003
2004	21537.40	2108.48	4401.35	5.4550	0.9647	1.1148
2005	23461.57	2393.11	4917.14	5.3526	0.9641	1.1218
2006	25751.19	2779.78	5535.96	5.2621	0.9637	1.1312
2007	28777.24	3271.26	6323.63	5.2055	0.9633	1.1439
2008	30941.29	3745.96	6980.01	5.0766	0.9626	1.1452
2009	31879.10	4249.83	7502.41	4.7981	0.9592	1.1292
2010	34969.98	4977.54	8435.30	4.6841	0.9574	1.1299
2011	37890.95	5770.30	9371.69	4.5613	0.9543	1.1281
2012	39006.95	6467.78	10057.67	4.3439	0.9501	1.1200

① 此处做平滑处理时以 1952 年为基期。

续表

年份	全距	平均差	标准差	相对极差	不平衡差	变异系数
2013	41513.94	7200.16	10935.16	4.2633	0.9477	1.1230
2014	44342.02	7900.88	11814.39	4.2328	0.9460	1.1278
2015	47175.00	8601.68	12698.22	4.2142	0.9442	1.1343
2016	51848.12	9371.05	13829.85	4.3118	0.9442	1.1501
2017	56282.55	10180.11	14924.22	4.3562	0.9438	1.1551
2018	59877.24	10974.82	15949.86	4.3516	0.9428	1.1592

资料来源：根据 2001—2019 年《中国统计年鉴》中 GDP 数据和各省市统计年鉴中人口数据计算而得。

注：a 此处计算时采用省级数据计算，即计算全国各省市间的人均实际 GDP 差异。

表 4.5　我国四大区域人均实际 GDP 绝对差异统计分析

年份	东部地区			东北地区		
	全距	平均差	标准差	全距	平均差	标准差
2000	13667.35	3119.59	1369.09	2620.41	1575.94	1932.52
2001	14854.03	3241.77	1495.08	2843.62	1568.35	1815.45
2002	16459.95	3412.04	1681.80	3124.53	1589.82	1711.27
2003	17920.86	3537.01	1870.30	3500.46	1629.46	1669.63
2004	19752.41	3825.61	2132.68	3962.48	1669.36	1727.89
2005	21504.39	4249.62	2395.03	4462.28	1709.22	1925.06
2006	23589.17	4822.84	2714.48	5072.93	1737.57	2299.74
2007	26297.55	5615.03	3131.09	5803.37	2103.84	2862.78
2008	28120.97	6426.04	3460.33	6554.98	2602.91	3538.84
2009	28674.84	7177.91	3684.93	7424.80	3138.27	4346.20
2010	31376.80	8394.48	4153.86	8452.31	3994.35	5341.45
2011	33977.84	9648.40	4617.12	9418.29	5007.98	6371.97
2012	34709.31	10705.27	4920.54	10258.17	5949.75	7325.21
2013	36869.86	11952.81	5360.67	11195.92	6809.24	8253.52
2014	39332.85	13204.93	5821.98	11840.20	7459.77	8939.41
2015	41838.35	14485.44	6299.73	11983.58	7983.15	9402.12
2016	46191.64	16026.36	6963.80	11143.73	8267.50	9449.29
2017	50268.76	17463.74	7568.90	11455.51	8928.15	10089.15
2018	53470.68	18867.87	8118.01	12201.26	9644.25	10867.06

续表

年份	中部地区			西部地区		
	全距	平均差	标准差	全距	平均差	标准差
2000	1176.71	355.69	410.18	1410.40	333.49	472.04
2001	1314.14	359.77	406.72	1528.73	410.14	490.81
2002	1516.77	372.18	458.53	1663.76	499.40	547.92
2003	1868.67	414.38	604.89	1859.25	617.23	664.29
2004	2327.62	548.52	838.12	2033.55	744.24	824.05
2005	3020.59	792.71	1163.87	2267.97	881.73	1017.06
2006	3648.15	1051.93	1507.11	2562.31	1058.55	1256.42
2007	4391.91	1422.96	1931.88	2936.81	1340.98	1565.05
2008	5193.23	1787.63	2360.97	3443.48	1638.08	1908.98
2009	6092.71	2246.82	2897.48	3841.23	1946.22	2261.67
2010	6937.19	2804.81	3512.93	4348.71	2353.18	2727.34
2011	7865.93	3408.42	4190.28	4853.65	2855.36	3243.47
2012	8744.52	3891.36	4734.01	5413.10	3354.71	3765.81
2013	9463.12	4318.61	5197.06	5930.43	3854.93	4287.28
2014	10133.39	4725.80	5636.37	6456.76	4318.28	4779.14
2015	10872.42	5112.33	6073.94	6852.22	4777.85	5263.96
2016	11587.62	5530.42	6544.03	7253.75	5249.61	5764.87
2017	11837.09	6080.84	7056.41	7708.63	5709.72	6248.35
2018	12343.24	6600.70	7585.84	8245.56	6165.53	6721.67

资料来源：根据 2001—2019 年《中国统计年鉴》中 GDP 数据和各省市统计年鉴中人口数据计算而得。

（1）绝对差异指标分析。

由表 4.4 和表 4.5 可知，无论是全国数据还是区域数据计算得出的绝对指标的变化趋势都是相同的，在 2000—2018 年全国和各个区域的测算值都是持续上升的，纵使中间略有波动，但差异的大趋势依旧是增长的。具体而言，全国的基本情况是：首先，从全距指标来看，其值由 2000 年的 14811.69 扩大到 2018 年的 59877.24，19 年间扩大了 4.37 倍；从平均差指标来看，其值由 2000 年的 1615.01 扩大到 2018 年的 10974.82，19 年间扩大了 6.90 倍；从标准差指标来看，其值由 2000 年的 2863.15 扩大到 2018

年的15949.86，19年间扩大了6.02倍。其次，从四大区域各项指标来看，其变化趋势与全国基本一致，仅是变化幅度略有不同。其中东部地区、东北地区、中部地区以及西部地区四大区域的全距指标19年来分别扩大了3.91倍、4.66倍、10.49倍、5.83倍，平均差指标分别扩大了6.05倍、6.12倍、18.56倍、18.49倍，标准差指标分别扩大了5.93倍、5.62倍、18.49倍、14.24倍。基于此，从绝对值指标可以得出四大区域内差异呈现上升趋势，其中东部地区和东北地区内的差异小于中部地区和西部地区，而中部地区差异最大。

（2）相对差异指标分析。

由表4.3和表4.6可知，在相对差异指标上，全国数据和各区域数据测算得出的趋势存在一定差异，而且在个别区域不同指标的变化趋势也是不同的。首先，从全国数据测算结果可以看出，无论是相对极差、不平衡差还是变异系数，三者的变化趋势是相同的，均是在2000—2014年呈明显的下降趋势，达到19年间最小值，但是2014年后出现了一定的波动，2015年前后先是上涨紧接着下降，2016年后一直保持上涨趋势。其次，从四大区域数据测算结果可知，四大区域的相对指标值明显低于全国的省级指标值，这意味着四大区域间的不平衡性要小于省份间的不平衡性。东部地区的相对指标值是四个区域中最大的，这说明东部地区内部省市间差异最大，这也基本符合区域经济实际情况。具体来看，东部地区的相对极差在2000—2018年呈现明显的下降趋势，而不平衡差和变异系数相对平稳，仅是轻微波动并未出现较大变化。而东部地区、中部地区以及西部地区则和东部地区表现不同，三者均是相对极差和不平衡差相对稳定，19年来仅是略微波动，但是三个地区的变异系数值都呈现明显的上涨趋势，这意味着三个区域内省市的差异在不断变大，尤其是中部地区间差异最大，变异系数最高时达到0.7035；另外西部地区的变异系数上涨速度较快，2018年已达0.7137。

通过绝对差异和相对差异指标测算，可以从不同角度观察我国区域间经济增长的不平衡，通过前文分析可知，测算结果与实际概况分析相符，我国全域省际、区域间以及区域内均存在一定的经济增长不平衡，而且这种不平衡存在趋同的变化态势。学术界普遍认为在分析绝对指标时对经济增长不平衡性描述过于单一,为更为全面客观地分析现实,在实际应用中更偏好使用标准差、变异系数这两个测量指标作为主要参考。

表4.6　　我国四大区域人均实际GDP相对差异统计分析

年份	东部地区			东北地区		
	相对极差	不平衡差	变异系数	相对极差	不平衡差	变异系数
2000	2.5535	0.8889	0.2558	0.5702	0.6230	0.4205
2001	2.5501	0.8871	0.2567	0.5695	0.6220	0.3636
2002	2.5512	0.8872	0.2607	0.5694	0.6213	0.3118
2003	2.5227	0.8862	0.2633	0.5757	0.6254	0.2746
2004	2.4965	0.8847	0.2696	0.5804	0.6287	0.2531
2005	2.4669	0.8837	0.2747	0.5836	0.6310	0.2518
2006	2.4393	0.8828	0.2807	0.5866	0.6343	0.2659
2007	2.4181	0.8803	0.2879	0.5911	0.6393	0.2916
2008	2.3746	0.8749	0.2922	0.5917	0.6419	0.3195
2009	2.2698	0.8628	0.2917	0.5959	0.6457	0.3488
2010	2.2317	0.8590	0.2954	0.5990	0.6482	0.3785
2011	2.2020	0.8558	0.2992	0.5954	0.6466	0.4028
2012	2.1167	0.8454	0.3001	0.5901	0.6444	0.4214
2013	2.0817	0.8417	0.3027	0.5938	0.6470	0.4377
2014	2.0605	0.8392	0.3050	0.5936	0.6473	0.4481
2015	2.0446	0.8374	0.3079	0.5768	0.6367	0.4525
2016	2.0774	0.8412	0.3132	0.5287	0.6048	0.4483
2017	2.0953	0.8430	0.3155	0.5169	0.5961	0.4552
2018	2.0900	0.8419	0.3173	0.5217	0.5995	0.4647
年份	中部地区			西部地区		
	相对极差	不平衡差	变异系数	相对极差	不平衡差	变异系数
2000	0.7493	0.6035	0.2612	0.8530	0.7142	0.2855
2001	0.7667	0.6110	0.2373	0.8529	0.7159	0.2738
2002	0.7978	0.6241	0.2412	0.8508	0.7176	0.2802
2003	0.8697	0.6522	0.2815	0.8588	0.7225	0.3068
2004	0.9406	0.6747	0.3387	0.8464	0.7206	0.3430

续表

年份	中部地区			西部地区		
	相对极差	不平衡差	变异系数	相对极差	不平衡差	变异系数
2005	1.0532	0.7084	0.4058	0.8527	0.7219	0.3824
2006	1.1079	0.7202	0.4577	0.8648	0.7256	0.4241
2007	1.1525	0.7310	0.5070	0.8784	0.7283	0.4681
2008	1.2005	0.7407	0.5458	0.9197	0.7412	0.5099
2009	1.2292	0.7478	0.5846	0.9222	0.7389	0.5430
2010	1.2165	0.7443	0.6160	0.9231	0.7364	0.5789
2011	1.2080	0.7416	0.6435	0.9112	0.7280	0.6089
2012	1.2181	0.7421	0.6594	0.9113	0.7256	0.6340
2013	1.2180	0.7395	0.6689	0.9052	0.7213	0.6544
2014	1.2165	0.7373	0.6767	0.9060	0.7185	0.6706
2015	1.2246	0.7366	0.6841	0.8913	0.7106	0.6847
2016	1.2247	0.7343	0.6916	0.8776	0.7031	0.6975
2017	1.1693	0.7241	0.6971	0.8720	0.6970	0.7069
2018	1.1446	0.7191	0.7035	0.8755	0.6942	0.7137

资料来源：根据2001—2019年《中国统计年鉴》中GDP数据和各省市统计年鉴中人口数据计算而得。

4.2.2.2 指数测度与分析

除了前文中这些基本的统计指标可以对区域经济不平衡性进行测度分析外，基尼系数和泰尔指数也是学术界常用的测度指标，通过它们可以对区域间经济增长不平衡进行具体描述。

（1）基尼系数和泰尔指数的测算。

①基尼系数。

基尼系数是1992年意大利经济学家Gini提出的用于测算经济收入分配差异的指标，随后得到广泛应用，其具体分析和测算是以洛伦兹曲线①为基础。基尼系数也经常用于区域经济差距的测算，结合洛伦兹曲线的原理

---

① 洛伦兹曲线，1905年由美国统计学家洛伦兹提出，目的是研究分析财富、土地和工资收入的分配是否公平。

以及基尼系数图形求解相关公式,可将有关区域经济差距的基尼系数计算公式写为

$$\text{Gini} = \frac{1}{2\bar{Y}} \sum_{i=1}^{n} \sum_{j=1}^{n} \frac{|Y_j - Y_i|}{n(n-1)} \quad (4.20)$$

考虑到地区间人口基数不同,故通常使用引入了人口比重因素的加权基尼系数:

$$\text{Gini} = \frac{1}{2\bar{Y}} \sum_{i=1}^{n} \sum_{j=1}^{n} |Y_j - Y_i| p_i p_j \quad (4.21)$$

式中,$\bar{Y}$、Y_i、n 的含义与上文中绝对差异、相对差异计算中含义相同,p_i 为区域 i 的人口占总人口的比重。基尼系数的取值范围为 $[0,1]$,值越大代表差异越大,当其值等于 0 时代表区域间经济没有任何差异;当其值等于 1 时代表区域间经济绝对不同,这两种极端情况一般不会出现。

②泰尔指数。

泰尔(Theil)指数是基于信息理论中熵的概念得出的测算相关样本间差异的,并得到广泛应用。前文中测算税负差异的塞尔指数实际就是泰尔指数的一个具体应用,其最早被应用于测算国家间收入差距,具体计算公式为

$$\text{Theil} = \frac{1}{n} \sum_{i=1}^{n} \frac{Y_i}{\bar{Y}} \ln \frac{Y_i}{\bar{Y}} \quad (4.22)$$

式中,$\bar{Y}$、Y_i、n 的含义与前文中绝对差异、相对差异计算中含义相同。类似于基尼系数,式(4.21)可以测算出区域经济的总体差异,取值范围也是 $[0,1]$,同样其值越大意味着区域经济增长水平越不平衡,区域差异越大。

泰尔指数可以对区域总体差异进行分解,具体可分为组间差异和组内差异。假定一国的 n 个地区可划分为 K 个区域,每个区域记为 g_k,其中 $k = 1, 2, \cdots, n_k$,即 g_k 区域内包含 n_k 个地区,则 $\sum_{k=1}^{K} n_k = n$。记 T_B 为组间差异,T_W 为组内差异。则泰尔指数表达式可分解为

$$\text{Theil} = T_B + T_W \quad (4.23)$$

其中：

$$T_B = \sum_{k=1}^{K} Y_k \ln \frac{Y_k}{n_k/n} \qquad (4.24)$$

$$T_W = \sum_{k=1}^{K} Y_k \sum_{i \in g_k} \frac{Y_i}{Y_k} \ln \frac{Y_i}{1/n_k} \qquad (4.25)$$

结合式（4.23）~式（4.25）可知，组间差异与组内差异对区域经济增长水平的总体不平衡性可分别表示为T_B/Theil 和T_W/Theil。

③测算结果。

利用式（4.20）~式（4.25），采用各区域人口比重作为权重对各区域的人均 GDP 进行计算，得出基尼系数和泰尔指数相关数据。具体结果如表 4.7、表 4.8 所示。

表 4.7　我国四大区域间人均 GDP 基尼系数与泰尔指数测算结果

年份	基尼系数	泰尔指数	年份	基尼系数	泰尔指数
2000	0.2916	0.2372	2010	0.3382	0.2304
2001	0.3062	0.2451	2011	0.3255	0.2196
2002	0.3162	0.2513	2012	0.3098	0.2064
2003	0.3180	0.2671	2013	0.2912	0.1989
2004	0.3192	0.2535	2014	0.2881	0.1762
2005	0.3352	0.2597	2015	0.2814	0.1579
2006	0.3463	0.2663	2016	0.2763	0.1423
2007	0.3652	0.2641	2017	0.2639	0.1481
2008	0.3544	0.2545	2018	0.2611	0.1452
2009	0.3473	0.2392	年均值	0.3124	0.2191

资料来源：根据 2001—2019 年《中国统计年鉴》中 GDP 数据和各省市统计年鉴中人口数据计算而得。

表 4.8　我国四大区域间人均 GDP 泰尔指数的分解及贡献率测算结果

年份	区域内差异	区域间差异	区域内贡献率	区域间贡献率
2000	0.0775	0.1597	0.3266	0.6734
2001	0.0813	0.1638	0.3319	0.6681
2002	0.0886	0.1627	0.3527	0.6473
2003	0.0964	0.1707	0.3609	0.6391

续表

年份	区域内差异	区域间差异	区域内贡献率	区域间贡献率
2004	0.0931	0.1604	0.3671	0.6329
2005	0.0967	0.1630	0.3724	0.6276
2006	0.0978	0.1685	0.3673	0.6327
2007	0.0932	0.1709	0.3528	0.6472
2008	0.0976	0.1569	0.3836	0.6164
2009	0.0953	0.1439	0.3983	0.6017
2010	0.0941	0.1363	0.4085	0.5915
2011	0.0904	0.1292	0.4115	0.5885
2012	0.0888	0.1176	0.4302	0.5698
2013	0.0851	0.1138	0.4277	0.5723
2014	0.0765	0.0997	0.4339	0.5661
2015	0.0674	0.0905	0.4267	0.5733
2016	0.0594	0.0829	0.4176	0.5824
2017	0.0606	0.0875	0.4092	0.5908
2018	0.0584	0.0868	0.4025	0.5975

资料来源：根据2001—2019年《中国统计年鉴》中GDP数据和各省市统计年鉴中人口数据计算而得。

（2）测算结果分析。

由表4.7和图4.20可以看出，2000—2018年我国区域间经济增长差异的基尼系数和泰尔指数总体呈现先小幅上升后逐步下降的趋势。具体而言，基尼系数从2000年一直处在上升趋势，2007年达到最大值0.3652，2007年后开始逐步下降，2017年虽有略微波动，但是总体呈现下降趋势；泰尔指数经历了2000—2006年小幅增长后一直保持下降的趋势，其最大值出现在2006年，为0.2663。由此可见，我国四大区域间人均GDP基尼系数与泰尔指数都表示我国区域间经济增长差异呈现"先上升后下降"的状态，区域间经济增长差异整体在缩小，但差异还是较为明显。

前文中运用泰尔指数的可分解性，将我国区域经济增长总体差异分解为区域内差异和区域间差异，同时计算了两者对总体差异的贡献率。由图4.21可知，2000—2018年19年间，我国泰尔指数的区域间和区域内的差异呈现总体下降趋势，与总体变动趋势类似，都是2000—2006年轻微上

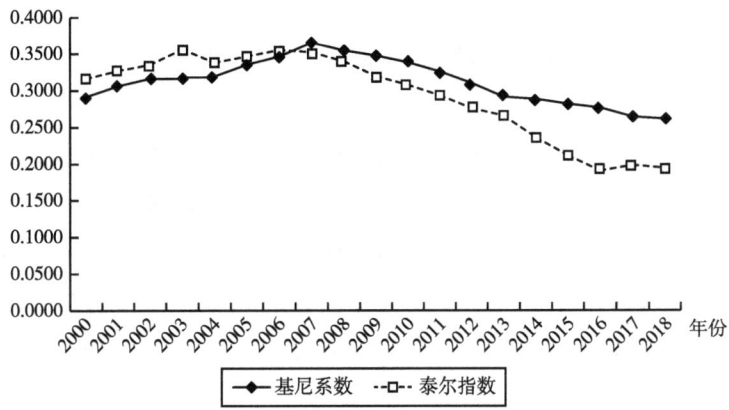

图 4.20　我国经济增长水平基尼系数与泰尔指数变动趋势

资料来源：根据 2001—2019 年《中国统计年鉴》中 GDP 数据和各省市统计年鉴中人口数据计算而得。

涨，之后不断下降。具体来看，区域间的经济增长差异占比一直明显高于区域内的经济增长差异，但是两者的占比差异在不断变小，这意味着当前我国区域经济增长不平衡性仍然是以区域间差异为主、区域内差异为辅的基本状况，这也与前文的相对指标分析类似。2008 年以后我国区域间差异在平稳缩小，虽然 2017 年后略微上浮，但从长远来看，总体趋势应还是下降的。区域内的差异先是在 2000—2015 年呈现比较明显的上升趋势而后再下降。

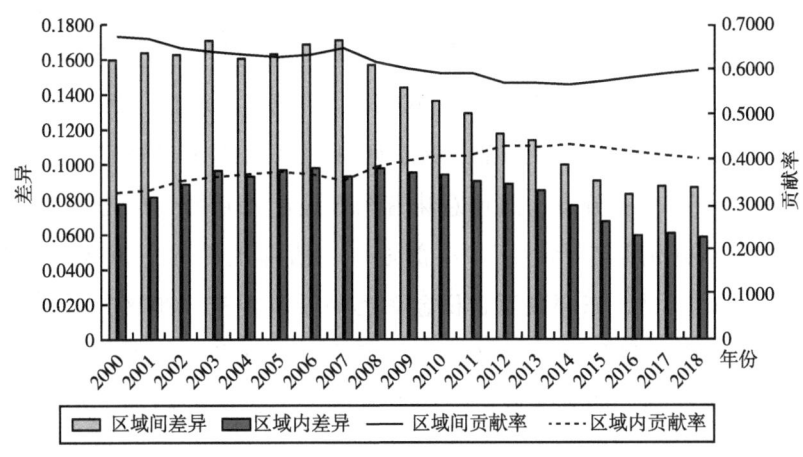

图 4.21　泰尔指数分解趋势

资料来源：根据 2001—2019 年《中国统计年鉴》中 GDP 数据和各省市统计年鉴中人口数据计算而得。

4.2.3 地区税负与区域经济增长不平衡的关系

造成我国区域经济增长不平衡的原因有很多，除了最基本的地区资源禀赋不同外，学者们研究中较为常见的分析视角有政策制度、公共基础设施建设、市场化程度、产业结构变动、要素流动等。而通过前文理论分析可以看到，税收政策作为政府财政政策的重要抓手，能通过税负影响到上述众多因素。故探究我国地区税负与区域经济增长不平衡的关系，能够为下一步分析提供现实参考和依据。

(1) 区域边际税负比较分析。

区域边际税负是指地区税收总额增长额与地区 GDP 增长额的比值，代表的是区域税负变动与地区经济增长变动之间的关系。笔者通过数据计算绘制了图 4.22，其中由于东北地区 2015 年前后出现经济负增长，故数值存在较大变动，为便于参考，图的右侧纵轴代表的是东北地区的数值，左侧纵轴代表的是全国和其他三个地区的数值。总体来看，不管是全国还是四大区域的边际税负，2007 年以前波动比较大，2008—2015 年波动较多。具体来看，东部地区边际税负水平最高，2000—2018 年东部地区的边际税率年均值为 22.16%、东北地区为 16.59%（由于东北地区 2015 年边际税率为 -342.91%，边际税负值不仅为负且极低，故剔除本年数据，计算了其他 18 年的平均值）、中部地区为 12.62%、西部地区为 15.52%，即东部地区均值分别高于东北地区、中部地区、西部地区均值 5.57 个百分点、9.54 个百分点、6.65 个百分点，这也意味着东部地区每新增 100 元 GDP 可提供的税收收入额分别是东北地区、中部地区、西部地区的 1.36 倍、1.76 和 1.43 倍。由此可见，东部税源含税金额远高于其他三个地区，这也与前文分析得出的东部地区税负最高这一特征相符。2008 年后，受国家四万亿经济刺激战略的影响，四大区域边际税率都出现了上涨的趋势。2012 年以后我国逐步进入经济新常态，四大区域的边际税率有所下降，但是东部地区 2014 年又有明显上扬，这可能是受我国 "一带一路" "长江经济带" 以及 "京津冀协同发展" 等利好消息的影响。可能受 "营改增" 影响，2016 年四大区域的边际税负出现了大幅波动,但 2017 年又迅速回调至正常水平。

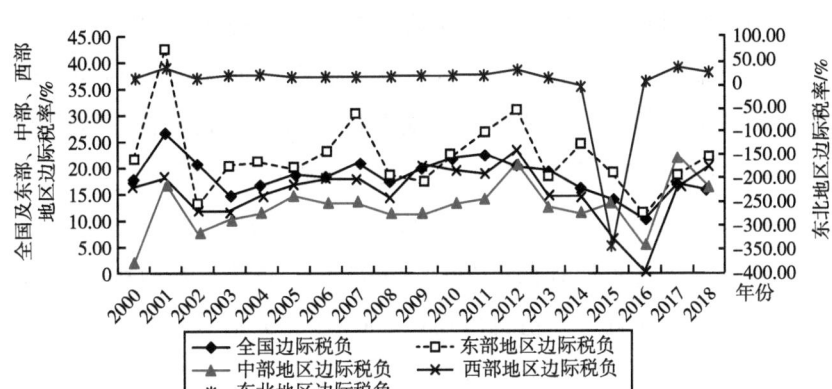

图 4.22　全国及四大区域边际税负变动趋势

(2) 区域税收乘数比较分析。

区域税收乘数,也称为区域税收弹性系数,是地区税负增长率与区域经济增长率的比值,反映的是地区 GDP 每增长一个百分点对应的地区税负收入的增长幅度,体现的是税收对经济增长的敏感性。通过分析其值的变动,可以分析地区税负与区域经济增长的协调性。通过计算 2000—2018 年的相关数据,可以得出图 4.23,同样,由于东北地区 2015 年前后出现经济负增长,故数值存在较大变动,为便于参考,图的右侧纵轴代表的是东北地区的数值,左侧纵轴代表的是全国和其他三个地区的数值。从全国和四大经济区域税收弹性系数变动趋势来看,我国地区税负和区域经济增长间的关系主要有以下特点。

首先,税收对经济的敏感度呈现阶段性倒"U"形趋势,敏感度总体有所波动,但总体为上升,即税收对经济的敏感度有所提高。具体来看,2000—2018 年,各区域税收乘数变动趋势和边际税负较为相似,但略有不同,东部地区税收乘数值最高,2000—2018 年东部地区的税收乘数年均值为 1.23、东北地区为 1.21(由于东北地区 2015 年税收乘数值为 -22.03,税收乘数值不仅为负且极低,故剔除本年数据,计算了其他 18 年的平均值)、中部地区为 1.19、西部地区为 1.14,这也意味着东部地区税收收入超过区域经济增长状况最为明显。另外,分阶段情况看,经历了 2000—

2004年的明显波动期后,可以看到2004—2012年,除了2008年金融危机影响下降外,全国和四大区域税收乘数呈缓慢上升趋势,2012年后我国逐渐进入经济新常态,全国和四大区域的税收乘数变动趋势又开始波动明显,但总体来看是上升的。这主要是由于随着信息时代的到来,各地区税收征管水平得到了提高,同时经济增长也拉动了税收总额的增长。

其次,纵观2000—2018年的变动,税收与经济增长的协调性虽有波动,但总体来说是逐步增强的。2000—2004年,各区域税收弹性系数值均呈现剧烈的波动,而且最高值也出现在2001年,此后逐渐回落,此时税收与经济之间的关系显然不稳定。2005—2012年,四大区域的税收弹性变动相对较小,除了2008年金融危机这一特殊节点外,其他时间各区域的税收弹性多是在1.0上下波动,此时的区域税收与区域经济增长的协调性有所增强。2013—2018年又进入了协调性的波动期,但波动幅度小于2000—2004年。我国进入经济发展新常态后,税收收入先于经济增长速度下降而下降的特点得到了明显体现,总体来看税收增长超过经济增长的情况得到了极大的缓解,尤其是东部地区,2014年后税收乘数值再未超过1.0。而东北地区较为特殊,由于自身发展原因,其不管是经济增长率还是税收回落程度均远高于其他三个地区,2014年、2015年还出现了负增长情况。

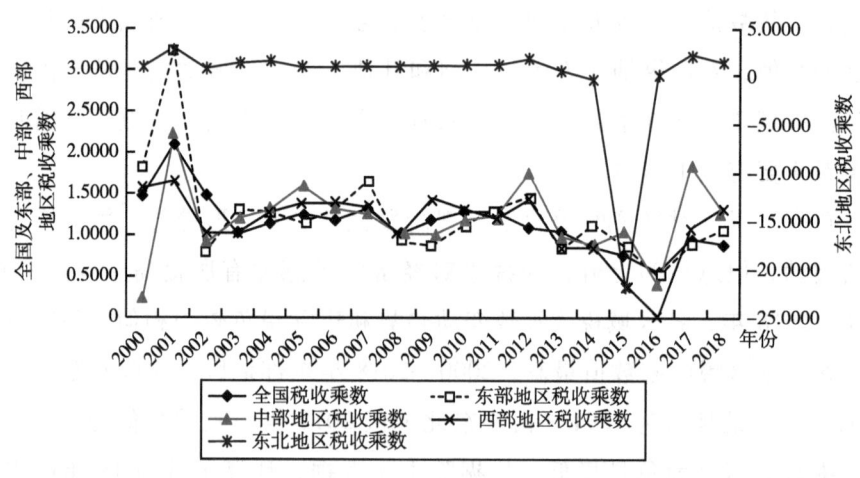

图4.23　全国及四大区域税收乘数变动趋势

4.3 本章小结

本章包括我国地区税负的典型化事实和区域经济增长不平衡的典型化事实两个部分。首先，在对地区税负进行一般性描述的基础上，采用塞尔指数测算了地区税负的差异，并分析了地区税负差异的成因；其次，分析了区域经济增长不平衡的概况，并通过多种绝对差异指标、相对差异指标及基尼系数、泰尔指数等指标对区域经济增长不平衡进行了测度。本章结论如下：

（1）总体而言，我国地区税负呈现"东西高、中间低"的不均衡现象，全国和各区域的税负呈上升趋势，东部地区上升最为明显，中部地区增速最大；各区域内税负差异明显，直辖市税负相对较高，对区域总体税负提升作用明显。经过具体测算可知，区域间的税负对税负总差异的贡献最大，而其贡献比值一直处于高位运行，变化不大。进一步分析得出，导致地区税负差异产生的主要原因是区域间税源可税性不同、税收优惠政策不均衡、税收征收力度不同以及税收与税源的背离。

（2）通过一般性分析和具体测算发现，我国区域经济增长存在明显的不平衡。无论是从经济总量、经济总量占全国比重还是不同区域地区生产总值增长率角度来看，区域间经济增长差异明显，尤其是东部地区遥遥领先于其他三个区域。

第5章　我国地区税负对区域经济增长不平衡的总体效应分析

通过前文分析可知，我国区域间经济增长差异虽然有所缩小，但是东部沿海地区与中西部内陆地区差距还是较为明显，而这一问题的主要成因之一就是地区税负。地区税负往往是从多方面影响区域经济增长，以往的研究多是从某一角度出发，例如有的学者认为我国税收资源利用效率方面存在明显区域性差异，应充分考虑税收资源与空间效率的配置关系（刘星，2005）；有的学者则从税负对要素投入、产业结构调整等的影响入手，认为不同税制结构下税负对要素投入、产业结构调整产生不同的作用，为改善我国区域经济增长不均衡状况，应采取差异化税收制度安排（王鲁宁、何杨，2014；柳光强等，2015；宋丽颖、钟飞，2019）；还有的学者认为地区税负的不同对地方财政支出结构产生了不同程度的扭曲效应，进而对区域经济增长产生不同影响（李永友、沈坤荣，2008；郭路等，2018）；等等。但是鲜有学者将地区税负影响区域经济增长的各方面因素融合在一起去探析。本章将建立能够同时分析直接效应和多重中介效应的结构方程多重中介效应模型，同时分析地区税负对区域经济增长的直接效应，以及地区税负通过要素投入机制、产业结构变动机制、财政支出机制等中介效应机制对区域经济增长的间接效应。

第 5 章 我国地区税负对区域经济增长不平衡的总体效应分析

5.1 模型选择与介绍

5.1.1 结构方程模型

(1) 模型简介。

类似于回归分析法、路径分析法,结构方程模型(Structural Equation Modeling,SEM)也是用来探寻、验证变量间关系的模型方法。20 世纪 90 年代初,随着计算机科学发展和数理统计分析的完善,经济学研究领域开始采用并逐步推广使用结构方程模型来进行相关实证研究。结构方程模型充分吸收了回归分析和路径模型的优点,并将因子影响和路径模型相结合,既解决了路径分析中可能存在的潜变量关系判断不足的问题,又可以使多元数据分析实现更为合理化系统化的状态。具体分析结构方程模型的功能和特点,可以发现其优势在于模型处理过程中能并发处理多个因变量,既能够分析直接测量的显变量,又能够分析不能测量的潜变量,可以同时完成协方差分析、回归分析、路径分析等多方面的分析,实现对变量间的互相影响方式、单个变量对整体的影响关系的明确解析,尤其是可以通过潜变量的影响系数清晰地将它们之间的影响程度和因果关系描述出来。在传统路径分析中,虽然也可以设置一个以上因变量,但是在实际运算过程中更多的是计算单一因变量,而无法准确分析和计算其他因变量造成的影响,多因变量分析的最终结论更多的是单因变量分析的汇集,如何合理地对多个因变量进行分解计算是实际的路径系数运算过程的桎梏。而结构方程模型对潜变量和显变量误差都进行了合理处理,通过允许潜变量的测量指标含有测量误差,进而使各变量的测量误差在分析过程中可以得到有效处理。

(2) 模型特点及适用性。

结构方程模型实际上是对回归分析、路径分析的某种升级,其在两种方法的基础之上进一步完善建模思路,具备了自身特有特性。第一,结构方程模型在沿袭了路径分析的优点外又完善了其不足,如有效解决了变量间互为因果的分析问题、将无法直接测量的潜变量纳入模型分析、测量过程的模型分析包含的数据误差等,这些都使模型分析结论中变量关系的验证更便于控制排除;第二,结构方程模型类似于回归分析中的联立方程组对数据进行分析和因果关系判断,但是相较于联立方程模型,其将测量误差纳入分析,极大减弱了使用限制;第三,结构方程模型对无法直接测量的潜变量合理引入与分析,大大增强了其理论验证准确度,并加深了实证研究的深度。总之,在研究过程中,结构方程模型能够将各种变量的测量和分析统一起来,将测量过程和分析过程合二为一,通过构建因子分析模型,研究多个潜变量之间的相互影响关系以及因果关系,实现一个模型中对多个潜变量以及与之相匹配的显变量间全面的多角度、多方位的实证分析。

从前文分析我们可以看到,学术界有关税负和区域经济增长不平衡的相关研究随着社会经济发展历久弥新,但是大多数研究是采用回归模型法,虽然随着回归模型法的完善而不断更新,但是由于地区税负和区域经济增长数据之间错综复杂的因果关系和相关关系,各类回归模型的建立和估计可能存在问题,例如变量之间复杂因果关系可能存在的内生性问题。而模型设定过程中最基础的操作之一就是模型中变量的意义解释,从前文分析可知,在当前复杂多变的社会经济环境下,地区税负对区域经济增长不平衡的总体影响更多是通过对中间要素的影响实现,需要通过要素投入、产业结构变动、财政支出等中间变量来解释,但是这些中间变量之间又存在相互影响关系,单一方程无法清楚表示其含义,需要通过使用多个方程进行测度。从前文对结构方程模型的总结可以看出,其能够利用联立方程同时对存在多个因变量的模拟场景进行分析、求解得出模型中各个变量之间的关系。在操作过程中,学者可以对变量群内的各变量的关系变动做出对比分析,通过调试观察,判断各参数因子的均值差异性是否显著,同时可判断出因子之间结构是否能与数据本身良性拟合。综上所述,考虑到实际情况和理论基础,本书拟采用结构方程模型对地区税负对区域经济增长不平衡的总体影响机制进行研究是非常贴切和恰当的。

5.1.2 中介效应模型

在具体实证分析中,我们常常关注的是因变量(Y)与自变量(X)的关系,但在实际生活中除了简单的X对Y的直接影响,X可能还通过一些其他因素间接影响Y。中介效应模型是指通过X对Y影响的分析,将X对Y的影响分解为X对Y的直接影响以及X作用于中间变量(M)对Y的间接影响,其中作为中介变量的M,也是X对Y产生间接影响的内部传导媒介(温忠麟等,2004;Hayes,2009),具体回归方程可以表示为

$$Y = cX + e_1 \tag{5.1}$$
$$M = aX + e_2 \tag{5.2}$$
$$Y = c'X + bM + e_3 \tag{5.3}$$

式中,Y为因变量;X为自变量;M为中介变量;c为X对Y的总影响效应;a为X对M的效应;b为控制了X对Y的影响效应后,M对Y的影响效应;c'为控制了M对Y的影响效应后,X对Y的直接影响效应;e_1、e_2、e_3为对应方程的残差。具体影响路径如图5.1所示。

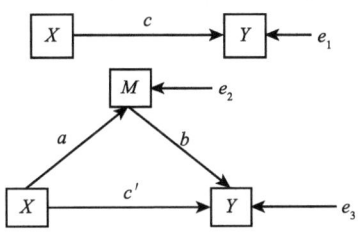

图5.1　中介效应模型

在实际研究中如果面临的是比较复杂的情况,往往需要多个中介变量才能解释清楚X对Y的影响,这就需将上面单个中介变量的模型拓展到多重中介效应模型(Hayes,2009)。另外,根据中介变量之间是否存在影响关系,可将多重中介效应模型细分为并行多重中介效应模型和链式多重中介效应模型(柳士顺、凌文辁,2009)。并行多重中介效应模型又称为单步多重中介效应模型,是指模型中的中介变量不存在相互影响关系;链式多重中介效应模型也称为多步多重中介效应模型,是指模型中的中介变量存在相互

影响，形成了中介链。以具有两个中介变量的模型为例，具体如图 5.2 所示。

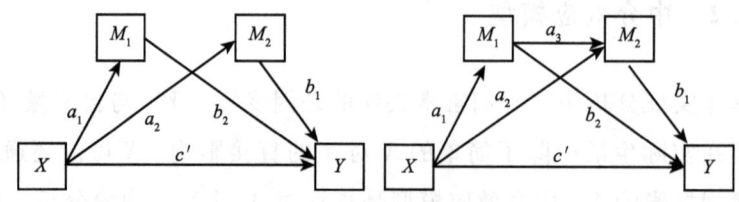

图 5.2　多重中介效应模型

有关多重中介效应模型的分析一般从三个角度展开：（1）通过估计和检验所有效应总和，分析总的影响效应；（2）通过估计和检验某些路径的间接效应，分析特定路径的间接效应；（3）通过对比分析估计两个路径的差异，得出对比中介效应（Preacher & Hayes，2008）。由于多重中介效应模型路径相对复杂，往往涉及变量较多，即使是仅涉及显变量的估计，也多是采用结构方程模型进行估计分析（Macho & Ledermann，2011），而 Bootstrap 法是检验多重中介效应模型比较好的方法（方杰等，2014）。多重中介效应模型的中介分析步骤与单一中介效应模型类似，主要分为三步：（1）模型设定：结合理论分析进行模型设定，确定多重中介效应的基本模型；（2）模型适配度检验与修正：通过各种模型适配度检验，判断模型适配情况，结合实际情况决定是否对基本模型进行修正，力图寻找到与样本数据能够实现最佳适配的模型（方杰、温忠麟，2018）；（3）中介路径系数估计：运用 Bootstrap 法计算变量间单向因果的路径估计系数，最终通过综合分析汇算得到完整路径的中介效应估计值（赵秋银、余升国，2020）。

5.2　研究设计

5.2.1　变量选取与描述

5.2.1.1　变量描述

为了满足研究需要及考虑到数据可得性，本书选取了 2005—2018 年中国（港澳台地区除外）283个地市级面板数据进行研究。文中所用数据主要来源于2005—2018年的《中国区域经济统计年鉴》《中国城市统计年鉴》以及CNRDS，对于部分缺失的数据，利用相应年度的省、地市级统计年鉴和地市级经济和社会发展公报进行填补，仍缺失的情况下使用插值法补齐。考虑到数据一致性，本书将各地市级及直辖市的GDP、固定资产投资数据进行了平减化处理。为了避免估算不一致，删除了一些数据严重缺失和行政区域变化较大的城市，例如西藏自治区、海南省所属的各个地级市以及其他省份的个别地级市，例如，海拉尔市、毕节市、铜仁市、海东市和各省地市级民族自治区等，最终共得到283个地市级14年的面板数据。变量设定具体如下：

（1）区域经济增长（EG）。现有文献中有关区域经济增长的衡量主要有三种形式：第一种是直接选用地区生产总值来表征，通过对其取对数处理获得相关指标（郝凤霞等，2020）；第二种是采用地区人均生产总值来表征，通过对其取对数处理获得相关指标（李晶晶，2020；姚秋歌等，2020）；第三种是采用地区生产总值增长率（郭玲，2021）。考虑到对区域经济增长更好地衡量以及减少多重共线性，本书采用因子分析将上述三个指标进行旋转得出一个新的衡量区域经济增长的综合指标EG。

（2）地区税负（TAX）。地区税负是指一个地区的税负总水平，即税收收入占地区生产总值的比重。由于本书主要研究的是税收负担对区域增长平衡的影响，故上述税收收入是指地区承担的全部税收，既包括地方税，也包含中央地方共享税、中央税等全部税收收入。另外，考虑到当年的地区税负与当年的经济增长间可能存在双向因果关系，导致内生性产生，故模型中地区税负以及各税种税负使用滞后一期数据。

（3）增值税税负（VTAX）。根据地市级增值税税收收入占地区生产总值的比重来表征。

（4）营业税税负（BTAX）。根据地市级营业税税收收入占地区生产总值的比重来表征。

（5）企业所得税税负（CTAX）。根据地市级企业所得税税收收入占地区生产总值的比重来表征。

（6）个人所得税税负（PTAX）。根据地市级个人所得税税收收入占地区生产总值的比重来表征。

（7）要素投入（FOP）。从生产函数分析可知，生产要素分为资本、劳动和技术。

①资本投入。本书选用地区资本存量的对数作为资本投入的具体衡量指标。由于统计年鉴中没有有关资本存量的指标，所以需要对其进行估算。当前对物质资本测算的方法主要是资本租赁价格度量法和永续盘存法，但是前一种方法难以获取必要数据，因而难以准确估算，而永续盘存法所使用的测算指标与统计年鉴统计口径相符，具有较好的估计可行性，因此本书采用永续盘存法对各年度各省（市、区）地市的物质资本存量展开估计。本书参考张军等（2004）、单豪杰（2008）、倪泽强等（2016）的处理方法，将2005年的固定投资总额除以折旧率与2005—2016年的固定投资总额平均年度增长率之和作为2005年各个地区的资本存量，而2005年之后的资本存量采用估算地区的固定资产投资总和，集合选择的折旧率计算资本存量总额。具体计算公式如下所示：

$$K_{it} = K_{i,t-1}(1-\delta_t) + \frac{I_{it}}{P_{it}} \tag{5.4}$$

式中，K_{it}和$K_{i,t-1}$分别为第i地区第t年和第$t-1$年两个相邻年度的资本存量；I_{it}为第i地区第t年的固定资产投资总额；P_{it}为第i地区第t年的固定资产投资价格指数，考虑到地市级层面相关数据难以获取，本书将其与省级层面的固定资产投资价格指数相匹配，获取相关数据；δ_t为折旧率，选取一般文献惯用的10.96%（倪泽强等，2016；余泳泽，2017）。

②劳动投入。本书选取地区城镇就业总人数的对数作为劳动投入的具体衡量指标（唐建荣、程静，2016；张雪峰等，2021）。

③技术投入。有关技术投入的衡量，现有文献中并未形成统一的标准，最为常见的是使用地区专利授权数（肖叶、贾鸿，2017；赵秋银、余升国，2020）、索洛余量（高新才、李俊衡，2011）、全要素生产率（杨飞等，2018）等方式。集合理论分析，本书选用地区全要素生产率作为衡量技术投入的指标，有关全要素生产率的具体计算详见本书第6章。

本书通过熵值法对以上三个单一要素进行处理运算，得到综合的要素投入指标。经计算汇总得出资本投入、劳动投入和技术投入的熵权分别为 0.2137、0.2608 和 0.5255。从中可以看出,技术投入的熵权最大,其对要素投入综合指标的贡献最大。

(8) 产业结构变动(ISC)。本书从产业结构高级化与产业结构合理化两个维度对我国产业结构变动调整进行衡量(干春晖等,2011;罗富政、罗能生,2016)。

①产业结构高级化。本指标旨在体现产业结构升级的程度。随着我国工业化和信息化水平的不断推进与提升,经济社会越来越呈现出"经济服务化"的趋势,服务业的发展成为我国产业结构升级的主要走向,这也符合三大产业的演变规律。纵观我国几十年各大产业占比发展,第二产业占比相对稳定,第三产业占比逐年上升,学者们在衡量产业结构升级时主要采用两者产值之和占国民生产总值比例(干春晖等,2011;罗富政、罗能生,2016),或是仅采用第三产业占比来表示产业结构高级化(倪清燃,2019)以及综合考虑劳动生产率、专业化分工程度以及技术提高等方面(陈明艺等,2021)。考虑到地市级数据可得性及数据代表性,本书最终选取第二产业、第三产业两者产值之和占国民生产总值比例来表示产业结构高级化。

②产业结构合理化。有关产业结构合理化的评价,理论学界以资源配置说为主流,其认为产业结构是否合理,应关注资源是否实现了产业间的合理配置以及其协调性和利用效率是否实现最优。一般利用要素投入结构和产出结构耦合度来度量地区产业结构的合理化程度,具体公式体现为产业结构偏离度(E)测度,其中:

$$E = \sum_{i=1}^{n} \left| \frac{\frac{Y_i}{L_i}}{\frac{Y}{L}} - 1 \right| \qquad (5.5)$$

$$= \sum_{i=1}^{n} \left| \frac{\frac{Y_i}{Y}}{\frac{L_i}{L}} - 1 \right|$$

式中,Y 为总产出;L 为劳动总投入;i 为第 i 产业;n 为产业总数,

这里 $n=3$。随着研究进一步深入，文献在产业偏离度测算基础上，提出了有关产业结构合理化的新指标 SR，具体如式（5.6）所示。

$$SR = -\sum_{i=1}^{n}(Y_i/Y)|(Y_i/L_i)/(Y/L)-1|\quad(5.6)$$

式（5.6）中具体计算指标意义与式（5.5）一致。相较于 E 而言，SR 的测算保留了 E 的优点，同时能够通过产值加权指标衡量、体现各产业的重要程度。本书最终选用 SR 来衡量产业结构合理化，根据 SR 现实意义可知，其值越小，产业结构经济越偏离均衡状态，即产业结构越不合理；反之，SR 值越大，意味着产业结构越合理。

同样，本书通过熵值法对以上两个单一要素进行处理运算，得出综合的产业结构变动指标。从计算过程汇总得出产业结构高级化和产业结构合理化的熵权分别为 0.5123 和 0.4877。

(9) 财政支出（PFE）。本书选取地方政府公共财政支出占地区 GDP 比例来表示本变量。

5.2.1.2 描述性分析

根据上文中变量的设定，计算得出各变量的相关系数、均值和标准差，详见表 5.1。由表 5.1 可知，区域经济增长与地区税负、增值税税负、营业税税负、企业所得税税负、个人所得税税负相关系数为负，而要素投入、产业变动和财政支出与各项税负指标相关关系为正。结合理论分析，初步判断地区税负与区域经济增长具有负向相关关系。

表 5.1　　　　　　　变量相关系数、均值和标准差

变量	EG	TAX	VTAX	BTAX	CTAX	PTAX	PFE	FOP	ISC
EG	1.0000								
TAX	-0.0703	1.0000							
VTAX	-0.0776	0.5968	1.0000						
BTAX	-0.0850	0.6091	0.3226	1.0000					
CTAX	-0.0612	0.8239	0.4906	0.5215	1.0000				
PTAX	-0.1088	0.6954	0.4560	0.4331	0.6513	1.0000			
PFE	0.0005	0.7017	0.3246	0.4851	0.5951	0.4295	1.0000		

续表

变量	EG	TAX	VTAX	BTAX	CTAX	PTAX	PFE	FOP	ISC
FOP	0.8564	0.1552	0.0359	0.0620	0.1183	0.0276	0.3036	1.0000	
ISC	0.3000	0.0626	0.0177	0.0220	0.0295	0.0186	0.1131	0.3339	1.0000
M	11.2732	0.0514	0.0105	0.0149	0.0055	0.0022	0.1680	0.6103	0.2672
SD	0.5694	0.0498	0.0190	0.0191	0.0073	0.0031	0.1011	0.0772	0.0848
N	3962	3962	3962	3962	3962	3962	3962	3962	3962
n	283	283	283	283	283	283	283	283	283
T	14	14	14	14	14	14	14	14	14

5.2.2 模型设定

结合前文理论分析，本书将财政支出、要素投入和产业结构变动作为地区税负影响区域经济增长的中介变量，首先在 Stata16 中设定单步多重中介效应模型，此模型主要涉及三条路径：路径"地区税负→财政支出→区域经济增长"、路径"地区税负→要素投入→区域经济增长"和路径"地区税负→产业结构变动→区域经济增长"。其次，基于模型与现实数据适配情况，修正并对比不同测量模型，最终得到图 5.3 和图 5.4。

模型图 5.3、图 5.4 中矩形框表示可观测的观察变量，本模型中主要涉及 9 个观察变量，矩形旁的圆形表示观察变量相应的残差项，箭头将各个变量连接在一起，从起点变量到终点变量，形成单向因果关系。如图 5.3 中模型所示，地区税负通过一条直接路径和七条中介路径影响经济增长，中介路径分别是：

①路径 1："地区税负→要素投入→区域经济增长"；

②路径 2："地区税负→要素投入→产业结构变动→区域经济增长"；

③路径 3："地区税负→产业结构变动→区域经济增长"；

④路径 4："地区税负→财政支出→要素投入→区域经济增长"；

⑤路径 5："地区税负→财政支出→要素投入→产业结构变动→区域经济增长"；

⑥路径 6："地区税负→财政支出→产业结构变动→区域经济增长"；

⑦路径7:"地区税负→财政支出→区域经济增长"。

图5.4与图5.3相似,只是增加了增值税税负、营业税税负、企业所得税税负和个人所得税税负对地区税负的影响。若考虑增值税税负、营业税税负、企业所得税税负和个人所得税税负的影响,四者通过地区税负等指标对经济增长产生影响路径更为复杂。此处仅考察各税种税负对地区税负的影响,本章后续将进一步分析主要税种税负对区域经济增长的影响。

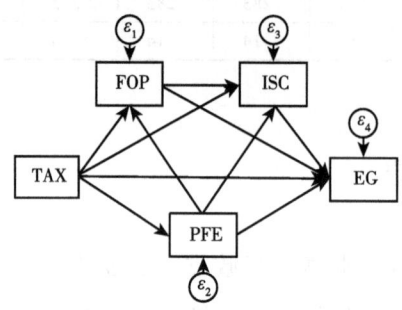

图5.3 地区税负影响区域经济增长的多重多步中介效应模型

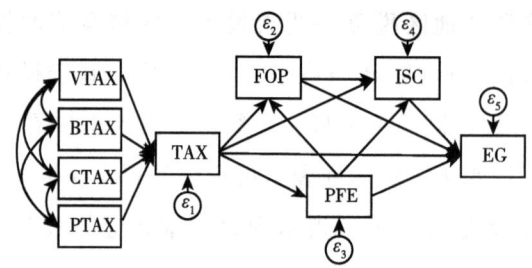

图5.4 考虑主要税种的地区税负影响区域经济增长的
多重多步中介效应模型

5.3 模型实证分析

5.3.1 中介效应分析

(1) 中介效应适配度分析。

考虑到模型和数据的适配度,检验构建模型的拟合优度是进行模型中介效应分析的前提。目前有关结构方程中介效应模型的总体拟合程度有很多测量标准,具体大致可分为绝对拟合指数、相对拟合指数以及简约拟合指数。其中,绝对拟合指数是体现理论模型与现实数据之间的拟合程度;相对拟合指数是反映理论模型是否能够比独立模型更好地拟合现实数据;简约拟合指数主要是用来对比分析一个问题构建多个理论模型后,哪一个模型是相对最优模型。鉴于本书并不涉及多个理论模型的比较,主要是根据绝对拟合指数和相对拟合指数进行评价分析。

常用的绝对拟合指数主要有四个:卡方检验(χ^2)、拟合优度指数(GFI)、调整的拟合优度指数(AGFI)、近似误差的均方根(RMSEA)。其中χ^2比较容易受到样本量的影响,当样本容量很小时,RMSEA 容易接受劣势模型;而当样本容量大时,其又容易拒绝所有拟合很好的模型。考虑到本书样本量较大,χ^2容易受到影响,参考意义较小,本书不再列示相关指标。同样 GFI、AGFI 的适用性也相对较差,且 Stata 软件中并未计算,此处也将不再列示。RMSEA 是一种基于总体差距的指数,目前被多数文献推荐为常用拟合指数,其对模型拟合度测度比较敏感,具有较好的可靠性,本书选取 RMSEA 作为绝对拟合的衡量指标,一般其值越小代表模型和数据拟合越优良,具体操作过程中通常认为 RMSEA 值小于等于 0.08 即可视为模型可以接受,若大于 0.08 则模型拟合度较差,不能接受此模型设定(Baron & Kenny,1986)。

常用的相对拟合指数主要有四个:比较拟合指数(CFI)、规范拟合指数(NFI)、Tucker – Lewis 指数(TLI)和递增拟合指数(IFI)。其中,因为 CFI 能够应用于不同的模型估计方法,而且表现很稳定,即使样本量较小时模型拟合时表现也很好,比较受学者们认可;TLI 因其在极大似然(本书采用极大似然估计法)估计时使用有较好的稳定性,而且能够正确对负责模型进行估计、惩罚,进而准确区分不同模型拟合度,广受文献推荐。而 NFI 由于无法控制自由度且极容易受到样本量变动的影响,目前已逐步被边缘化,不被视为可靠参考指数。同样由于 IFI 在进行极大似然估计时,往往由于模型样本小或偏差大而在估计时错误惩罚简约模型,奖励复杂模型,故也逐渐不被常用。综上所述,本书选用 CFI 和 TLI 作为相对拟合指数的主要参考指标,两者的取值范围一般在 [0,1],当值大于 0.9 时,可视为模型与现实数据相拟合,可接受理论模型设定。具体如表 5.2 所示。

表 5.2　　　　　　　　　SEM 各拟合指标一览

指数名称	指数性质	是否受样本容量影响	拟合成功建议值 P	模型节俭评估
卡方检验(χ^2)	绝对拟合指数	受影响很大	>0.05	不可用 无法评估
拟合优度指数(GFI)	绝对拟合指数	受影响	>0.9	不可用 无法评估
调整的拟合优度指数(AGFI)	绝对拟合指数	受影响	>0.9	可以评估
近似误差的均方根(RMSEA)	绝对拟合指数	受影响	<0.05 (<0.08 可接受)	可以评估
比较拟合指数(CFI)	相对拟合指数	不易受影响	>0.9	不可用 无法评估
规范拟合指数(NFI)	相对拟合指数	样本容量小时严重低估	>0.9	不可用 无法评估
Tucker-Lewis 指数(TLI)	相对拟合指数	样本容量小时一般低估	>0.9	不可用 无法评估
递增拟合指数(IFI)	相对拟合指数	样本容量小时一般低估	>0.9	不可用 无法评估

从表 5.2 中可知,考虑了主要税种影响地区税负的多重中介效应模型的 RMSEA 值为 0.060,小于 0.08,CFI 值为 0.992,大于 0.9,TLI 值为 0.983,大于 0.9;不考虑主要税种影响地区税负的多重中介效应模型的 RMSEA 值为 0.062,小于 0.08,CFI 值为 0.985,大于 0.9,TLI 值为 0.972,大于 0.9。这说明当前结构方程模型与选取的现实数据拟合程度较好,两者可以实现匹配,使用当前设定的模型进行路径分析是合理有效、符合现实的。

(2) 中介效应回归结果分析。

本书对中介效应系数的估计主要是结合极大似然估计,采用 Bootstrap 法进行系数估计,其主要方法为设计重复随机抽样次数为 5000 次,效应置信区间为 95%,最后得出了图 5.5、图 5.6 显示的各路径估计结果,同时结合其他估计项的结果,最终得出表 5.3。

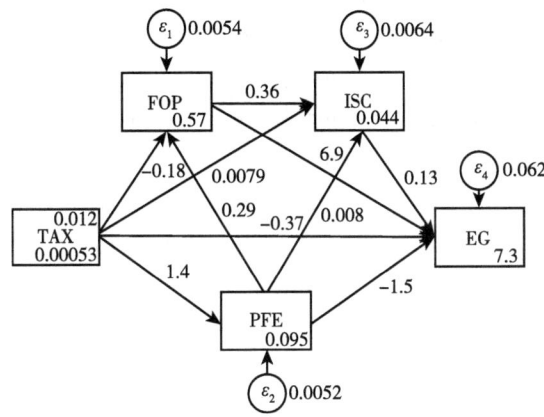

图 5.5　地区税负影响区域经济增长的多重多步中介效应分析结果

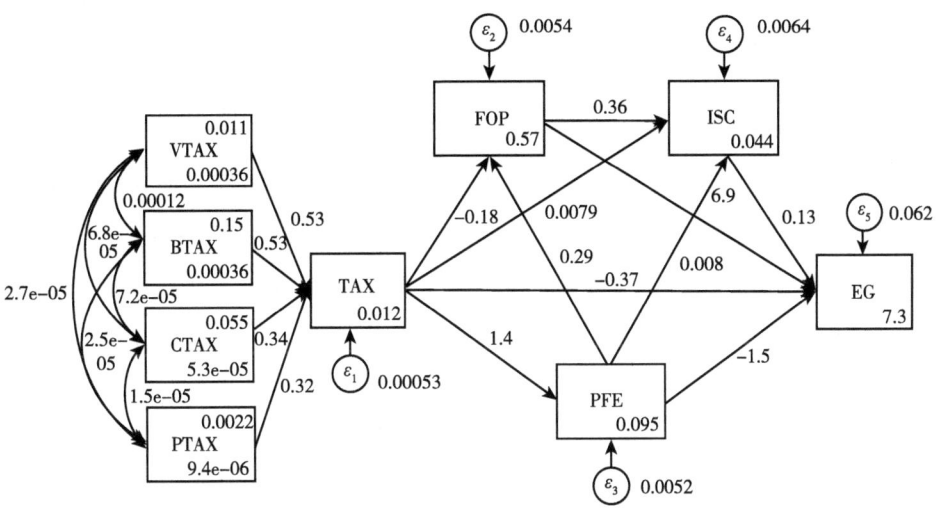

图 5.6　考虑主要税种的地区税负影响区域经济增长的多重多步中介效应分析结果

表 5.3　　　　　　　　　　　中介效应的回归结果

序号	路径	系数	标准误	T 值	P 值	置信区间
1	TAX→EG	-0.366	-3.03	0.109	0.002	(-0.603, -0.129)
2	TAX→FOP	-0.177	0.035	-4.98	0.000	(-0.246, -0.107)
3	TAX→ISC	0.008	0.039	-0.2	0.067	(0.007, -0.084)

143

续表

序号	路径	系数	标准误	T 值	P 值	置信区间
4	TAX→PFE	1.425	0.025	57.4	0.000	(1.376, 1.474)
5	PFE→EG	-1.481	0.056	-23.98	0.000	(-1.601, -1.359)
6	PFE→FOP	0.293	0.017	16.77	0.000	(0.259, 0.327)
7	PFE→ISC	0.008	0.020	0.4	0.081	(0.031, 0.097)
8	FOP→EG	6.892	0.056	112.13	0.000	(6.776, 7.013)
9	FOP→ISC	0.363	0.019	19.39	0.000	(0.326, 0.399)
10	ISC→EG	0.132	0.053	2.47	0.013	(0.027, 0.237)
11	VTAX→TAX	0.526	0.025	21.45	0.000	(0.478, 0.575)
12	BTAX→TAX	0.531	0.024	21.50	0.000	(0.482, 0.579)
13	CTAX→TAX	3.375	0.079	42.58	0.000	(3.219, 3.530)
14	PTAX→TAX	3.174	0.176	18.06	0.000	(2.829, 3.518)
考虑主要税种影响						
RMSEA	0.063	CFI	0.992	TLI	0.983	
不考虑主要税种影响						
RMSEA	0.002	CFI	0.995	TLI	0.994	

①地区税负对区域经济增长、要素投入具有抑制作用，而对产业结构变动、财政支出具有促进作用。一是路径1、路径2的系数分别为-0.366和-0.177，且均在5%的水平上显著，这意味着地区税负显著抑制了区域经济增长，并且对区域生产要素的投入也产生了不利影响。其中，地区税负提升将会提高要素投入的成本，降低企业生产、劳动投入积极性，进而抑制技术创新的步伐，多方面共同作用下抑制了生产要素的投入，尤其是技术创新还存在投资成本高、回收期长等特点，地区税负提升将进一步吸引企业追求更容易获得的短期收益，造成更多的技术挤出。尤其是在之前计算中技术投入熵权占比为0.5255，这也意味着技术挤出造成的要素投入减少占地区税负对要素投入抑制的贡献最大。二是路径3、路径4的系数分别为0.008和1.425，且分别在10%和5%上显著，这说明地区税负促进了产业结构升级和财政支出。其中，政府往往通过税收优惠政策调整产业结构，而且地区税负对产业结构变动的影响方向取决于各产业对要素的依赖程度，以及对税负的反应程度，另外还受到财政资金来源的影响（甘行

琼、蒋炳蔚，2019）。所以，此处地区税负对产业结构变动的影响虽然在10%的水平上显著，但是直接影响系数较小，后期我们将在中介路径分析中更清晰地了解到税负对产业结构变动的影响。路径4的系数为1.425，这也再一次印证了税负的提升将为地方政府带来更多的财政资金用于公共财政支出（邓晓兰等，2018）。地方政府在追求更好的经济增长过程中，往往为了自身利益诉求而乐于加大对公共服务的支出，通过提高地区公共品供给和服务水平，吸引要素流入促进经济增长（孙丽，2019）。

②财政支出对要素投入、产业结构变动有促进作用。路径6和路径7的系数分别为0.293和0.008，且均在10%的水平下显著，即财政支出与两者显著正相关，财政支出的增加最显著的表现就是提升了当地公共服务水平，进而营造更好的营商环境，尤其是生产性的公共财政支出，能够提升要素投入，引导产业结构升级，促进地区产业结构的合理化布局；另外，公共财政支出带来的基础设施的完善与优化，能够显著提高当地企业的生产效率，引导产业结构优化。财政支出对区域经济增长的影响路径系数为−1.346（路径5），且在1%的水平下显著，这意味着财政支出对区域经济增长有显著的抑制作用，这看似与之前文献研究结论相悖，但是仔细考虑本模型的设定，剔除通过要素投入、产业结构这两个中介变量对区域经济增长的影响，剩余影响支出更多的是非生产性财政支出，而非生产性消费支出会减少私人投资，从而降低区域经济增长率，这一结论与詹新宇、王素丽（2017）的研究结论一致。

③要素投入对区域经济增长、产业结构有较好的促进作用，路径8和路径9的系数分别为6.892和0.363，且均在1%水平下显著，这意味着要素的不断投入能够拉动区域经济增长，传统经济增长理论明确指出要素投入是经济增长的微观基础，其中资本要素和劳动力要素是生产的内生要素，而技术要素则是外生要素，在技术要素不变的情况下，内生要素的增加实际上就是生产投入的增加，显然其能增加生产产量，促进经济增长；而当外生变量技术要素投入增加时，同样可以从整体提升产出效率，具体体现为生产函数曲线的整体上移，促进区域经济增长。同理，要素投入增加能够促进社会生产过程的完善，尤其是技术要素投入可能带来的技术效率提高和

规模化效率，能够显著提高产业结构高级化，同时促进产业结构合理化调整。

④产业结构变动对区域经济增长呈正向影响关系，路径 10 的系数为 0.132 且在 5% 水平上显著，这意味着无论是在产业结构高级化进程中还是在产业结构合理化调整中，产业结构的变动都能够通过自身的优化与升级促进区域经济的发展，而在以往的研究中也得出了类似的结论。

⑤地区各主要税种税负对地区税负呈显著正向影响关系，这符合理论假设和现实常理，而且同为流转税的增值税税负和营业税税负对总税负的影响非常相似。后面将做具体说明，在此就不做过多解释。

5.3.2 总效应、直接效应及中介路径分析

通过分析表 5.3 的结果，我们可以看到当前模型中的中介路径配适度无论是从理论分析还是数据实践检验上都具有合理性。本书结合图 5.1 的模型中涉及的各路径，形成地区税负（考虑主要税种税负影响）影响区域经济增长的复杂中介路径，最终得出总体模型的直接效应、间接效应和总效应，同时将各中介路径效应梳理，结合模型（图 5.3、图 5.4），将各路径连接起来，用分段路径系数的估计值相乘得到连接总间接中介路径的回归系数估计值，取各分段路径中最低显著性水平作为间接中介路径的显著性水平，最终得到每个间接路径的效应估计值。具体详见表 5.4。

表 5.4　影响效应分解分析：总效应、直接效应、间接效应

结果变量	原因变量	总效应	直接效应	间接效应
EG	TAX	-0.804^{C}	-0.366^{**}	-0.438^{**}
	FOP	6.940^{***}	6.892^{***}	0.048^{**}
	ISC	0.132^{**}	0.132^{**}	0（no path）
	PFE	0.552^{***}	-1.481^{***}	2.033^{***}
	VTAX	-0.423^{***}	0（no path）	-0.423^{***}
	BTAX	-0.427^{***}	0（no path）	-0.427^{***}
	CTAX	-2.712^{***}	0（no path）	-2.712^{***}
	PTAX	-2.551^{***}	0（no path）	-2.551^{***}

续表

结果变量	原因变量	总效应	直接效应	间接效应
FOP	TAX	0.241***	-0.177***	0.417***
	PEF	0.293***	0.293***	0（no path）
	VTAX	0.127***	0（no path）	0.127***
	BTAX	0.127***	0（no path）	0.127***
	CTAX	0.812***	0（no path）	0.812***
	PTAX	0.763***	0（no path）	0.763***
PEF	TAX	1.425***	1.425***	0（no path）
	VTAX	0.750***	0（no path）	0.750***
	BTAX	0.756***	0（no path）	0.756***
	CTAX	4.809***	0（no path）	4.809***
	PTAX	4.522***	0（no path）	4.522***
ISC	TAX	0.101***	0.008*	0.099***
	FOP	0.363***	0.363***	0（no path）
	PEF	0.114***	0.008*	0.106***
	VTAX	0.056***	0（no path）	0.056***
	BTAX	0.057***	0（no path）	0.057***
	CTAX	0.360***	0（no path）	0.360***
	PTAX	0.338***	0（no path）	0.338***
TAX	VTAX	0.526***	0.526***	0（no path）
	BTAX	0.531***	0.531***	0（no path）
	CTAX	3.374***	3.374***	0（no path）
	PTAX	3.178***	3.178***	0（no path）
中介路径系数值	要素机制	路径1：TAX→FOP→EG	-1.2199***	
		路径2：TAX→FOP→ISC→EG	-0.0085**	
	产业结构机制	路径3：TAX→ISC→EG	0.0011**	
	财政支出机制	路径4：TAX→PFE→EG	-2.1104***	
		路径5：TAX→PFE→ISC→EG	0.0015**	
		路径6：TAX→PFE→FOP→EG	2.8776***	
		路径7：TAX→PFE→FOP→ISC→EG	0.0200***	

汇总结果		
间接效应	直接效应	总效应
-0.4368**	-0.3664**	-0.8032**

注：***表示在1%水平上显著；**表示在5%水平上显著；*表示在10%水平上显著。括号中为普通标准误或稳健标准误。

通过前文理论分析可知，地区税负受主要税种税负的影响，但是考虑到各税种的征收对象、征收方式等方面的差异，本章将在后续进一步细分研究各税种对经济增长的影响，本处罗列出来主要用于后文中的内容对比，因此此处主要分析地区税负对区域经济增长的总体影响。通过前文理论模型分析可知地区税负对区域经济增长通过七条中介路径对经济增长产生影响。通过观察表5.4，发现地区税负通过财政支出直接对区域经济增长产生影响（中介路径4），也可以通过要素投入和产业结构变动间接对区域经济增长产生影响（中介路径5、中介路径6、中介路径7），于是将地区税负通过财政支出影响区域经济增长的机制统称为财政支出机制；同理，地区税负通过要素投入影响区域经济增长的机制统称为要素投入机制（中介路径1、中介路径2）、地区税负通过产业结构变动影响区域经济增长的机制统称为产业结构变动机制（中介路径3）。通过分析以上七条路径下的三个中介机制和一条直接路径的影响机制，得出以下结论：

（1）地区税负显著直接抑制了区域经济增长。

由表5.4可知，地区税负对区域经济增长的直接效应为 -0.366，且在5%的水平上显著，由此可得，地区税负直接抑制了区域经济增长。地区税负提升将会直接增加区域内纳税人的成本负担。从企业的角度看，地区税负的增长将增加企业税收负担，降低企业净利润，抑制企业投资；从个人角度看，地区税负提升会降低个人实际收入，进而导致个人储蓄和人力资本投资下降，这些都直接阻碍了区域经济增长。

（2）地区税负通过财政支出机制显著促进了区域经济增长。

通过分析财政支出机制，可以看到地区税负通过财政支出显著促进了区域经济增长。具体体现在财政支出机制对应的四条中介路径上，经计算四条路径之和为0.7887，且在10%水平上显著。地区税负的增加能够为政府财政支出提供更多资金来源，减轻地方政府财政压力，同时提升了当地的公共服务和公共产品的供给水平，地区公共设施和条件得到更好优化，营商环境趋优，进而能够吸引更多资源投入，产业结构变动也趋于合理化和高级化，进而促进了区域经济增长。除此之外，地区税负变化引起的财政支出的变化带来要素投入和产业结构变动的变化，同样对区域经济增长产生影响。但是需要注意的是，财政支出机制的中介效应估计影响值并非所有机制中介效应估计值绝对数的最大值,这也意味着提高地区税负通过财政支出机制提升区域经济增长的目标是无法实现的,因为其他机制的中介效应起到更为主导的作用,提高区域经济增长可以通过加大财政支出的投入,但是财政支出投入增加不能够依赖于提高地区税负,更好的选择应该是吸引更多投资或优化财政支出结构(郭路等,2018)。

(3)地区税负通过要素投入机制显著抑制了区域经济增长。

通过分析要素投入机制,可以看到地区税负通过要素投入显著抑制了区域经济增长。通过计算要素投入机制对应的两条中介路径之和,得出其值为-1.102,且在5%水平上显著。地区税负增加可能带来当地生产要素投入的变动,尤其是考虑到区域间存在的税收竞争,进而引起生产要素的流出;另外税负增加虽然理论上可能会迫使企业提高要素投入,保证被税收挤出的利润,但是在实际操作过程中,高税负反而会引起资本外逃(王鲁宁、何杨,2014)。另外,地区税负引起要素投入的变化也会带动地区产业结构的变动,同样对区域经济增长产生一定的影响作用。考虑到之前要素投入熵值法分析中,技术投入的熵权占比最高,因此上述结论很大原因可能是由于税负提升对技术产生了抑制或挤出效应,从而进一步深化了地区税负对整体要素投入的抑制。

(4)地区税负通过产业结构变动机制影响了区域经济增长,但相较于其他机制影响较为轻微。

通过分析产业结构变动机制,同样可以看到地区税负通过产业结构变动显著促进了区域经济增长,其系数为0.0011且在10%的水平上显著。政府经常通过税收政策的调整来引导产业发展(柳光强等,2015),针对高新技术、绿色新兴产业提供相关税收优惠政策,引导战略性新兴产业的发展壮大(宋丽颖、钟飞,2019)。而税负提升可能会使市场参与者更可能投资于短期见效快、回收期短的项目,挤出投资大、回报期长不定、风险较高的技术投资,而这也可能是地区税负提升会对产业结构调整起到影响作用较小的主要关键点,尤其是对产业结构高级化的影响可能更为显著。

(5)总体而言,地区税负对区域经济增长产生了显著的抑制效应。

继续进行总体分析,可以看到地区税负对区域经济增长的中介效应为负,总效应同样也为负。具体来看,三个机制的中介效应估计值加总后中介系数为-0.438①,且在1%水平上显著。从路径角度看,一方面,地区税负抑制了生产要素的总投入,阻碍了产业结构优化调整,对区域经济增长产生了负面影响;但另一方面,地区税负通过财政支出对要素投入、产业结构产生一定的正向影响,进而促进区域经济增长,但最终不能抵消其他路径对区域经济增长的负面影响。地区税负对区域经济增长影响的总效应是-0.8032,且在5%水平上显著,这说明,地区税负对区域经济增长具有负向影响作用。综合考虑纳入增值税、营业税、企业所得税、个人所得税的模型,可以看到作为流转税主要税种的增值税、营业税对地区税负影响相对较弱,这一结果也与文献研究相似(安体富、岳树民,1999;杨灿明、詹新宇,2016),而其通过地区税负影响区域经济增长的负向影响也低于直接税的企业所得税、个人所得税。

5.4 异质性分析

5.4.1 不同税种的异质性分析

不同税种在征收对象、征管方式上存在明显差异,本书针对不同税种地区税负进行比较分析,考虑到税种影响程度以及地市级的数据可得性,最终选定增值税、营业税、企业所得税和个人所得税为分析税种②。对不同税种的异质性分析既可以进一步深入探析不同税种税负对区域经济增长的中介机制的异质性,又可以验证上文实证分析结果是否稳健。本书直接将各税种税负替换为主要税种税负,构建理论模型(图5.7~图5.10),最终得出不同税种税负影响区域经济增长的各种机制,具体结果如表5.5所示。

---

① 此处表5.4的三个机制中介路径之和(-0.4368)与表5.3中Stata 16软件估计的地区税负对区域经济增长的间接影响(-0.438)估计结果略有差池,但考虑到层层省略带来的损失,可以接受误差存在。考虑到数据可靠性,最终本书选用直接估计值-0.438。

② 由于我国2016年完成了全面"营改增",2017年、2018年营业税数据为0,故此处分析营业税时采用的是2005—2016年的数据。

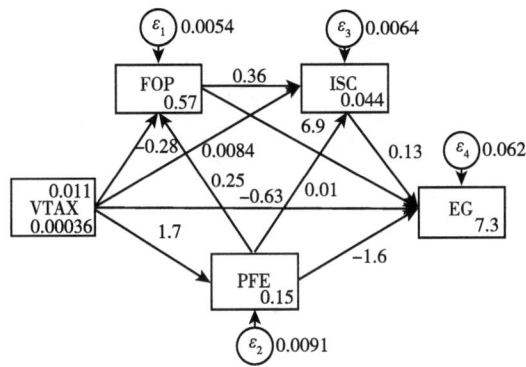

图 5.7　增值税税负影响区域经济增长的理论模型

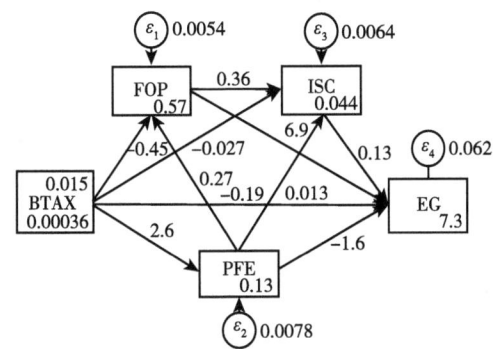

图 5.8　营业税税负影响区域经济增长的理论模型

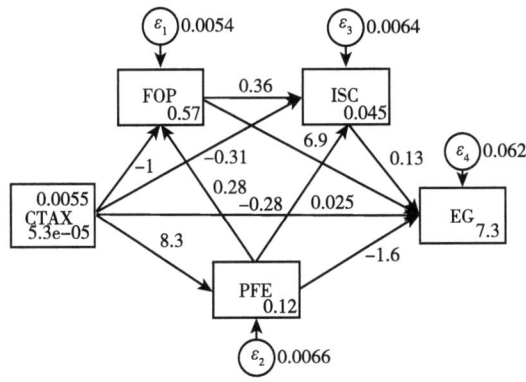

图 5.9　企业所得税税负影响区域经济增长的理论模型

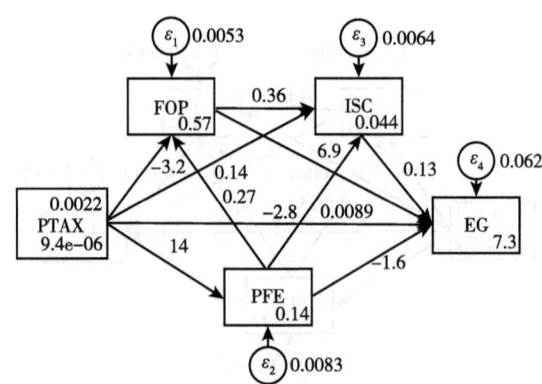

图 5.10 个人所得税税负影响区域经济增长的理论模型

表 5.5 主要税种异质性分析

项目		增值税税负（VTAX）	营业税税负（BTAX）	企业所得税税负（CTAX）	个人所得税税负（PTAX）
模型	RMSEA	0.000	0.000	0.000	0.000
	CFI	1.000	1.000	1.000	1.000
	TLI	1.000	1.000	1.000	1.000
路径1	税负→EG	-0.631***	-0.187	-0.284	-2.807*
路径2	税负→FOP	-0.285***	-0.452***	-1.027***	-3.177***
路径3	税负→ISC	0.008**	-0.028*	-0.313**	0.138**
路径4	税负→PFE	1.730***	2.575***	8.280***	14.179***
路径5	PFE→EG	-1.570***	-1.593***	-1.598***	-1.571***
路径6	PFE→FOP	0.249***	0.273***	0.276***	0.273***
路径7	PFE→ISC	0.010**	0.014*	0.025*	0.009**
路径8	FOP→EG	6.897***	6.903***	6.906***	6.895***
路径9	FOP→ISC	0.363***	0.362***	0.361***	0.363***
路径10	ISC→EG	0.132***	0.131***	0.131***	0.132***
中介路径	中介路径1	-1.966***	-3.120***	-7.092***	-21.905***
	中介路径2	-0.014***	-0.021***	-0.049***	-0.152***
	中介路径3	0.001**	-0.004*	-0.041***	0.018***
	中介路径4	-2.716***	-4.102***	-13.231***	-22.275***
	中介路径5	0.002***	0.005***	0.027***	0.017***
	中介路径6	2.971***	4.853***	15.782***	26.690***
	中介路径7	0.001***	0.001***	0.007***	0.005***
中介效应合计		-1.720***	-2.389***	-4.597***	-17.604***

续表

项目	增值税税负（VTAX）	营业税税负（BTAX）	企业所得税税负（CTAX）	个人所得税税负（PTAX）
直接效应	-0.631***	-0.187	-0.284	-2.807*
总效应	-2.351***	-2.576***	-4.881***	-20.411***

注：中介路径1：TAX→FOP→LPGDP；中介路径2：TAX→FOP→ISC→LPGDP；中介路径3：TAX→ISC→LPGDP；中介路径4：TAX→PFE→LPGDP；中介路径5：TAX→PFE→ISC→LPGDP；中介路径6：TAX→PFE→FOP→LPGDP；中介路径7：TAX→PFE→FOP→ISC→LPGDP。

注：*** 表示在1%水平上显著；** 表示在5%水平上显著；* 表示在10%水平上显著。括号中为普通标准误或稳健标准误。

表5.5中第一部分显示，四个税种影响地区税负的多重中介效应模型的RMSEA值为0.000，均小于0.08，模型设定可以接受；CFI值为1.000，大于0.9；TLI值为1.000，大于0.9。以上指标说明当前结构方程模型与选取的现实数据拟合程度较好，两者可以实现匹配，使用当前设定的模型进行路径分析合理有效。

（1）增值税税负对区域经济增长的中介效应分析。

增值税是我国税制结构中的主要流转税税种，其通过对生产、流通、劳务服务等生产环节产生的价值增值以及附加值部分按比例征收。从表5.5中可以看出，增值税税负影响区域经济增长的要素投入机制的中介效应估计值为-1.980（中介路径1、中介路径2之和），在1%水平上显著，且对应的两条路径（中介路径1、中介路径2）的中介效应均显著为负，这意味着增值税税负对要素投入呈显著负向影响；产业结构变动机制的中介效应估计值为0.001（中介路径3），且在5%水平上显著，究其原因可能是受增值税税负影响，市场生产要素的投入被引导向更为符合市场发展的产业流动；财政支出机制的中介效应估计值为0.258（中介路径4、中介路径5、中介路径6、中介路径7之和），在10%水平上显著，其中除了直接对应区域经济增长的中介路径4值为负，其他三个中介路径均为正向影响。增值税税负对区域经济增长的直接效应为-0.631，且在1%的水平上显著，而总的中介效应值也为负数，这意味着增值税税负既通过中介变量对区域经济增长产生负向影响，也通过自身直接反向影响区域经济的增长。

(2) 营业税税负对区域经济增长的中介效应分析。

营业税是我国现代税制结构中流转税的重要税种之一，它对我国境内提供应税劳务、销售不动产以及转让无形资产产生的营业额按比例征收一定税额。直至2016年我国全面展开"营改增"才逐步退出历史舞台，但是考虑到我们研究的时间区间及其曾在我国税制结构中扮演的"重要角色"，本书还是将其列入了主要税种。从表5.5中可以看出，营业税税负影响区域经济增长的要素投入机制的中介效应估计值为 -3.141（中介路径1、中介路径2之和），在1%水平上显著，且对应的两条路径（中介路径1、中介路径2）的中介效应均显著为负，这意味着营业税税负对要素投入呈显著负向影响；产业结构变动机制的中介效应估计值为 -0.004（中介路径3），且在10%水平上显著，究其原因可能是受营业税影响，抑制了产业结构变动；财政支出机制的中介效应估计值为 0.757（中介路径4、中介路径5、中介路径6、中介路径7之和），在10%水平上显著，其中除了直接对应区域经济增长的中介路径4值为负，其他三个中介路径均为正向影响。营业税税负对区域经济增长的直接效应为 -0.187，其并不显著，但总的中介效应值（-2.576）显著，这意味着营业税税负主要通过中介变量对区域经济增长产生负向影响。

(3) 企业所得税税负对区域经济增长的中介效应分析。

企业所得税是当前税制结构中收入占比最大的直接税，其对我国境内所有企业生产经营活动征收一定比例的税额。从表5.5中可以看出，企业所得税税负影响区域经济增长的要素投入机制的中介效应估计值为 -7.141（中介路径1、中介路径2之和），在1%水平上显著，且对应的两条路径（中介路径1、中介路径2）的中介效应均显著为负，这意味着企业所得税税负对要素投入呈显著负向影响；产业结构变动机制的中介效应估计值为 -0.041（中介路径3），且在5%水平上显著，考虑原因可能是企业所得税抑制了企业转型升级的动力；财政支出机制的中介效应估计值为 2.585（中介路径4、中介路径5、中介路径6、中介路径7之和），在1%水平上显著，其中除了直接对应区域经济增长的中介路径4值为负，其他三个中介路径均为正向影响。企业所得税税负对区域经济增长的直接效应为

−0.284，其并不显著，但总的中介效应值（−4.881）显著，这意味着企业所得税税负主要通过中介变量对区域经济增长产生负向影响。

（4）个人所得税税负对区域经济增长的中介效应分析。

个人所得税是指对一国境内个人所得和境外个人在本国所得按一定比例征收的所得税，其是直接税的重要税种。当前世界很多发达国家的主体税种为个人所得税，但是在我国其收入比重相比增值税、企业所得税还有一定差距，但是对区域经济增长亦有较大影响。个人所得税税负影响区域经济增长的要素投入机制的中介效应估计值为−22.057（中介路径1、中介路径2之和），在1%水平上显著，且对应的两条路径（中介路径1、中介路径2）的中介效应均显著为负，这意味着个人所得税税负对要素投入呈显著负向影响；产业结构变动机制的中介效应估计值为0.018（中介路径3），且在1%水平上显著，即个人所得税能够促进产业结构变动；财政支出机制的中介效应估计值为4.437（中介路径4、中介路径5、中介路径6、中介路径7之和），在1%水平上显著，其中除了直接对应区域经济增长的中介路径4值为负，其他三个中介路径均为正向影响。个人所得税税负对区域经济增长的直接效应和总效应值分别为−2.807、−20.411，且显著，这意味着个人所得税税负主要通过中介变量对区域经济增长产生负向影响，而且其间接影响效应较大。

为了更直观地分析不同税种税负影响区域经济增长的中介机制效应的差异，本书归纳总结了三种机制的直接效应、中介效应和总效应，具体见表5.6。

表5.6　　不同税负影响的比较分析

项目	地区税负（TAX）	增值税税负（VTAX）	营业税税负（BTAX）	企业所得税税负（CTAX）	个人所得税税负（PTAX）
要素投入机制	−1.228***	−1.979***	−3.142***	−7.141***	−22.058***
产业结构变动机制	−0.001*	0.001**	−0.004***	−0.041***	0.018***
财政支出机制	0.789**	0.258***	0.757***	2.585***	4.436***
中介效应	−0.440***	−1.720***	−2.389***	−4.597***	−17.604***
直接效应	−0.437***	−0.631***	−0.187	−0.284	−2.807*
总效应	−0.803***	−2.351***	−2.576***	−4.881***	−20.411***

注：***表示在1%水平上显著；**表示在5%水平上显著；*表示在10%水平上显著。括号中为普通标准误或稳健标准误。

从表 5.6 中可以看出，其中地区税负、增值税税负和个人所得税税负对区域经济增长的直接效应显著，而营业税税负、企业所得税税负的直接效应均不显著，但所有税负的中介效应均显著。首先，从要素投入机制来看，所有类型税负都对区域经济增长产生一定的抑制作用，这意味着降低税负能够促进生产要素的投入和积累，最终达到促进区域经济增长的目的。而从估计系数上看，直接税实施相关税收优惠将会带来更为显著的效果，因为其通过要素投入机制对区域经济增长抑制作用更大。其次，在产业结构变动机制分析框架下，各类型税负的影响方向不同，但各中介效应的系数较小，其中地区税负和企业所得税税负对区域经济增长起到正向作用，而其他类型税负则是抑制了区域经济增长，这可能是由于政府往往通过企业所得税优惠政策引导当地产业发展，或是当地地方政府运用地方税等方式优化产业结构。再次，从财政支出机制看，地区税负和个人所得税税负通过其促进了区域经济增长，但是其他类型税负显著抑制了区域经济增长。最后，从总体中介效应来看，各类型税负对区域经济增长都是起到抑制作用，可能原因在于生产要素对税负变动非常敏感，而且其又是经济增长的根本源泉。综合各方面来看，我国当前情况下，各类型税负对区域经济增长的抑制影响大于促进影响。另外，总体来看，除了个别指标由于税种不同与基准结果略有不同，大部分指标的方向和结果还是契合基准估计结果的，这也验证了基准结果的稳健性。

5.4.2 不同区域的异质性分析

我国国土辽阔，各地区社会、经济、文化以及资源禀赋存在明显差异，虽然实施的是统一的税收制度，但各地在具体实施上仍存在一定差异。本书结合相关文献和国家统计局有关分区文件，将全国分为东部、东北、中部和西部四个区域，通过不同区域的分析比较，探析地区税负影响区域经济增长的异质性，同时进一步验证上文中基准模型的稳健性。此处的理论模型与全国模型相同，仅是样本数据发生了变化。通过分析，结果如表 5.7 所示，其中四大区域的多重中介效应模型 RMSEA 值为 0.000，均小于

0.08，模型设定可以接受；CFI 值为 1.000，大于 0.9；TLI 值为 1.000，大于 0.9。以上指标说明当前结构方程模型与选取的数据拟合程度较好，两者可以实现匹配，使用当前设定模型进行路径分析可以接受。此外，不同区域中介机制系数方向与全国基本一致，而总中介效应均在 1% 水平上显著为正，证明了基准模型的稳健性。

表 5.7　　　　中介效应的区域异质性结果

项目		东部地区	东北地区	中部地区	西部地区
模型	RMSEA	0	0	0	0
	CFI	1	1	1	1
	TLI	1	1	1	1
	N	1190	476	1442	854
	n	85	34	103	61
	T	14	14	14	14
路径 1	TAX→EG	-0.046*	-1.921*	-2.165***	-5.831**
路径 2	TAX→FOP	-0.061*	-0.711***	-0.807***	0.409***
路径 3	TAX→ISC	-0.091	1.233***	0.757	-0.754
路径 4	TAX→PFE	0.012***	11.247***	0.972***	1.343***
路径 5	PFE→EG	1.705***	-1.457***	-3.371***	-0.963***
路径 6	PFE→FOP	1.873***	0.263***	1.222***	-0.035***
路径 7	PFE→ISC	0.977***	-0.099***	0.175**	0.354***
路径 8	FOP→EG	4.288**	7.391***	6.913***	3.825***
路径 9	FOP→ISC	-0.050*	0.276***	0.384***	1.232***
路径 10	ISC→EG	0.951	-0.846***	0.237***	-0.035
中介路径	中介路径 1	-0.263*	-5.255***	-5.579***	1.564***
	中介路径 2	0.003*	0.166***	-0.073***	-0.018***
	中介路径 3	-0.087	-1.043***	0.179	0.026
	中介路径 4	0.020***	-16.387***	-3.277***	-1.293***
	中介路径 5	0.011*	0.942***	0.040***	-0.017***
	中介路径 6	0.096*	21.862***	8.211***	-0.180***
	中介路径 7	-0.001	-0.691***	0.108***	0.002***
中介效应合计		-0.220***	-0.405***	-0.390***	0.085***

续表

项目	东部地区	东北地区	中部地区	西部地区
直接效应	-0.046*	-1.921***	-2.165***	-5.831***
总效应	-0.266*	-2.326***	-2.555***	-5.746***

注：中介路径1：TAX→FOP→LPGDP；中介路径2：TAX→FOP→ISC→LPGDP；中介路径3：TAX→ISC→LPGDP；中介路径4：TAX→PFE→LPGDP；中介路径5：TAX→PFE→ISC→LPGDP；中介路径6：TAX→PFE→FOP→LPGDP；中介路径7：TAX→PFE→FOP→ISC→LPGDP。

注：***表示在1%水平上显著；**表示在5%水平上显著；*表示在10%水平上显著。括号中为普通标准误或稳健标准误。

为了更直观地分析不同地区税负对区域经济增长影响的中介机制差异，结合表5.7和前文中全国结果，笔者整理出了全国和四大区域三种机制的各类效应，具体详见表5.8。首先，从中介效应来看：（1）四大区域的要素投入机制的中介效应绝对值大小呈现中部地区＞西部地区＞东北地区＞东部地区的趋势，其中东部地区、东北地区、中部地区的要素投入机制对区域经济增长产生负向影响，而西部地区的要素投入机制对区域经济增长产生正向影响。（2）有关四大区域的产业结构变动机制，东部地区、东北地区中介影响效应值为负，且在1%的水平上显著，但是中部地区、西部地区的中介效应值为正且不显著，这两个地区的税负对产业结构影响变动是否存在影响还有待进一步分析。（3）四大区域的财政支出机制的中介效应绝对值大小呈现东北地区＞中部地区＞西部地区＞东部地区的态势，而且东部地区和中部地区为显著的正向影响，而东北地区和西部地区为显著的负向影响。（4）地区税负的总中介效应的趋势趋于"西高东低"，但是东北地区的中介效应值是四大区域中最高的，这可能与我国多年来实施的西部大开发战略和近年来实施的"东北老工业基地振兴""中部崛起"等政策存在一定的关系，上述政策的实施为地区税收提供了更多自由裁量空间。其次，从直接效应来看，地区税负对区域经济增长影响更是呈现明显的"西高东低"趋势，可能是基于各区域经济体量、市场参与者对税负的敏感度不同，中西部地区本身经济资源禀赋相较于东部地区存在一定落后，同样基础上投资者更偏好于交通地理位置等要素较好的东部地区。最后，从总效应和直接效应来看，各地区税负对区域经济增长都呈现显著的抑制性影响作用，但是东部地区经济增长受地区税负的抑制效应最小，西部地区则最大。各个地区的差异化主要源自各地区税负的直接效应、要素投入机制和财政支出机制。

表 5.8　　　　全国与分区域直接效应和中介效应的汇总

项目	全国	东部地区	东北地区	中部地区	西部地区
要素投入机制	-1.228***	-0.260***	-5.089***	-5.652***	1.547***
产业结构变动机制	-0.001*	-0.087	-1.043***	0.179	0.026
财政支出机制	0.789*	0.127*	5.727***	5.083***	-1.488***
中介效应	-0.440***	-0.220***	-0.405***	-0.390***	0.085***
直接效应	-0.437*	-0.046*	-1.921*	-2.165***	-5.831**
总效应	-0.803***	-0.266*	-2.326***	-2.555***	-5.746***

注：***表示在1%水平上显著；**表示在5%水平上显著；*表示在10%水平上显著。括号中为普通标准误或稳健标准误。

5.5　本章小结

本章以要素投入、产业结构变动、财政支出为三大中介变量，运用2005—2018年我国283个地市级面板数据，构建了地区税负影响区域经济增长的结构方程多重中介效应模型，并采用因子分析法和熵值法等方法对有关变量进行处理，同时分析了地区税负对区域经济增长的直接效应，以及地区税负通过要素投入机制、产业结构变动机制、财政支出机制三大中介路径对区域经济增长的间接效应，最终分析了地区税负对区域经济增长的总效应。此外本章还在基准模型的基础上，分税种、分区域进一步分析了地区税负对区域经济增长的异质性影响，验证了基准模型的稳健性。主要结论如下：

（1）通过实证分析，从全国样本来看，地区税负通过中介效应和直接效应显著抑制了区域经济增长。首先，从直接效应来看，地区税负对区域经济增长的影响系数为-0.366，且在5%的水平上显著，这意味着地区税负提升将显著抑制区域经济增长。其次，通过分析中介效应机制可知，地区税负主要通过要素投入、财政支出和产业结构变动三大中介效应机制对应的七条中介路径影响区域经济增长,三个机制的中介效应估计值加总后中介系数为 -0.438。具体来看:一是地区税负通过要素投入机制显著抑制了区域经济增长;二是地区税负通过财政支出、产业结构变动机制显著促进了区域经济增长,但产业结构变动机制的影响较为轻微;三是从具体影响效应来看,要素投入中介机制影响在三个中介影响中占据了更为主导的地位,最终导致地区税负对区域经济增长影响的总中介效应为负值。综上所述,地区税负对区域经济增长影响的总效应影响系数为 -0.8032,且在 5% 水平上显著,地区税负对区域经济增长具有显著的负向影响作用。

(2) 从主要税种税负对区域经济增长影响的异质性分析看,各主要税种税负通过中介效应对区域经济增长的抑制影响大于促进影响。具体而言,首先,分析各税种税负对区域经济增长的直接效应发现,只有增值税税负和企业所得税税负对区域经济增长的直接效应显著,而营业税税负、个人所得税税负的直接效应均不显著,但所有税种税负的中介效应均显著。其次,从中介效应来看,各类型税负对区域经济增长都是反向效应,尤其是直接税的抑制作用更为明显。最后,四个主要税种的总效应均为显著的负值,这与基准模型结果类似,各主要税种税负对区域经济增长具有显著抑制作用。

(3) 从分区域地区税负对区域经济增长影响的异质性分析看,各区域地区税负对区域经济增长均呈现显著的抑制性作用,但是东部地区经济增长受地区税负的抑制效应最小,西部地区则最大。具体而言,一是地区税负的总中介效应的趋势趋于"西高东低",但是东北地区的中介效应值是四大区域中最高的,这可能与地区资源禀赋和国家相关扶持政策相关。二是从直接效应来看,地区税负对区域经济增长影响更是呈现明显的"西高东低"趋势,可能是基于各区域经济体量、市场参与者对税负的敏感度不同所引起的。

综上所述,不同地区税负将对区域经济增长产生不同的影响,进而引起区域经济增长不平衡。通过完善国家税收体系,调整区域间税负差异,能够推动我国更好实现区域间的经济均衡增长,结合后续实证分析,本书将在第 8 章给出具体政策建议。

第6章 我国地区税负对区域全要素生产率的效应分析
——基于区域经济增长质量视角

提升全要素生产率是保持区域经济增长可持续的必要条件，也是我国经济转向高质量增长的必由之路，根据熊彼特创新理论，政府实施有效的税收政策对创新行为至关重要，例如，运用税收政策鼓励市场创新，促进全要素生产率的增长。理论上，地区税负的降低能够促进区域内企业加大创新投入，促进技术进步和效率提升，同时对邻近区域产生空间溢出效应，例如若相邻地区税负相对较高，可能造成资源流入税负较低地区；反之亦然。同样，某一区域全要素生产率的提高也会给周边地区带来各种溢出影响，有可能是协同共进，也有可能造成主导统治作用，抑制周边区域的技术进步活动，造成周边区域技术创新发展困难。目前，学术界在关于地区税负的空间外溢效应研究中，大多数文献集中于探讨地区税负对区域经济增长、全要素生产率的空间溢出效应，较少有文献关注地区税负与区域全要素生产率的相互空间溢出效应影响，因此本章将在前文的理论模型基础上，进一步实证探讨地区税负对区域全要素生产率的影响效应。具体的逻辑思路是，在前文的理论基础上，构建动态面板联立方程模型和空间面板联立方程模型，结合基于我国283个地市级数据测算的全要素生产率、地区税负以及相关数据，实证检验地区税负与区域全要素生产率的内生影响效应和空间溢出效应以及两者对区域经济增长不平衡产生的影响。

6.1 数据来源与测算

6.1.1 数据来源

本章数据主要来源与第五章相同,另外考虑到数据一致性,本书将各直辖市及各省份地级市的 GDP、固定资产投资数据进行了平减化处理。为了避免全要素生产率变化的估算不一致,剔除了一些数据严重缺少和行政区域变化较大的城市,例如西藏自治区、海南省所属的各个地级市以及其他省份的个别地级市,例如,海拉尔市、毕节市、铜仁市、海东市等,最终共得到 283 个地级市 14 年的面板数据。另外,考虑到当年的地区税负与当年的全要素生产率间可能存在双向因果关系,导致内生性产生,故模型中地区税负使用滞后一期数据。

6.1.2 区域全要素生产率测算

国内外有许多文献都对全要素生产率的测算进行了详细的论述,主要方法包括增长核算法、索洛余值法以及结合企业数据测算的 OP、LP 方法。针对宏观经济数据,当前大多数文献是采用索洛余值法、随机生产前沿方法以及 DEA 测算法。考虑到索洛余值法的假设要求比较严格,而 DEA 测算法没有明晰的经济学含义,故本书采用能够允许技术无效率存在且考虑了随机因素的前沿生产函数模型计算方法,基于 Kumbhakar(2000)有关全要素生产率变化的具体计算方法,结合超越对数生产函数下的随机前沿生产函数模型,对样本地区期间内的全要素生产增长率进行测算:

$$\ln Y_{it} = \alpha_0 + \alpha_k \ln K_{it} + \alpha_l \ln L_{it} + \alpha_t t + \alpha_{kk}(\ln K_{it})^2 + \alpha_{ll}(\ln L_{it})^2 + \alpha_{tt}t^2 + \alpha_{kl}\ln K_{it}\ln L_{it} + \alpha_{kt}\ln K_{it}t + \alpha_{lt}\ln L_{it}t + v_{it} - u_{it} \quad (6.1)$$

式中,Y_{it} 为以 2000 年为不变价格计算出的各个地区实际 GDP;K_{it} 为以 2000 年为不变价格计算出的各个地区的资本存量;L_{it} 为不变价格计算出的各个地区的劳动力数量；v_{it}为随机误差项；u_{it}为第i个地区第t期的生产无效率。其中，计算时用到的资本存量数据沿用第5章中笔者用永续盘存法计算得出的数据，其他数据来自各类统计年鉴。

结合 Battese 和 Coelli（1992）有关全要素生产率的测算和分解，并借鉴张健华等（2012）、余泳泽（2017）、黄宝敏（2021）的计算方法，区域全要素生产率（DTFP）可定义为

$$DTFP_{it} = TE_{it} + TC_{it} + SE_{it} \qquad (6.2)$$

式中，$DTFP_{it}$为第i地区第t年的全要素生产率；TE_{it}为第i地区第t年的技术效率的改进，其中$TE_{it} = -\mathrm{d}u_{it}/\mathrm{d}_t$；$TC_{it}$为第$i$地区第$t$年的技术进步率，其中$TC_{it} = \sum_j \frac{\ln f(x_{itj}, t)}{\partial t}$；$SE_{it}$为第$i$地区第$t$年的规模效应的改进，则$SE_{it} = (RTS_{it} - 1)\sum_j \lambda_{itj} x_{it}$，其中$RTS_{it}$为投入生产要素$L$、$K$的产出弹性之和，即$RTS_{it} = \sum_j \omega_{itj} = \sum_j \partial \ln f(x_{itj}, t)/(\partial x_{itj}/x_{itj})$，$\omega_{itj}$为第$i$地区第$t$年的生产要素$j$的产出弹性，$\lambda_{itj}$为生产要素的相对产出弹性，即$\lambda_{itj} = \frac{\omega_{itj}}{\sum_j \omega_{itj}} = \omega_{itj}/RTS_{it}$。结合上面分析，本书利用超越对数生产函数的随机前沿生产函数模型可以计算得出技术效率改进（TE_{it}）、技术进步（TC_{it}）和规模效率改进（SE_{it}），进而求得区域全要素生产率。具体计算结果详见附录1。

6.2 模型设定与变量选择

6.2.1 空间面板联立方程模型设定

根据第3章的理论模型分析，全要素生产率和地区税负之间存在多重影响关系，如果采用单方程方法建模容易出现内生性问题。目前研究地区税负与全要素生产率之间内生关系的研究相对较少，而且多是运用单个方程研究相关关系，很难具体描绘出各变量之间的相互作用关系，同时可能

存在内生性问题。空间面板联立方程一方面从空间计量角度出发，基于糅合了空间自回归模型（SAR）和空间误差模型（SEM）共同点的更为一般的带空间自回归误差项的空间自回归模型（SARAR）构建基础模型公式；另一方面结合联立方程模型特点，构建空间面板联立方程组。现代经济计量理论研究指出空间面板联立方程模型既可以有效解决内生性问题，又可以分解出各变量间相互影响的作用机理以及内生变量空间溢出效应。因此，本书借助空间面板联立方程模型，构建同时包含地区税负与区域全要素生产率的空间面板联立方程组，将两者视为彼此的内生变量，分析两者之间的相互作用及空间溢出效应，最终刻画出两者对区域经济增长不平衡的影响。

本书通过构建区域经济增长、全要素生产率和地区税负的空间面板联立方程，来实证考察地区税负对经济增长、全要素生产率的影响效应与作用渠道，并且引入"空间影响"因素，将两者之间的多重影响关系模型化处理，具体形式如下：

$$\begin{cases} DTFP_{it} = \rho_L W_1 DTFP_{it} + \alpha_{T1} TAX_{it} + \alpha_{T2} W_2 TAX_{it} \\ \qquad\qquad + \sum_{k=1}^{k_2} \alpha_k A_{k,it} + o_{Di} + \pi_{Di} + \varepsilon_{Dit} \\ TAX_{it} = \rho_T W_2 TAX_{it} + \beta_{T1} DTFP_{it} + \beta_{T1} W_1 DTFP_{it} \\ \qquad\qquad + \sum_{k=1}^{k_1} \beta_k B_{k,it} + o_{Ti} + \pi_{Ti} + \varepsilon_{Tit} \end{cases} \quad (6.3)$$

式中，$DTFP_{it}$ 为地市级 i 在第 t 年的全要素生产率的对数；TAX_{it} 为地市级 i 在第 t 年的地区税负水平；W_1、W_2 均为所在方程的空间权重矩阵，其可以根据方程的研究对象不同，结合空间影响传导机制单独设定或统一设定；令 $j=\{1,2\}$，$W_j DTFP_{it}$、$W_j TAX_{it}$ 分别为地区税负、全要素生产率的空间滞后项。$A_{k,it}$、$B_{k,it}$ 分别为对地区税负、全要素生产率的外生控制变量；o_{Di}、o_{Ti} 分别为其所在方程的个体效应，均为不可观测的随机变量；π_{Di}、π_{Ti} 分别为其所在方程的时间效应，也是均为不可观测的随机变量；ε_{Dit}、ε_{Tit} 分别为其所在方程的随机误差项，同时其存在空间自相关性，具体可表示为

$$\begin{cases} \varepsilon_{Dit} = \gamma_L W_1 \varepsilon_{Dit} + e_{Dit} \\ \varepsilon_{Tit} = \gamma_T W_2 \varepsilon_{Tit} + e_{Tit} \end{cases} \quad (6.4)$$

式中，$W_1\varepsilon_{Dit}$、$W_2\varepsilon_{Tit}$ 均为所在方程的误差项的空间滞后项；e_{Dit}、e_{Tit} 均为方程的剩余残差，其服从于均值为零且方差有界的正态分布。

6.2.2 变量选择与说明

为了模型的可识别性和估计可靠性，本书根据地区税负、区域全要素生产率的相互作用机制以及空间面板联立方程模型的要求，对各单方程分别选取了相应的内生变量和对应的外生变量。上文中提到的 $A_{k,it}$ 和 $B_{k,it}$ 中必须包含一些有意义的控制变量。现实生活中有关地区税负的影响因素众多，为避免随意选取，本书结合已有文献（Allers & Elhorst，2005；Pda et al.，2007；Wagenaar et al.，2009；Levine，2012）以及考虑到地市级数据可得性选择合适地区税负方程的控制变量。对于全要素生产率方程中的控制变量的选取同样是基于此，结合相关文献（彭国华，2005；Lagos，2006；Klenow，2009；张浩然、衣保中，2012）对其影响因素进行分析和验证并得出相关控制变量。同样，有关地区经济增长方程也是如此，选取的控制变量结合了有关理论文献（Barro，1991；Bradshaw & Smith A，1998；Erick et al.，2017）中的相关内容并且在一定程度上检验可靠。同时，考虑到模型对现实的识别和估计，本书进一步定义了一些工具变量，以提高模型的可靠性。有关变量的具体名称及符号见表6.1。

表 6.1　　模型变量的分类及定义

区域全要素生产率方程				地区税负方程			
变量名称	变量符号	变量性质	变量定义	变量名称	变量符号	变量性质	变量定义
地区税负	TAX	内生变量	每年税收收入/同期GDP	区域全要素生产率	DTFP	内生变量	每年的全要素生产率的对数
地区专利申请数	LNPA	外生变量	每年专利申请数量的对数	非税收入占比	NR	外生变量	窄口径非税收入/财政收入
教育水平	EL	外生变量	高等学校在校生人数/年末总人口	中央财政依赖度	FD	外生变量	（年财政支出－年财政收入）/年财政支出

续表

			区域全要素生产率方程		地区税负方程		
外商投资水平	FDI	外生变量	外商直接投资/同期 GDP	地方政府土地收入	LM	外生变量	房地产开发投资额/同期固定资产投资总额
固定资产投资占比	FI	工具变量	年固定资产总额/同期 GDP				
人口自然增长率	NPGR	工具变量	人口自然增长率				
城市化水平	UR	工具变量	年末城镇人数/年末总人口				
区域经济发展	LPGDP	工具变量	人均实际 GDP 的对数				
市场化率	MD	工具变量	国有企业人数/城镇就业职工总人数				
产业结构	IS	工具变量	第一产业产值/同期 GDP				

注：1. 教育水平指标：由于地市级数据获取难度，很多论文采用地市级数据分析时将这一指标视为人力资本指标，根据人力资本理论，某个地区的人力资本越高，越有利于当地创新水平的提高和技术进步，进而促进地区 TFP 的提升（鲁钊阳等，2012；袁博等，2014）。

2. 非税收入占比指标中的窄口径非税收入是指一般公共预算中的非税收入的总和。

模型中的内生变量为区域全要素生产率（DTFP）和地区税负（TAX），其中区域全要素生产率（DTFP）是用各地市级每年的全要素生产率来表示，它的大小反映了该地市级当年的全要素生产率情况，是衡量一个地区生产技术、生产效率和规模经济的高低，衡量地区经济增长质量的重要指标，也反映了地区经济的可持续增长性，对地区资源配置和使用效率具有重大影响。地区税负定义与第 5 章一致，选取小口径地区税负作为衡量指标。

区域全要素生产率方程的外生变量选取了地区专利申请数（LNPA）、教育水平（EL）和外商投资水平（FDI）。其中有研究表明地区专利申请数对地区 TFP 的提升具有促进作用（袁倩等，2020）；教育水平（EL），尤其是高等教育水平作为提供创新人才的重要途径，能够显著提高技术创新水平，为地区 TFP 的发展提供动力（黄容霞等，2021）；外商投资水平（FDI）往往能带来新的技术和资源，提高当地技术水平和效率，同时带动相关产业的发展，提升规模效应，促进区域全要素生产率的提高（李斌等，2016；李佳、汤毅，2019）。

地区税负方程的外生变量选取了中央财政依赖度（FD）、非税收入占比（NR）和地方政府土地收入（LM）。中央财政依赖度（FD）反映的是地市级政府的财政支出对上级各政府财政转印支付的依赖度，具体用地方财政支出与地方财政收入的差额占财政支出的比率来表示，其大小往往代表地方财政支出缺口大小，支出缺口越大，地方政府提高自身收入的动力可能越大；同时其也是反映地方政府财政压力水平的指标，地方财政压力大小往往影响地方政府税收行为，例如征税努力程度、实际税率水平，进而影响地区税负高低。非税收入占比（NR）反映了地方非税收入的状况，在当前财税体制下其是地方财政收入的重要补充，地方非税税收的多少也会影响到地方政府的税收行为。地方政府土地收入（LM）体现的是当前地方土地财政收入的状况，由于地方政府的土地财政收入与当地的房地产开发具有紧密联系，同时，考虑到地市级数据可得性的限制，本书选取地市级每年的房地产开发投资额与同期固定资产投资总额的比值来表示，其大小能侧面反映地方政府土地财政收入大小，间接测度地方政府土地开发行为，占比越大往往地方政府财政收入越依赖土地开发。具体变量描述性统计如表 6.2 所示。

表 6.2　　　　　　　　　变量的描述性统计

变量	样本量	平均值	标准差	最小值	最大值
TAX	3692	0.0513	0.0561	0.0070	1.8489
DTFP	3692	1.4496	0.7452	0.0417	2.9195
FD	3692	0.5149	0.2491	-3.4461	0.9631
EL	3692	0.0155	0.0209	0.0000	0.1923
FDI	3692	0.0186	0.0228	0.0001	0.3714
FI	3692	0.3471	0.2458	0.0347	3.4518
NR	3692	0.2887	0.1092	0.2399	0.6627

续表

变量	样本量	平均值	标准差	最小值	最大值
LNPA	3692	6.6148	1.7996	1.3863	12.0192
LPGDP	3692	11.2732	0.9138	8.6007	14.3235
NPGR	3692	6.5174	18.8820	−9.2623	11.3696
IS	3692	0.1383	0.0874	0.0003	0.4989
MD	3692	0.4883	0.2030	0.0126	0.9682
LM	3692	0.1490	0.1393	0.0025	3.0317
UR	3692	0.3478	0.2466	0.0347	3.4518

另外，考虑到模型可能存在的内生性等问题，从区域全要素生产率、地方税负的经济意义出发，运用"排他性约束"思路，本书选取固定资产投资占比（FI）、人口自然增长率（NPGR）、城市化水平（UR）、区域经济发展（LPGDP）、市场化率（MD）以及产业结构（IS）等作为模型工具变量，借以保证估计结果的可靠性和有效性。联立方程模型无须像单一方程那样去寻找模型外工作变量来解决可能存在的内生性问题，它本身在设计之初就是为考虑变量之间的内生关系而生的，除了各个方程左边的内生变量，其他变量都可视为工具变量进行估计。当然这也要求工具变量的有效性，即通过相关检验验证其与解释变量相关但与随机扰动项不相关。经过弱工具变量检验结果显示，各工具变量 F 的统计量均大于10，故不存在弱工具变量。另外，因为联立方程模型要求每个方程至少包含一项其他方程没有的外生变量来满足秩条件，同时在这种情况下对工具变量进行过度识别检验，结果显示卡方统计值均小于临界值，因此也可以判定模型选取的外生变量符合要求。具体模型如下所示：

$$\begin{cases} DTFP_{it} = \rho_L W_1 DTFP_{it} + \alpha_{T1} TAX_{it} + \alpha_{T2} W_2 TAX_{it} + \alpha_3 LNPE_{it} + \alpha_4 EL_{it} \\ \qquad + \alpha_5 FDI_{it} + \alpha_6 FI_{it} + \alpha_7 NPGR_{it} + \alpha_8 UR_{it} + \alpha_9 LPGDP_{it} \\ \qquad + \alpha_{10} MD_{it} + \alpha_{11} IS_{it} + o_{Di} + \pi_{Di} + \varepsilon_{Dit} \\ TAX_{it} = \rho_T W_2 TAX_{it} + \beta_{T1} DTFP_{it} + \beta_{T2} W_1 DTFP_{it} + \beta_3 FD_{it} + \beta_4 NR_{it} \\ \qquad + \beta_5 LM_{it} + \beta_6 FI_{it} + \beta_7 NPGR_{it} + \beta_8 UR_{it} + \beta_9 LPGDP_{it} \\ \qquad + \beta_{10} MD_{it} + \beta_{11} IS_{it} + o_{Ti} + \pi_{Ti} + \varepsilon_{Tit} \end{cases} \quad (6.5)$$

6.2.3 模型估计

（1）模型估计方法。

对上述空间面板联立方程模型进行估计时，考虑到面板数据自身以及模型的一些制约因素，可能会遇到以下问题：第一，内生变量 $DTFP_{it}$ 和 TAX_{it} 可能存在联立内生性问题，造成模型出现跨方程的同期相关性问题。第二，变量的空间滞后内生变量可能会产生空间内生性，进而导致相关误差项可能存在空间自相关。第三，对于空间面板数据存在的个体的异质性需要通过去除个体效应进行控制。显然，以上问题的存在都有可能使模型估计不一致，要求在具体操作过程中通过策略方法进行估计。

文献中有关空间面板联立方程模型的估计，主要有三种方法：准极大似然估计法（QML）、工具变量法（IV/GMM）和贝叶斯马尔科夫链蒙特卡罗法（贝叶斯 MCMC）用来估计模型中存在的空间和时间的混合动态性，目前多采用工具变量法（Elhorst，2010；Li & Yu，2014）。本书采用基于工具变量 2SLS 和 GS3SLS 模型进行分析。首先运用 2SLS 进行初步验证，然后借鉴 Kelejian 和 Prucha（2004）提出的 GS3SLS 模型（广义空间三阶段最小二乘法），结合构建的空间面板权重矩阵，对文中面板数据进行估计，其在估计时利用的是空间面板联立方程模型的系统信息，既像 GS2SLS 一样考虑了单方程的内生性、空间相关性，又充分考虑了方程之间的潜在相关性。

具体估计步骤如下：第一，考虑到联立方程的"联立内生性"问题，应将全部解释变量及相应空间滞后项作为模型工具变量，运用 2SLS 得出一致性估计系数。但是考虑到其未涉及扰动项是否存在空间自相关，估计结果可能不是最有效率的，故计算残差 $\hat{u}$，同时进行第二步估计；第二，运用 GMM 估计方法，对第一步中得出的残差 $\hat{u}$ 做空间自回归估计，得出空间自回归系数 $\hat{\rho}$，并用 $\hat{\rho}$ 对方程做"空间 Cochrane - Orcutt 变换"，借此消除扰动项空间自相关，具体操作为回归方程两边变量同时乘以 $(I-\rho M)$（其中，I 为单位矩阵，M 为扰动项空间权重矩阵）；第三，将经过"空间

Cochrane – Orcutt 变换"的各方程重新做 2SLS 估计,最终可由此得到一致、有效的估计系数。

(2) 空间权重矩阵的设定。

开展空间计量分析的首要前提是如何度量研究样本间的空间距离,而空间权重矩阵 W 的设定以及引入是空间计量模型与一般计量模型最大的区别。假设空间数据为 $\{x_i\}_{i=1}^n$,其中,下标 i 代表地区 i;同理,记地区 i、j 之间的距离为 w_{ij},则空间权重矩阵可以被定义为

$$W = \begin{bmatrix} w_{11} & \cdots & w_{1n} \\ \vdots & \ddots & \vdots \\ w_{n1} & \cdots & w_{nn} \end{bmatrix} \tag{6.6}$$

矩阵中的元素 w_{ij} 是用来度量地区 i 和地区 j 的空间距离或邻接关系,这也意味着 w_{ij} 设定的合理与否直接关系到计量模型能否得到可靠性估计结果。目前,学术界常用的设定方法主要有邻接权重矩阵、空间距离权重矩阵、经济权重矩阵(余淼杰,2013)。其中,邻接权重矩阵最早被应用于空间计量模型中,即设定基于是否地理邻接的 0 – 1 权重矩阵,另外,也可根据地区间距离定义相应的相邻关系,进而设定基于地理距离 0 – 1 的权重矩阵。空间距离权重矩阵遵从的是空间效应强度取决于地区间的地理距离的远近,认为空间距离越近则空间效应越强,具体设定形式包括地理距离的倒数、地理距离平方的倒数以及负指数衰减形式。经济权重矩阵的设定通常是以地区某项经济指标(如人均 GDP、进出口差额、外商投资甚至是制度指标等)在地区之间差额绝对值的倒数。考虑到我国区域划分主要是依据地理位置远近,故本书选用基于城市之间地理距离的空间权重矩阵作为实证模型采用的空间距离矩阵,同样考虑到空间溢出效应常常会随着地理距离的疏远而衰减,所以在实证过程中采用基于地理距离倒数形式的权重矩阵,空间权重矩阵的具体设定如下:

$$W_{ij} = \begin{cases} \dfrac{1}{d_{ij}}; \text{当 } i \neq j \\ 0, \text{当 } i = j \end{cases} \tag{6.7}$$

式中,d 为地理距离阈值,其根据 GeoDal.12 软件设置的默认最小值;

(弧度距离)来设定;d_{ij}为地区i与地区j之间的地理空间距离,本书基于各地市级的经纬度数据①计算得出。

6.3 实证检验

6.3.1 数据相关检验

(1) 面板数据平稳性检验。

考虑到面板数据由于可能存在非平稳性等原因造成伪回归,为避免此类情况出现和保证结果的有效性和无偏性,本书对面板数据进行平稳性检验。考虑到 LLC 检验要求是长面板数据,而且其与 HT 检验、Breitung 检验要求每个个体的自回归系数 δ 相等,这在实践中要求过强,本书最终选用相同根统计量 HT 检验、Breitung 检验、不同根统计量 IPS 检验、PP – Fisher 检验、ADF – Fisher 检验和 Hadri LM 检验来进行面板单位根检验,通过表 6.3 可以发现不同检验方法下的检验结果并非完全一致。其中在 IPS 检验、PP – Fisher 检验和 ADF – Fisher 检验的统计量下,有个别变量无法通过单位根检验,但是在 Hadri LM 统计量下,所有变量的单位根检验均在 1% 的显著性水平下拒绝"存在单位根"的原假设,从而认为其可以通过检验。因此可以认定本书中所用面板数据是平稳的,可以进行下一步回归分析。

表 6.3 面板单位根检验结果

变量	统计量						检验结果
	HT 检验	Breitung 检验	IPS 检验	PP – Fisher 检验	ADF – Fisher 检验	Hadri LM 检验	
DTFP	0.032***	-18.082***	-2.678	1861.476***	1423.191***	15.321***	平稳
TAX	-0.021***	-18.330***	-3.524***	2413.707***	874.226***	19.400***	平稳
LNPA	0.697***	0.7632	-1.577	859.959***	1249.024***	18.042***	平稳

---

① 数据来自 NFGIS(国家基础地理信息系统),经 Arc GIS 软件提取而得。

续表

变量	统计量						检验结果
	HT检验	Breitung检验	IPS检验	PP-Fisher检验	ADF-Fisher检验	Hadri LM检验	
EL	-0.100***	-37.615***	-3.317***	2411.404***	502.698	17.371***	平稳
HC	0.775	4.242	-1.410	718.312***	1113.417***	19.992***	平稳
FS	0.493***	-5.345***	-1.575*	700.133***	1581.062***	12.298***	平稳
UR	0.183***	-8.615***	-1.844	1041.398***	1282.522***	15.133***	平稳
LPGDP	0.551***	-1.168	-1.398	692.086***	905.617***	19.576***	平稳
FD	0.219***	-9.952***	-1.883***	1082.498***	1331.270***	15.722***	平稳
LM	0.509***	-3.862***	-1.621**	1376.468***	703.438***	11.471***	平稳
NPGR	-0.072***	-26.516***	-3.054***	2483.046***	1750.553***	13.377***	平稳
FDI	0.447***	1.699	-2.091**	1479.887***	1382.970***	19.039***	平稳
FI	0.012***	-9.938***	-2.007***	1182.387***	996.296***	18.636***	平稳
IS	0.769	12.021	-1.799*	1541.967***	1414.278***	21.104***	平稳
MD	0.528***	-6.967***	-1.607	834.174***	1126.954***	16.956***	平稳

注：检验中仅包含截距项；＊＊＊为通过1%水平上的显著性检验，＊＊为通过5%水平上的显著性检验，＊为通过10%水平上的显著性检验。

（2）空间相关性检验。

空间相关性是指不同地区的事务或事实在空间上相互依赖、相互影响、相互作用和相互制约，根据模型的具体研究对象的不同反映出相应的地理属性、经济属性、技术属性等。是否使用空间计量方法的前提在于确定考察数据是否存在空间相关性。学术界有关空间相关性的度量方法很多，其中最为常用和流行的是全局 Moran's I 指数（Moran，1950）。其计算公式定义如下：

$$I = \frac{\sum_{i=1}^{n}\sum_{j=1}^{n} w_{ij}(x_i - \bar{x})(x_j - \bar{x})}{S^2 \sum_{i=1}^{n}\sum_{j=1}^{n} w_{ij}} \tag{6.8}$$

式中，$S^2 = \frac{\sum_{i=1}^{n}(x_i - \bar{x})^2}{n}$ 为数据样本方差；w_{ij} 为空间权重矩阵中的区

域 i 与区域 j 之间的距离；$\sum_{i=1}^{n}\sum_{j=1}^{n}w_{ij}$ 为所有空间权重矩阵的和。

使用 Moran's I 指数对 2005—2018 年我国 283 个地市级的全要素生产率、地区税负和地区经济增长分别按年进行空间相关性检验，结果如表 6.4 所示。从表 6.4 中可知，区域全要素生产率和地区税负的 Moran's I 的取值均大于 0，且都在 1% 的水平上显著，说明我国地市级之间的全要素生产率、地区税负具有较强的空间相关性，同时检验了其他影响因素，本书在附录 2 中详细列明了 Moran's I 指数的具体计算。

表 6.4　　　　DTFP、TAX 的 Moran's I 指数计算结果

年份	DTFP		TAX	
	Moran's I	P 值	Moran's I	P 值
2005	0.098	0.000	0.080	0.001
2006	0.098	0.000	0.081	0.000
2007	0.096	0.000	0.072	0.000
2008	0.094	0.000	0.075	0.000
2009	0.094	0.000	0.077	0.000
2010	0.095	0.000	0.089	0.000
2011	0.092	0.001	0.082	0.000
2012	0.091	0.000	0.082	0.000
2013	0.091	0.000	0.078	0.000
2014	0.087	0.003	0.072	0.000
2015	0.088	0.007	0.150	0.000
2016	0.084	0.002	0.086	0.000
2017	0.085	0.000	0.082	0.000
2018	0.083	0.001	0.086	0.000

此外，通过绘出 Moran's I 指数散点图可以明显看出各年的大多数点集中落在第一、第三象限内（鉴于篇幅有限，本书仅列出 2005 年、2012 年和 2018 年 DTFP、TAX 的 Moran's I 指数散点图，具体见图 6.1~图 6.6），而散点图第一象限表示各地市之间呈现"高高"的空间分布趋势，第三象限代表的是"低低集聚"的空间趋势，而且地区间距离越近，这种相互影

响的趋势越强烈。这进一步证明了空间相关性是分析区域全要素生产率和地区税负相互关系的重要因素,应将其纳入具体的模型实证分析中,避免其缺失可能带来的估计结果有偏差。

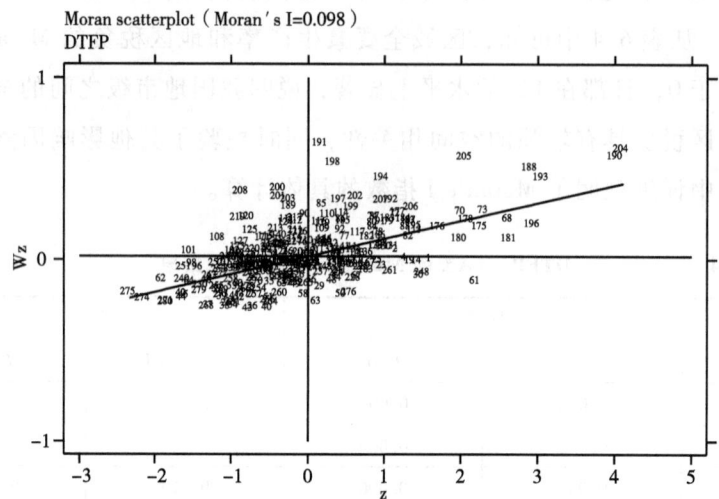

图 6.1　2005 年 DTFP 的 Moran's I 指数散点图

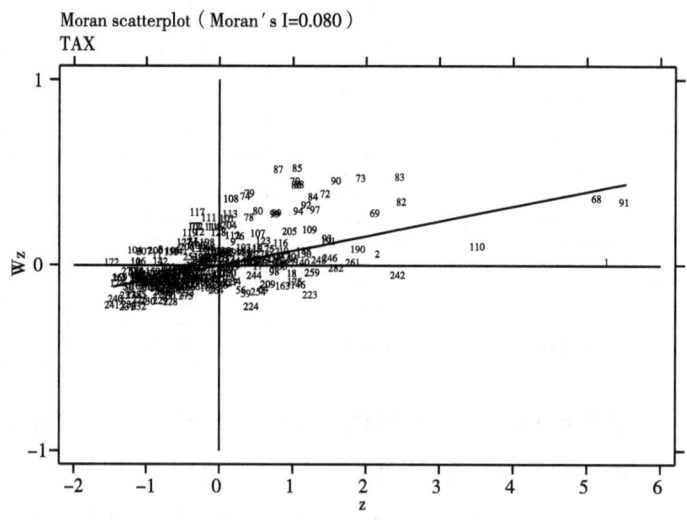

图 6.2　2005 年 TAX 的 Moran's I 指数散点图

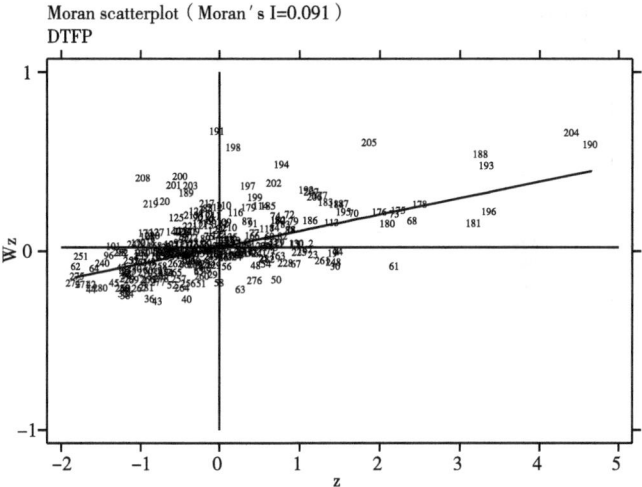

图 6.3 2012 年 DTFP 的 Moran's I 指数散点图

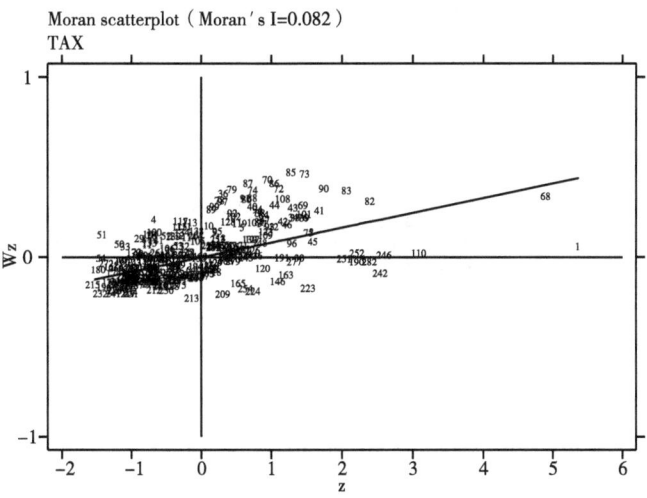

图 6.4 2012 年 TAX 的 Moran's I 指数散点图

6.3.2 模型估计结果及分析

考虑到如果忽视空间联立方程模型单方程可能存在的同期相关性会对模型估计准确产生影响，本书将运用 GS3SLS（空间误差分量三阶段最小二

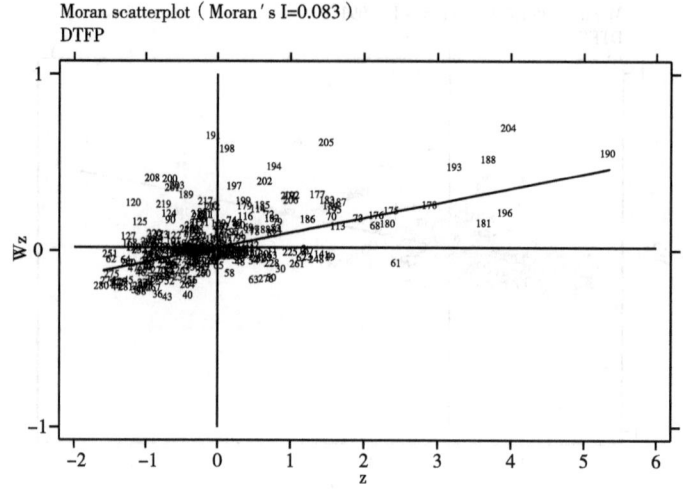

图 6.5　2018 年 DTFP 的 Moran's I 指数散点图

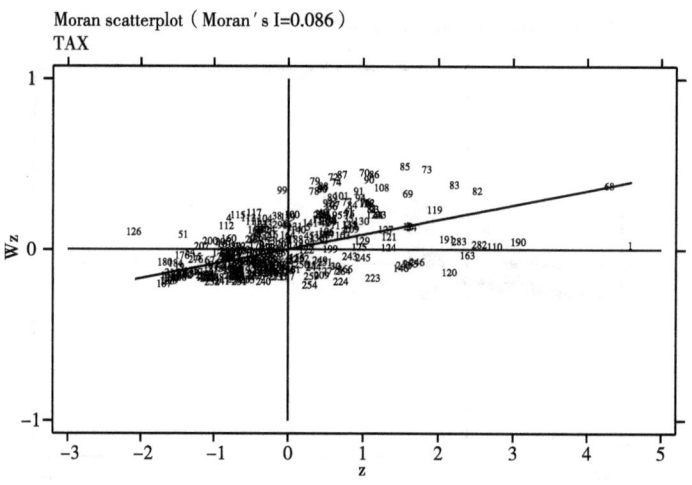

图 6.6　2018 年 TAX 的 Moran's I 指数散点图

乘估计方法）和 GS2SLS（空间误差分量两阶段最小二乘估计方法）对模型进行估计分析、对比；同时为更好地探析区域间因空间相关性可能带来的空间溢出效应，本书还将通过建立普通面板 3SLS（三阶段最小二乘法）和动态面板 3SLS，通过设不设定空间权重两种情形，进行估计分析。在进行空间联立方程模型回归之前，需要对模型系统中的各个单方程适合固定效应还是随机效应进行检验,同时需对整体方程系统的效应类型进行判断。空间联立方程模型的固定效应是指区域个体效应μ_j和解释变量矩阵之间是相关的;反之,如果两者不相关则为随机效应。基于此本书对空间面板联立方程模型和普通面板联立方程模型中的单方程进行了 Hausman 检验,得出具体结果,详见表 6.5。

表 6.5　　　　　　　　固定或随机效应检验结果

方程	空间面板联立方程模型			普通面板联立方程模型		
	统计量	P 值	效应	统计量	P 值	效应
地区税负方程	1.493	0.737	随机效应	1.26	0.837	随机效应
区域全要素生产率方程	4.765	0.610	随机效应	16.71	0.000	固定效应
系统联立方程	—	—	随机效应	—	—	固定/随机效应

基于以上分析,本书采用了 GS3SLS、GS2SLS、动态面板 3SLS 和普通面板 3SLS 四种方法基于全样本对区域全要素生产率和地区税负之间的相互内生影响和空间溢出效应进行估计分析,同样考虑到我国国土面积广、地理空间差异较大,本书也对分区域的子样本进行了同样的估计分析,以揭示不同地区税负对区域全要素生产率的影响。

(1) 全国样本分析结果。

本书对于普通面板 3SLS 和动态面板联立方程 3SLS 估计后,又对模型残差进行相关性检验,发现模型残差具有空间自相关性。进一步测算,通过运用 GS3SLS、GS2SLS 进行空间面板联立方程模型估计,得出模型残差进行检验发现已经不存在空间自相关,由此可见是否考虑模型空间相关性对于模型估计具有重大影响,同时通过估计结果可以看出,空间面板联立方程的空间滞后项系数大部分十分显著,再次说明区域全要素生产率和地区税负由于空间相关性而有显著的空间溢出效应。比较 GS3SLS、GS2SLS 两种估计结果,同时考虑到空间面板联立方程模型各单方程之间可能存在的同期相关性,综合考察发现 GS3SLS 能够从整体模型出发,同时考虑到模型中各个单方程的拟合，相对拟合优度高于 GS2SLS。下文主要针对 GS3SLS 的估计结果进行分析。

从全要素生产率方程来看（见表 6.6）：①从空间滞后项估计结果可以得出，首先，全要素生产率的空间滞后项系数在 1% 水平上显著，系数为正值，表明各地市的全要素生产率存在正的外部性，即其区域空间相关性能使某地市级的全要素生产率受到周边全要素生产率较好的地区的推动和提升。其次，地区税负的空间滞后系数在 10% 水平上显著，系数为负值，表明各地市的税负存在负的外部性，即其区域空间相关性能使某地市级的区域全要素生产率受到周边地区税负变化的影响，周边税负降低将推动和提升本区域全要素生产率。②从内生变量估计结果可以得出，地区税负的系数估计值显著性较高，在 1% 的水平上显著，具体系数值为 -0.825，这意味着各地市的税负水平对区域全要素生产率有显著的负向影响作用，这一结论与其他文献研究结果相符，而且从下面的实证结果中可以看到，考虑了空间因素后，估计得出的地区税负对区域全要素生产率影响的负效应进一步加强，可以猜想是由于区域位置不同带来的不同估计结果，因此本书后续将进一步实施分区域的异质性分析。③从外生变量估计结果可以得出，地区专利申请数的系数（0.010）、教育水平的系数（0.136）分别在 1% 和 10% 水平上显著为正，这说明它们与区域全要素生产率息息相关，而且是促进区域全要素生产率提升和发展的潜在重要因素；外商投资水平对全要素生产率影响不显著。④从工具变量估计结果来看，固定资产投资占比、区域经济发展的估计系数为正，产业结构、市场化率的系数为负，且都显著，其中固定资产投资占比和产业结构估计结果与之前文献研究相符，市场化率提升反而影响到区域全要素生产率的提升，猜想是因为现有市场存在的国有企业多是规模大、财力雄厚且拥有政府保护的，创新积极性和可持续性较强，而在现有环境下，私营企业改善技术、提升效率面临的成本高，因而出现目前结果。总体来看，各地市的区域全要素生产率水平的变化主要受自身因素的影响，周边地市虽然会对其产生一定正向影响，但促进作用有限。

表 6.6　　　　　　　　全国样本联立方程模型的估计结果

变量	GS3SLS	GS2SLS	变量	动态面板 3SLS	普通面板 3SLS
全要素生产率方程（DTFP）					
W·DTFP	0.142*** (3.41)	0.111* (6.50)	L.DTFP	0.215*** (12.31)	—
W·TAX	-0.067* (-1.14)	—	L.TAX	—	—
TAX	-0.825*** (-6.11)	-0.756*** (-3.79)	TAX	-0.529*** (-3.44)	-0.750*** (-4.78)
LNPA	0.010*** (5.78)	0.012*** (3.52)	LNPA	0.008*** (5.03)	0.011*** (6.59)
EL	0.136* (1.27)	0.2173* (0.80)	EL	-0.0372 (-0.36)	0.217** (2.1)
FDI	0.137 (1.33)	0.125* (0.97)	FDI	-0.1888* (-1.84)	0.289*** (2.93)
FI	0.065*** (7.47)	0.062*** (4.19)	FI	0.051*** (5.25)	0.058*** (6.01)
NPGR	0.0014*** (2.74)	-0.0006 (-0.84)	NPGR	0.0009** (2.04)	0.00019 (0.42)
UR	0.003 (0.97)	0.006 (0.58)	UR	0.009*** (7.41)	0.011*** (5.59)
LPGDP	-0.017*** (-4.32)	-0.014*** (-4.55)	LPGDP	-0.016*** (-5.06)	-0.019*** (-4.44)
MD	-0.028** (-2.08)	-0.026* (-1.45)	MD	-0.010 (-0.78)	-0.044*** (-3.32)
IS	-0.225*** (-7.22)	-0.185*** (-2.35)	IS	-0.1626 (-5.12)	-0.175*** (-5.58)
截距	0.089*** (62.19)	0.092*** (36.41)	截距	0.071*** (35.08)	0.092*** (79.72)
Moran'I	0.045***	0.065***	—	—	—
R^2	0.9867	0.7762	R^2	0.3019	0.4011
地区税负方程（TAX）					
W·TAX	0.029*** (2.99)	0.020* (1.72)	L.DTFP	—	—
W·DTFP	-0.049** (-2.36)	—	L.TAX	0.085*** (9.97)	—

续表

变量	GS3SLS	GS2SLS	变量	动态面板3SLS	普通面板3SLS
地区税负方程（TAX）					
DTFP	-0.131*** (-6.69)	-0.093*** (-2.48)	DTFP	-0.034* (-1.64)	0.223** (1.94)
FD	-0.017*** (-3.00)	-0.018*** (-3.11)	FD	-0.045*** (-14.32)	-0.046*** (-8.11)
NR	-0.085** (-6.36)	-0.066*** (-7.81)	IS	-0.073*** (-4.61)	-0.059* (-8.17)
LM	0.072*** (7.54)	0.078*** (7.65)	LM	0.050*** (13.4)	0.046*** (7.46)
FI	0.072*** (49.26)	0.072*** (45.87)	FI	0.064*** (60.29)	0.059*** (32.19)
NPGR	0.001 (1.94)	-0.001 (-0.84)	NPGR	0.001 (3.09)	0.003 (1.42)
UR	0.007 (0.97)	0.004 (0.58)	UR	0.018*** (7.41)	0.033*** (5.59)
LPGDP	-0.013*** (-5.86)	-0.011*** (-4.95)	LPGDP	-0.009*** (-6.06)	-0.015*** (-3.44)
MD	-0.011* (-1.8)	-0.010 (-1.57)	MD	0.002 (0.47)	0.005 (0.78)
IS	-0.073** (-2.33)	-0.059*** (-1.82)	IS	-0.054*** (-5.65)	-0.031* (-1.87)
_cons	0.267*** (10.09)	0.216*** (6.26)	_cons	0.145*** (9.53)	-0.035* (-0.47)
Moran'I	0.0031***	0.0026**	—	—	—
R^2 Adj	0.9886	0.7372	R^2	0.6079	0.2828

注：***、**、*分别表示对应系数在1%、5%、10%水平通过了显著性检验；括号中的数据为 t 值。

从地区税负方程来看：①从空间滞后项估计结果可以得出，首先，地区税负的空间滞后项系数在1%的水平上显著为正，意味着某地市的地区税负水平将受到周边地区的正向影响作用，说明当周边地区税负降低或增加时，本地区的税负也将受到影响降低或增加，从而印证了地区税负影响效应空间扩散效应的存在。由于对当前结果是针对全国样本而言的，考虑到我国疆域面积广阔，相关结果可能因为区域样本不同而发生变化。因为受地区地理位置、交通情况等条件的干扰，地区税负影响效应空间扩散的情况需要综合考虑到其内外部环境差异对其形成的空间异质性影响，地区的异质性将影响到税负的对外扩散能力、外来影响吸纳能力以及实际传播阻力损耗等，因此本书将在后续继续分区域进一步分析验证各地区差异化下的情况。其次，区域全要素生产率的空间滞后项系数在5%的水平上显著为负，意味着某地市的地区税负水平将受到周边区域全要素生产率的负向影响作用，当周边区域全要素生产率提升时，本地区的税负也将受到影响降低，反之亦然，从而证明了区域全要素生产率对地区税负的空间影响效应。②从外生变量估计结果可以看出，中央财政依赖度、非税收入占比的系数分别在1%和5%的水平上显著为负，说明其对各个地市级的税负水平是负向影响作用；而地方政府土地收入的系数在1%的水平上显著为正，意味着其对各个地市级的税负水平是正向影响作用。以上三者都是现实中影响地区税负的潜在重要因素。③从工具变量估计结果可以得出，固定资产投资占比的系数在1%的水平上显著为负，产业结构、市场化率的系数分别在10%、1%的水平上显著为正，与之前文献研究相符。总体来看，各地市税负水平的变化主要还是依赖自身因素的影响，但是周边城市的税负和全要素生产率的空间溢出效应也会对其产生一定的影响。

在进行空间面板联立模型GS3SLS估计的同时，本书运用同样在异方差情况下有效的GS2SLS估计对地区税负（TAX_{it}）进行了空间自回归估计，得到方程空间自回归量$\hat{v}$，如果$\hat{v}$显著且>0时，表明地市级地方政府税收行为与邻近地市级相互模仿；若$\hat{v}$显著且<0时，表明地市级地方政府采取差异化的税收行为；若$\hat{v}$不显著，表明地市级地方政府采取独立的税收行为。以上三种策略互动形式与空间面板联立方程估计结果可构成九种组合，依次为模仿（差异/独立）抑制、模仿（差异/独立）促进、模仿（差异/独立）无效。从全国样本GS3SLS可以看出，地区间基本是采用相互模仿促进的税收政策，但是分地区看不尽相同，具体详见表6.7、表6.8。首先，东部地区的地区税负的系数为负值且不显著，表示东部地区地方政府采取独立的税收行为，且全要素生产率的估计系数显著为正，说明地方独立的税收政策抑制了当地全要素生产率的提升。其次，就东北地区而言，

地区税负的系数为正值且显著,表示东北地区地方政府采取相互模仿的税收行为,且全要素生产率的估计系数不显著,说明东北地区的相互模仿税收政策存在模仿无效的行为,即区域地方政府可能存在"逐底竞争"。最后,中部地区和西部地区的地市级地方政府的税收行为为模仿抑制行为,且全要素生产率的估计系数显著为正,说明地方独立的税收政策抑制了当地全要素生产率的提升。

(2)分区域样本分析结果。

本书继续通过分地区的样本分析,进一步探索区域全要素生产率和地区税负之间的关系,同时对空间面板联立方程的模型结果进行稳健性检验,了解各个地区不同的情况。首先,根据前文四大区域划分标准,本章对各个区域的地理空间矩阵按照相应的空间关系重新设定;其次,同样需要针对各区域子样本数据进行一系列的检验①,再采用 GS3SLS、GS2SLS 和动态面板 3SLS、普通面板 3SLS 四种方法对四大区域的样本数据进行估计分析②,模型估计结果具体如表 6.7、表 6.8 所示。

表 6.7　　　　　分地区样本联立方程模型的估计结果 1

东部地区				东北地区			
GS3SLS		动态面板 3SLS		GS3SLS		动态面板 3SLS	
全要素生产率方程（DTFP）							
W·DTFP	-0.338* (-0.34)	L.DTFP	-0.055** (-1.97)	W·DTFP	-0.333*** (-2.36)	L.DTFP	0.352*** (5.88)
W·TAX	3.333 (0.25)	L.TAX	—	W·TAX	2.032*** (4.75)	L.TAX	—
TAX	-0.061** (-0.27)	TAX	-0.327* (-0.27)	TAX	-0.208 (-0.85)	TAX	-0.989 (-3.58)
LNPA	0.099** (2.1)	LNPA	0.049*** (4.83)	LNPA	-0.004 (-0.67)	LNPA	0.004 (0.61)

① 篇幅有限,未给出相关检验结果,具体流程类似于全国样本。
② 篇幅有限,仅列示 GS3SLS 和动态面板 3SLS 的结果。

续表

东部地区				东北地区			
GS3SLS		动态面板 3SLS		GS3SLS		动态面板 3SLS	
全要素生产率方程（DTFP）							
EL	0.152 (0.82)	EL	0.00601 (-0.02)	EL	0.948* (1.71)	EL	0.665 (1.14)
FDI	-0.137 (-0.72)	FDI	-0.350 (-1.45)	FDI	0.017 (0.09)	FDI	-0.071 (-0.36)
FI	-0.002 (-11.31)	FI	-0.005 (-1.43)	FI	-0.009 (31.06)	FI	-0.009 (27.31)
NPGR	-0.002** (-1.81)	NPGR	0.002** (2.09)	NPGR	0.001 (0.55)	NPGR	-0.002 (-1.21)
UR	0.115 (4.52)	UR	0.149 (0.56)	UR	0.083 (3.3)	UR	0.099 (4.20)
LPGDP	0.032*** (1.28)	LPGDP	0.033*** (1.17)	LPGDP	0.027*** (6.11)	LPGDP	0.026*** (5.79)
MD	-0.116*** (-3.99)	MD	-0.237*** (-4.79)	MD	0.002 (0.051)	MD	0.029 (0.9)
IS	-0.028 (-0.28)	IS	0.166 (0.63)	IS	-0.060*** (-0.11)	IS	0.021 (0.4)
_cons	0.097*** (2.79)	_cons	0.789*** (12.52)	_cons	0.973*** (23.99)	_cons	0.537*** (7.9)
地区税负方程（TAX）							
W·TAX	-0.623 (-0.92)	L.DTFP	—	W·TAX	0.096 (0.67)	L.DTFP	—
W.TFP	0.021* (0.41)	L.TAX	0.009** (1.93)	W.TFP	0.129*** (2.88)	L.TAX	0.031** (2.33)
DTFP	0.582** (1.24)	DTFP	0.102*** (4.11)	DTFP	0.053 (1.87)	DTFP	0.014*** (0.26)
FD	-0.02*** (-0.22)	FD	-0.029*** (-3.22)	FD	-0.004 (-0.79)	FD	-0.00137 (-0.26)

续表

	东部地区				东北地区		
	GS3SLS		动态面板 3SLS		GS3SLS		动态面板 3SLS
地区税负方程（TAX）							
NR	-0.002* (-1.25)	NR	-0.002* (-2.31)	NR	-0.039*** (-3.41)	NR	-0.041*** (-3.79)
LM	0.016*** (1.76)	LM	0.010** (2.58)	LM	0.168*** (8.97)	LM	0.147*** (7.00)
FI	0.001 (0.963)	FI	0.006 (1.33)	FI	0.085*** (61.06)	FI	0.085*** (47.51)
NPGR	-0.002** (-1.81)	NPGR	0.002** (2.09)	NPGR	0.001 (0.55)	NPGR	-0.002 (-1.21)
UR	0.01*** (4.52)	UR	-0.001 (-0.56)	UR	0.036*** (3.3)	UR	0.051*** (4.20)
LPGDP	-0.005 (0.278)	LPGDP	0.004** (3.11)	LPGDP	-0.013*** (-4.4)	LPGDP	-0.015*** (-3.79)
MD	0.037** (0.019)	MD	0.038*** (7.05)	MD	0.009 (0.9)	MD	0.023** (2.36)
IS	-0.073 (0.222)	IS	0.034 (1.00)	IS	0.016 (0.62)	IS	0.049* (1.84)
_cons	0.038*** (0.578)	_cons	-0.095*** (-3.22)	_cons	0.028* (0.75)	_cons	0.096** (2.37)
Moran'I	0.0709***	—	—	Moran'I	0.1669	—	—
R^2 Adj	0.9879	R^2	0.4120	R^2 Adj	0.9936	R^2	0.3192

注：***、**、*分别表示对应系数在1%、5%、10%水平通过了显著性检验；括号中的数据为 t 值。

表6.8　分地区样本联立方程模型的估计结果2

	中部地区				西部地区		
	GS3SLS		动态面板 3SLS		GS3SLS		动态面板 3SLS
全要素生产率方程（DTFP）							
W·DTFP	0.289*** (6.03)	L.DTFP	0.009* (0.45)	W·DTFP	0.292*** (3.45)	L.DTFP	0.212*** (5.15)

续表

中部地区			西部地区		
GS3SLS		动态面板 3SLS	GS3SLS		动态面板 3SLS
全要素生产率方程（DTFP）					
W·TAX	-1.420 (-1.59)	L.TAX	—	W·TAX	-4.910** (-2.72)	L.TAX	—
TAX	-0.557 (-2.14)	TAX	-0.485* (-1.6)	TAX	-1.186*** (-3.89)	TAX	-1.364* (-1.89)
LNPA	0.012*** (3.56)	LNPA	0.027*** (6.13)	LNPA	0.013*** (3.47)	LNPA	0.018*** (2.77)
EL	-0.06343 (-0.36)	EL	0.101 (0.33)	EL	-0.330 (-1.14)	EL	0.689 (0.79)
FDI	0.241* (1.59)	FDI	0.147 (1.07)	FDI	0.274 (0.65)	FDI	0.23313 (0.38)
FI	0.027*** (3.00)	FI	0.013* (1.49)	FI	0.048*** (3.59)	FI	-0.01235 (-0.6)
NPGR	0.002** (2.27)	NPGR	0.001 (0.62)	NPGR	0.001 (0.59)	NPGR	0.003* (1.61)
UR	0.006 (2.34)	UR	0.007 (5.61)	UR	0.013 (3.93)	UR	0.014 (2.81)
LPGDP	0.131** (9.36)	LPGDP	0.112*** (5.17)	LPGDP	0.145** (5.37)	LPGDP	0.129** (6.47)
MD	0.003 (0.0001)	MD	-0.021 (-0.89)	MD	6.61E-03 (0.24)	MD	-0.081** (-2.27)
IS	-0.001*** (-2.83)	IS	-0.562*** (-4.05)	IS	-0.286*** (-5.05)	IS	-0.327** (-2.19)
_cons	0.757*** (0.001)	_cons	0.862*** (20.22)	_cons	0.928*** (3.29E+01)	_cons	0.654*** (9.94)
地区税负方程（TAX）					
W·TAX	1.394*** (9.82)	L.DTFP	—	W·TAX	1.34*** (4.27)	L.DTFP	—
W.TFP	-0.004*** (-5.37)	L.TAX	0.575*** (18.72)	W.TFP	-0.003** (-2.39)	L.TAX	0.553*** (16.38)

续表

	中部地区			西部地区		
	GS3SLS		动态面板 3SLS	GS3SLS		动态面板 3SLS
地区税负方程（TAX）						
DTFP	0.008 (0.48)	DTFP	0.112* (2.64)	DTFP	-0.095*** (-6.21)	DTFP	-0.020*** (-1.29)
FD	-0.063*** (-11.59)	FD	-0.050*** (-8.6)	FD	-0.062*** (-12.85)	FD	-0.003 (-0.72)
NR	-0.142* (-3.26)	NR	-0.167* (-5.11)	NR	-0.189*** (-4.91)	NR	-0.171*** (-6.79)
LM	0.028*** (4.9)	LM	0.018*** (1.89)	LM	0.057*** (8.76)	LM	0.008* (1.8)
FI	0.018*** (15.9)	FI	0.002 (1.5)	FI	0.024*** (11.85)	FI	0.007*** (4.28)
NPGR	0.003 (1.21)	NPGR	0.003 (1.79)	NPGR	0.006 (1.59)	NPGR	0.005 (1.01)
UR	-0.00296 (-1.24)	UR	0.004 (0.91)	UR	-0.011*** (-3.91)	UR	-0.010** (-1.98)
LPGDP	-0.011*** (-8.32)	LPGDP	-0.008*** (-4.15)	LPGDP	-0.006*** (-3.17)	LPGDP	0.001 (0.41)
MD	0.010*** (3.53)	MD	0.001 (0.4)	MD	0.006 (1.59)	MD	0.005 (1.61)
IS	-0.069*** (-7.42)	IS	0.012 (0.37)	IS	-0.033*** (-2.76)	IS	0.022 (1.6)
_cons	0.165*** (13.84)	_cons	0.013* (0.38)	_cons	0.203*** (12.9)	_cons	0.034*** (2.83)
Moran'I	0.0217***	—	—	Moran'I	0.0196**	—	—
R^2 Adj	0.9887	R^2	0.4120	R^2 Adj	0.9888	R^2	0.4291

注：***、**、*分别表示对应系数在1%、5%、10%水平通过了显著性检验；括号中的数据为 t 值。

从区域全要素生产率和地区税负两者的相互内生影响关系来看，东部地区两个方程的内生变量系数均在5%水平上显著，其中地区税负对区域全要素生产率是负向影响，而区域全要素生产率对地区税负的影响是正向的。其全要素生产率方程中的地区税负变量不显著,但地区税负方程中的区域全要素生产率与地区税负显著正相关;中部地区则与之相反,只有地区税负这一内生变量对区域全要素生产率是显著的负向影响,而在地区税负方程中区域全要素生产率这一内生变量并不显著。西部地区两个方程的内生变量系数分别在1%的水平上显著,且均为负向影响作用。这说明在不同区域样本估计下,由于地区与地区之间存在的社会发展状况、自然环境、经济环境以及制度环境等差异,造成了各个地区之间的发展模式存在显著差异。不考虑是否显著,总体来看:一是有关地区税负对区域全要素生产率的影响,东部地区、东北地区、中部地区、西部地区的发展模式较为统一,即地区税负增长将抑制区域全要素生产率的提高;但是各个地区的抑制情况不同,呈现出了从东部地区、东北地区、中部地区到西部地区逐步上升的趋势。二是有关区域全要素生产率对地区税负的影响,东部地区、东北地区、中部地区体现的是其对地区税负的推动提升作用,而西部地区却是显著抑制作用。

从内生变量的空间滞后项来看,东部地区、东北地区、中部地区到西部地区估计结果均显示了区域间存在空间相关关系,区域内部存在一定的空间溢出效应。一是从全要素生产率方程看,首先,东部地区和东北地区全要素生产率的空间滞后项系数值在10%和1%的水平上显著为负,意味着这两个区域内部的全要素生产率存在较强的局部空间负依赖性,区域内地区间全要素生产率呈现相互抑制现象,这一现象貌似不符合技术正外溢的常识,但中心—外围空间理论早就指出:在区域经济增长过程中,中心城市因制度、经济、社会和环境等因素的影响,会产生对周边城市的主导统治作用,进而抑制周边城市技术进步等各种生产活动,造成地区技术创新发展困难。中部地区和西部地区全要素生产率的空间滞后项系数值在1%的水平上显著为正,代表这两个区域内部的全要素生产率存在较强的局部空间正依赖性。其次,东部地区、东北地区、中部地区到西部地区四个区域的地区税负空间滞后项系数均为正,但存在一定差异,其中东北地区、西部地区系数值分别在10%和5%的水平上显著。二是从地区税负方程看,首先,中部地区和西部地区的地区税负的空间滞后项系数值均在1%的水平上显著为正，意味着这两个地区内部地区税负存在较强的局部空间依赖性，区域内的地区间税负呈现协调一致、同向发展；东北地区的税负空间滞后项系数值也为正值，但是其不显著；而东部地区的税负空间滞后项系数值为负值，且也不显著。其次，观察方程的全要素生产率的空间滞后项，可以看到四个区域的全要素生产率空间滞后项系数均显著，其中东部地区在10%的水平上显著、东北地区和中部地区均在1%的水平上显著，西部地区在5%的水平上显著，但是正负值不同。东部地区和东北地区两个区域的系数均为正值，说明两个地区的地区税负会受到相邻地区的全要素生产率的正向影响作用，而中部地区和西部地区的系数均为负值，说明区域内某地市的税负水平不仅不存在邻近地市全要素生产率的提升作用，反而会出现抑制性作用，这也与全局水平上的估计分析结果一致。总结发现，东部地区全要素生产率和地区税负的空间溢出效应较弱，而西部地区在四个区域中较为强烈。

结合基础数据和实证结果深入分析可得，首先，东部地区全要素生产率整体水平较高，处在全国上游水平，经济高速增长。而区域高速增长往往意味着区域内各地市间的竞争激烈，减少了互助发展的措施，故东部地区呈现出了全要素生产率空间溢出抑制效应相对最强的状况。其次，中部地区和东北地区虽然整体发展水平低于东部地区，但地区内全要素生产率发展情况势头不弱，区域内地市之间存在既相互竞争，又相互合作的关系，区域内地市因各种原因存在强烈的相互约束，例如政府推行的东北经济区与老工业区振兴、中部崛起战略等推进区域经济增长的一系列措施。最后，西部地区各地市虽然地理位置相对分散，但一直以来国家政策的扶持是其发展的重要动力，基于此，各地市在中央政府带领下统一协调发展，区域内多是推行互助式发展举措，因而其空间正向溢出效应最为强烈。

从外生变量来看，相对于在全国样本下的估计结果，分地区样本得到的估计值存在更多的不显著，这也进一步印证了我国各个地区间存在较为明显的差异化发展格局。一是从全要素生产率方程可得，全国样本和分地区样本的明显差异：地区专利申请数在东部地区、中部地区和西部地区呈现显著的正向影响作用，这与全国样本一致，在东北地区却呈现不显著的负向影响作用；教育水平在东部地区、东北地区呈现不显著的正向影响作用，但在西部地区和中部地区呈现不显著的负向影响作用，可能是存在高等教育人才流失；外商投资水平仅在中部地区呈现显著的正向促进作用，在其他区域均呈现不显著的正向影响作用；东北地区、中部地区和西部地区的人口自然增长率的样本估计结果呈现显著的正向影响作用，与全国样本估计结果一致，但东部地区的结果呈现显著的负向影响作用。二是基于地区税负方程可以看到，中央财政依赖度、非税收入占比及地方政府土地收入的估计结果与全国样本统计结果影响效应相同，仅仅是地区间变量影响系数大小的区别。最后，从工具变量来看，各地区大部分工具变量的系数估计值结果与全国样本差异不大，仅外商投资水平的估计结果在各个地区存在一定差异，在东部地区、东北地区呈现显著的负向影响作用，意味着外商投资不仅无法提升区域全要素生产率，反而会产生一定的负效应，但是在中部地区、西部地区其估计结果呈显著的正向影响，说明外商投资能够推动当地全要素生产率的提高，可能是因为东部地区、东北地区本身技术水平、创新能力已达到或超过引进外资的水平，而中西部地区相较于外资还是稍微落后。总之，以上结果均表明，由于区域内部情况不同，地区税负及其他原因对区域全要素生产率的影响都是不同的。

6.4 本章小结

本章基于前文理论分析和研究假说上，运用 2005—2018 年我国地市级面板数据，建立动态面板联立方程模型和空间面板联立方程模型，实证分析了地区税负与区域全要素生产率的相互内生影响和空间溢出效应。此外，通过对分区域样本进行异质性分析，检验了不同区域的地区税负与全要素生产率的相互内生影响关系和空间溢出效应。本章研究发现：

从全国样本来看：（1）地区税负和区域全要素生产率之间的相互内生性影响显著。不论是从动态面板联立方程结果来看，还是考虑空间位置因素后，地区税负对区域全要素生产率增长的影响都是呈负向抑制作用；同样估计结果显示，区域全要素生产率的提高也将推动地区税负的降低，在当前经济态势下，两者呈现反向共生发展状况。（2）空间相关性在模型估计中具有重要作用，空间溢出效应显著。第一，各地市地区税负的空间扩散效应存在，且为正的外部性，即某地市的地区税负水平将受到周边地市的正向影响，但是其区域空间相关性使某地市的全要素生产率受到周边地市税负变化的负向影响，周边税负降低将推动和提升本区域全要素生产率。但是总体来看，空间相关影响系数绝对值较小，各地市的税负水平、全要素生产率水平的变化主要受自身因素的影响，周边地市虽然会对其产生一定影响，但作用有限。第二，各地市的全要素生产率存在正的外部性，即其区域空间相关性使某地市的全要素生产率受到周边全要素生产率较好的地市的推动和提升，但是其对地区税负的空间溢出效应为负向影响，即当周边区域全要素生产率提升时，本地区的税负也将受到影响降低。（3）地区税负和区域全要素生产率除了内生相互影响外，还受其他因素影响。例如，地区专利申请数、教育水平以及人口自然增长率等变量均对区域全要素生产率具有一定的显著促进作用；中央财政依赖度、非税收入占比将显著降低地区税负水平，而地方政府土地收入增加反而会提高地方税负水平，此外区域经济发展、产业结构等指标也会影响地区税负水平。

从分地区样本来看：（1）东部地区、东北地区、中部地区和西部地区的各方程变量系数估计结果存在一定差异，说明在不同地区样本下，由于区域间社会经济发展状况、政策制度环境、经济基础以及市场环境等的不一致性，造成了各地区的全要素生产率和地区税负影响关系的不同。（2）东部地区、东北地区、中部地区和西部地区的区域内部均存在一定的空间溢出效应，其中西部地区两个方程中的地区税负和区域全要素生产率的空间溢出效应均较为显著，而其他三个区域各有不显著的情况出现。（3）同样，各地区的地区税负和区域全要素生产率也受到外生变量的影响，只是基于区域之间的差异，各变量的影响情况不同。（4）当前我国各个区域之间存在明显的差异性，地区税负和区域全要素生产率影响因素众多，我国全局的分析结果并不能完全代表各个区域的情况。

第7章 我国地区税负对区域企业绩效的效应分析
——基于区域经济增长微观基础视角

通过前文理论分析,可知地区税负对区域经济增长不平衡的影响是全方位多方面的,作为区域经济增长的微观主体——企业,其发展、壮大直接关系到区域经济增长的微观基础。笔者在第5章、第6章分析了地区税负对区域经济增长不平衡的各种影响,但是并未涉及经济增长的基础和微观主体——企业。本章以企业绩效为切入点,分析地区税负对区域企业绩效有何种影响,以弥补以往对地区税负影响企业绩效的研究多是落脚于企业所得税上,而对区域经济增长不平衡的机理缺乏全面的微观层面剖析。要对地区税负对企业绩效的影响效应实施全面分析,需要考虑两个层面:反映地区特征的宏观数据和反映企业特征的微观数据。当前研究多是将两个层面数据放在同一层面进行实证分析,这可能忽视了不同地区、不同企业间的差异以及同一地区内企业的相关等,导致最终实证结果有偏差。为避免以上问题,本书拟采用多层线性模型分企业层面和城市层面分析地区税负对企业绩效的各类影响。

7.1 模型选择

7.1.1 多层线性模型简介

为了更好地进行研究与分析,本章将使用多层线性模型(Hierarchical Linear Model,HLM)。传统的线性回归分析(Linear Regression)恰当使用的先决条件是线性正态、独立同分布和方差齐性。但是在实际研究中，有些数据并不能满足这一要求，比如常见的分层数据结构。分层数据结构体现的是一种数据的分层嵌套关系，也就是这类数据是以其中某一层级数据嵌套在另一层级数据中的形式出现。例如，在教育研究中很多研究样本的数据往往包含学校、班级以及学生，数据的现实表征是若干学校包含若干班级，而不同班级嵌套在同一所学校中，同理，深入下一层是若干学生嵌套在同一班级中，最终体现为"学生→班级→学校"的三层嵌套数据；在经济研究中，更为常见的是二层嵌套数据，例如不同行业或不同地区中有不同的企业，通过分层嵌套数据可以体现为"企业→行业"或"企业→地区"。显然这类分层嵌套数据结构包含更多信息，但这类数据又无法满足独立同分布和方差齐性，并不适用于传统的线性回归，这给估计带来了相对大的难度。而多层线性模型正是为解决此类数据估计问题而设计的，它协助研究者们分析估计各层面数据变化，了解各层面变量之间的关系。而本书所使用的企业层面数据就是嵌套在各个地市级的，因此本书适合采用多层线性模型。

多层线性模型通过对不同层次数据分别构建回归模型估计，解析出不同空间尺度、管理层次等不同特征的解释变量对因变量的影响，从而合理分析不同层次解释变量通过不同机制对因变量的作用方式以及作用程度（Kenny & Judd, 1986）。根据数据嵌套层次，多层线性模型可分为两层线性模型和三层线性模型，其中两层线性模型较为常用。以两层线性模型为例，模型研究数据包含总体和个体两个层次，其中个体层次中的每个数据分属于不同的总体，显然由于分属的总体具有自身特性，能对其所属个体产生系统影响，因此同属于某个总体内的个体会有一些相同或类似共性，即具有组内相关；而不属于同一总体的个体之间可能会存在一定差异，即具有组间差异。结合以上特征，HLM 基本形式为

$$Y_{ij} = \beta_{0j} + \beta_{1j} X_{ij} + r_{ij} \qquad (7.1)$$

$$\beta_{0j} = \gamma_{00} + \mu_{0j} \qquad (7.2)$$

$$\beta_{1j} = \gamma_{10} + \mu_{1j} \qquad (7.3)$$

其中，式（7.1）为第一层模型（个体层次模型）；式（7.2）、式

(7.3) 为第二层模型（总体层次模型）；Y_{ij} 为组 j 中个体 i 的结果变量（被解释变量、因变量）；X_{ij} 为组 j 中个体 i 的预测变量（解释变量、自变量）；β_{0j} 为第一层模型的截距，表示在组 j 结果变量的平均值；β_{1j} 为第一层模型的斜率，表示每增加一个单位解释变量，预期结果变量的变化；r_{ij} 表示在组 j 的个体 i 的随机误差；γ_{00} 为组内的平均截距；γ_{10} 为组内的平均斜率；μ_{0j} 为组 j 在第一层截距的随机误差；μ_{1j} 为组 j 在第一层模型的随机误差。可以看出，γ_{00}、γ_{10} 分别是 β_{0j}、β_{1j} 的固定分量；而 μ_{0j}、μ_{1j} 分别是 β_{0j}、β_{1j} 的随机误差项，代表了第二层各个体间的变化。将式（7.2）、式（7.3）代入式（7.1）中可得混合模型：

$$Y_{ij} = \gamma_{00} + \gamma_{10} X_{ij} + \mu_{0j} + \mu_{1j} X_{ij} + r_{ij} \tag{7.4}$$

从上式中可以看出，$\mu_{0j} + \mu_{1j} X_{ij} + r_{ij}$ 是混合模型的误差项。因为同一层二单位中个体的 μ_{0j}、μ_{1j} 是相同的，不同层二单位中个体的 μ_{0j}、μ_{1j} 显然是存在差异的，所以处在同一层二单位中的个体相较于处在不同层二单位的个体更为相似，第二层模型中的不同单位残差方差往往也不同，而且残差中还含有自变量。这种情形下，残差项与自变量之间存在相关性，除非 μ_{0j}、μ_{1j} 均等于 0，方程即可被简化为一般线性回归模型，但是显然这种情况在存在多层结构时是很难实现的。

7.1.2 多层线性回归的具体模型

根据研究问题不同以及模型的完整度区别，模型的具体变现形式也不同，主要分为零模型、随机效应回归模型和完整模型等（张雷，2002；萧佳纯，2020），而不同模型的构建也为最终的完整多重线性模型的构建提供了依据和保证。

（1）零模型。

零模型是构建完整多层线性模型的基础，其第一层模型和第二层模型中均不含自变量，通过这一模型的构建可以将模型中的总方差分解为组间差异和组内差异，还可以通过计算组间差异占总差异的比例来判断构建多层线性模型是否合理、有效。具体形式如下所示：

第一层模型：

$$Y_{ij} = \beta_{0j} + r_{ij} \tag{7.5}$$

第二层模型：

$$\beta_{0j} = \gamma_{00} + \mu_{0j} \tag{7.6}$$

混合模型：

$$Y_{ij} = \gamma_{00} + \mu_{0j} + r_{ij} \tag{7.7}$$

其中设定随机误差项满足：

$$r_{ij} \sim N(0, \sigma^2) \tag{7.8}$$

$$\mu_{0j} \sim N(0, \tau_{00}) \tag{7.9}$$

$$\text{Cov}(r_{ij}, \mu_{0j}) = 0 \tag{7.10}$$

跨级相关系数公式：

组间差异：

$$\rho_1 = \tau_{00}/(\tau_{00} + \sigma^2) \tag{7.11}$$

组内差异：

$$\rho_2 = \sigma^2/(\tau_{00} + \sigma^2) \tag{7.12}$$

式中，σ^2 为个体差异，τ_{00} 为组间差异，其他变量意义与一般模型一致。

组内相关系数（Intraclass Correlation Coefficient，ICC）是判断数据能否使用 HLM 的主要根据，其具体计算公式为式（7.11）。ICC 值越大，表示因变量的组间差异越强烈，即各组的平均数之间明显不同，组的作用不可被忽略，应使用 HLM。一般认为，当 $0.01 < ICC < 0.059$ 时，为低水平相关；当 $0.059 < ICC < 0.138$ 时，为中水平相关；当 $ICC > 0.138$ 时，为高水平相关。当零模型的 ICC 值达到中水平及以上时，可以使用且应该使用 HLM 进行分析（Shrout & Fleiss，1979；Snijders & Bosker，1999）。

（2）随机效应回归模型。

多层线性模型在研究上的主要应用，都涉及将第一层模型的截距和斜率设为在第二层模型观察组间的随机变化，这类应用中最简单的形式就是随机效应回归模型。随机效应回归模型主要是检验个体层次 X 对 Y 的影响。具体形式如下所示：

第一层模型：

$$Y_{ij} = \beta_{0j} + \beta_{1j}X_{ij} + r_{ij} \tag{7.13}$$

第二层模型：

$$\beta_{0j} = \gamma_{00} + \mu_{0j} \qquad (7.14)$$

$$\beta_{1j} = \gamma_{10} + \mu_{1j} \qquad (7.15)$$

混合模型：

$$Y_{ij} = \gamma_{00} + \gamma_{10} X_{ij} + \mu_{0j} + \mu_{1j} X_{ij} + r_{ij} \qquad (7.16)$$

在模型估计中，我们希望 μ_{0j}、μ_{1j}、γ_{00}、γ_{10} 达到显著，这意味着每组的截距和斜率都有差异，可以继续进行截距预测模型和斜率预测模型的探讨，从中我们可以得知每一组的平均截距和平均斜率及其变化程度以及截距与斜率间的关系。如果多层线性模型中变量众多，可能存在多重共线性，这就需要对模型中的全部变量进行中心化处理，具体方法有两种：总平均数中心化和组平均数中心化，通过处理可以避免多重共线性，而且能赋予模型截距一定的实际意义（Bliese，2000；Paccagnella，2006）。

（3）完整模型。

完整模型是将第一层模型与第二层模型的变量纳入模型中分析，所以，第一层回归模型的因变量、解释变量为个体层次的因变量、解释变量；第二层次回归模型的因变量为第一层次回归模型的回归系数，解释变量为总体层次的解释变量。具体形式如下所示：

第一层模型：

$$Y_{ij} = \beta_{0j} + \beta_{1j} X_{ij} + r_{ij} \qquad (7.17)$$

第二层模型：

$$\beta_{0j} = \gamma_{00} + \gamma_{01} W_j + \mu_{0j} \qquad (7.18)$$

$$\beta_{1j} = \gamma_{10} + \gamma_{11} W_j + \mu_{1j} \qquad (7.19)$$

混合模型：

$$Y_{ij} = \gamma_{00} + \gamma_{01} W_j + \gamma_{10} X_{ij} + \gamma_{11} W_j X_{ij} + \mu_{0j} + \mu_{1j} X_{ij} + r_{ij} \qquad (7.20)$$

式中，W_j 为总体层次变量，表示第 j 组的 W 变量，其他变量意义与一般模型一致。

有关完整模型的检验，需要做以下具体分析：（1）固定效果分析，模型中有多少个 γ 就意味着有多少个固定效果；（2）通过估计，确认随机效果；（3）进行调节效果的检验，运用 γ_{kt}（其中 k、t 表示非零正整数）分析跨层级间的交互作用，例如式（7.20）中的 γ_{11}，更为复杂的模型中可能还有诸如此类的 γ_{21}、γ_{22}、γ_{31}、γ_{32}、γ_{33}……

7.2 研究设计

7.2.1 数据来源与样本筛选

本章使用的数据分为两个层面：一层是全国地市级层面数据，另一层是企业微观层面数据。

全国地市级层面数据主要来源于《中国区域经济统计年鉴》《中国城市统计年鉴》，对于部分缺失的数据，利用相应年度的省、地市级统计年鉴和地市级经济和社会发展公报进行填补，仍缺失的情况下使用插值法补齐。为了避免估算不一致，对于一些数据严重缺失和行政区域变化较大的城市进行了剔除。最终，共得到283个地市级数据。全国地市级层面数据主要涉及地区税负指标和人均GDP。

企业微观数据来源于中国工业企业数据库（2013），主要涉及企业绩效以及与之相关的各类经济变量。对样本筛选时，首先依据地市级层面283个城市进行剔除，去除不位于上述城市内的企业。其次，以Cai和Liu（2009）使用的剔除方法为基础，再结合研究需要，删除了财务指标异常的样本和观测值。第一步，剔除企业关键指标缺失的观测值，例如总资产、流动资产、固定资产净值、工业总产值、工业销售总产值、职工人数等。第二步，考虑到企业规模过小可能会带来相关数据的偏差，剔除了职工人数少于10人的企业。第三步，由于工业企业数据库样本量巨大，难免存在一些不符合会计原则的观测值，经过测算删除了明显不符合会计基本原则的数据，具体包括：（1）流动资产大于总资产的观测值；（2）固定资产净值大于总资产的观测值；（3）累计折旧小于当期折旧的观测值；（4）实收资本小于等于0的观测值等。最终，经过筛选剩余303723个企业样本。

7.2.2 变量选择与描述

7.2.2.1 第一层模型（个体层次模型）的变量选择

第一层模型中包含最终的被解释变量和个体层面（即企业层面）的解释变量。

（1）被解释变量的选择。

本书力图通过实证研究分析地区税负对企业绩效的影响，选取的被解释变量应当是能够反映企业绩效的变量。有关企业绩效的衡量，根据企业表现划分，主要有以下两大类：企业经营绩效和企业市场价值。其中，企业经营绩效是指企业在所在产品或服务市场上的实际表现，常用相关的财务指标来衡量，例如总资产报酬率（ROA）、净资产报酬率（ROE）、经济增加值（EVA）等；企业市场价值更多体现的是企业在证券市场上的具体表现，常用企业在公开市场发行股票或债权的市场价值来衡量，例如市净率（PBR）、市盈率（PER）、托宾Q值（TR）。在现有企业绩效的研究中，使用财务指标衡量企业绩效较为广泛，原因在于企业绩效的衡量更多的是企业实物资产的营运水平和获利能力（马连福、刘丽颖，2013；郝颖等，2018；贾振全，2021）；但是也有部分学者偏好使用托宾Q值，他们认为企业财务指标值更容易被人为粉饰和修改，尤其是上市公司数据（Patatoukas，2010；高凯等，2020）。考虑到本书所涉及企业并不仅限于上市公司，且数据来源较为可靠，最终本书选取ROA作为企业绩效衡量的指标。

此外，还有一些学者使用ROE作为衡量企业绩效的指标（郑志刚等，2014；何宜庆等，2018），但多是与ROA结合分析相关问题。从两者区别来看，净资产报酬率是企业当期净利润与净资产的比率，它更多体现的是企业的盈利能力；而总资产报酬率是企业息税前利润与总资产的比值，更多反映的是企业运用全部资产的利用效率和收益能力，能够更为综合反映企业各项能力的指标。因此，与总资产报酬率相比，净资产报酬率虽然能够在一定程度上体现企业经营绩效，但相对来说，其综合体现力可能不及总资产报酬率。本书拟将净资产报酬率（息税前利润/总资产）用于模型稳健性检验。

（2）解释变量的选择。

结合前人研究和理论分析，本书选取可能影响企业绩效、体现企业各项特征的指标，作为个体层面模型的解释变量，包括企业规模（LNTA）、企业年龄（AGE）、企业盈利能力（PR）、企业资本结构（CS）、资本密集度（CI）、税收激励（TI）；另外，根据样本量涵盖内容进一步设置了行业虚拟变量和企业所有制虚拟变量（李文、王佳，2020）。其中：

企业规模（LNTA）。企业规模体现了企业资产规模和资本充足状况，一方面其决定了企业是否有能力通过投资、研发等途径提高企业绩效；另一方面，企业规模扩大能够摊薄企业平均生产成本，产生一定的规模效应，进而提升企业绩效（唐贵瑶等，2018；张莉、李绍东，2016）。本书用企业总资产的自然对数来衡量企业规模。

企业年龄（AGE）。企业年龄是指企业经营年限的长短，根据以往研究，学者们认为成立企业基于初入市场、提高自身产品竞争力等原因，可能更具有创新性；而成立较早、年龄较长的企业对行业了解更为深入，具备更为完善的生产条件，显然这些对于企业绩效存在一定的影响（彭学兵等，2016；孙武军等，2021）。本书用 2013 年减去公司注册的年份加一得到对应的企业年龄[①]。

企业盈利能力（PR）。企业盈利能力是指企业在一定时期赚取利润的能力，企业从事生产经营的直接目的就是赚取一定利润且维持企业稳定、长期可持续发展。盈利能力较好的企业相较于盈利能力较差的企业有更多资源、能力以及活力去寻求更好的发展（许照成、侯经川，2019；赵立三、王梓楠，2020）。本书用企业利润总额除以营业收入来表示企业盈利能力。

企业资本结构（CS）。企业资本结构体现的是企业运用财务杠杆的情况。企业财务杠杆合理利用与否直接影响企业绩效。当财务杠杆过高时，

[①] 考虑到 2013 年设立的企业，为避免出现年龄为 0 的状况，本文用 2013 年减去企业成立年份加一，即成立不满一年公司年龄视为一岁。

企业将面临财务负担重、财务风险高的境况；而如果财务杠杆过低，又不能充分利用其负债给企业带来的税收等方面的隐性收益。本书采用企业的资产负债率来衡量企业资产结构。

资本密集度（CI）。资本密集度是衡量企业需要投入多少资本才能盈利的一种效率指标。资本密集度高的企业一般也是技术密集型企业，经营效率高于行业平均水平，市场地位较高；反之，资本密集度低的企业往往投资回报率较低。考虑到现实合理性，本书最终选用固定资产原值与资产总额的比值来衡量资本密集度（李文、王佳，2020）。

税收激励（TI）。税收激励体现的是企业获得政府税收优惠力度的大小。政府税收优惠能够提高企业对创新收益的预期，减少企业创新投入可能带来的风险，同时差异化的优惠政策更是能为企业创新吸引更多人才，提供资金供给，最终提升企业绩效（姚维保、张翼飞，2020；唐红祥、李银昌，2020）。本书选取法定企业所得税税率减去实际企业所得税税负（企业应纳所得税额/总利润）[①]作为其代理变量。

另外考虑到企业还可能受到其所在行业的影响，中国工业企业数据库中企业主要包含三大行业：制造业、采矿业和电力、热力、燃气及水的生产和供应业，据此设置行业虚拟变量 IN1（制造业）、IN2（采矿业）、IN3（电力、热力、燃气及水的生产和供应业）；根据企业控股情况将企业分为内资企业、外资企业、港澳台资企业，据此设置所有制虚拟变量 OS1（内资企业）、OS2（外资企业）、OS3（港澳台资企业）。

7.2.2.2 第二层模型（地市级层次模型）的变量选择

从前文多层线性模型介绍中可知，第二层模型是由多个方程构成，其

---

① 具体计算过程中发现个别企业实际企业所得税税负值为负数，一种情况是由于企业利润总额与应纳税所得额之间的会计处理，需要加回各类超标职工福利费、业务招待费、广告费等税法不允许扣除的相关费用，以及各类不允许抵扣的减值或损失准备、非公益性捐赠等，这造成了应纳税所得额比利润总额更大，甚至出现利润总额为负数，但应纳税所得额为正数的情况；另一种情况是由于企业以往年度亏损，且本年度利润总额无法弥补前五年亏损，于是产生了应纳所得税税额为负数，但利润总额为正数的情况。考虑到此类企业占比较小，且情况特殊不具代表性，无法具体分析是否享受税收激励，故此处笔者进行了人工删除。

中被解释变量分别为个体层面模型的截距和斜率。本书主要分析地区税负对企业绩效的影响，因此第二层模型的解释变量是能够体现地市级层面税负的指标，此处我们选取与前面章节一致的地区税负作为其衡量指标。同时考虑到城市之间经济增长状况不同，为了控制其影响，引入了地区人均GDP作为控制变量。

本章所涉及所有变量基本情况如表7.1所示。

表7.1　　　　变量分类、设置及定义

变量种类		变量名称	变量代码	变量定义
第一层（企业层）模型变量	被解释变量	企业绩效	ROA	息税前利润/总资产
	解释变量	企业规模	LNTA	总资产的自然对数
		企业年龄	AGE	2013—企业开业年份+1
		企业盈利能力	PR	利润总额/营业收入
		企业资本结构	CS	负债总额/总资产
		资本密集度	CI	固定资产原值/总资产
		税收激励	TI	（法定企业所得税税率－企业所得税额）/总利润
		行业虚拟变量1	IN1	制造业=1，其他=0
		行业虚拟变量2	IN2	采矿业=1，其他=0
		所有制虚拟变量1	OS1	内资企业=1，其他=0
		所有制虚拟变量2	OS2	外资企业=1，其他=0
第二层（城市层）模型变量	被解释变量	第一层截距、斜率	β_n	—
	解释变量	地区税负	TAX	每年税收收入/同期GDP
		地区人均GDP	LPGDP	实际GDP/年末总人口

7.2.2.3　变量描述性统计

通过数据整理和分析，本章所用变量的具体描述性统计值如表7.2所示。虽然笔者已对样本进行了筛选、剔除，但是表7.2中有些值看似不符合常理，但实际上是正常的指标，具体解释如下：企业资本结构（CS）的最大值为 1.3898，这说明企业的负债总额高于资产总额，企业累计亏损、资不抵债；资本密集度（CI）的最大值为 9.1806，很可能是由于企业固定资产原值较高，且固定资产累计折旧较大、固定资产净值较小，进而资产总额较低；税收激励（TI）最小值为 -0.6301，这种情况是由于企业利润总额与应纳税所得额之间存在差异，需要加回各类超标职工福利费、业务招待费、广告费等税法不允许扣除的相关费用，以及各类不被允许抵扣的减值或损失准备、非公益性捐赠等，这造成了应纳税所得额比利润总额更大，最终导致企业实际税负远大于名义税负。

考虑到当年的地区税负和人均 GDP 与当年的企业绩效间可能存在双向因果关系，导致内生性产生，故模型中地区税负（TAX）和地区人均 GDP（LPGDP）使用滞后一期数据。另外，企业层面的企业规模（LNTA）、企业盈利能力（PR）、企业资本结构（CS）、资本密集度（CI）等这些解释变量，表面看上去似乎与企业绩效间也存在一定的双向因果关系，但深究企业绩效对企业生产经营的影响作用机理，上述双向因果关系的影响十分有限。因为当年企业绩效更多是企业规模、企业盈利能力、企业资本结构、资本密集度、税收激励共同作用的结果，其值变化虽后期会对企业经营产生影响，但对企业规模、企业盈利能力、企业资本结构、资本密集度的影响具有较长的传导链条，往往要在以后年度才有可能对它们产生一定影响，具有明显的滞后性，所以从当期看企业绩效对上述解释变量的影响相当有限，故由此产生的内生性可忽略不计。

表 7.2　　　　　　　　　主要变量的描述性统计

变量名称	变量代码	样本量	均值	标准差	最小值	最大值
地区税负	TAX	283	0.05800	0.0242	0.0174	0.1903
地区人均 GDP	LPGDP	283	10.6193	0.6818	9.0710	13.0214
企业绩效	ROA	303723	0.20940	0.4221	-3.1547	19.4998
企业规模	LNTA	303723	10.8695	1.3586	3.7377	20.6717
企业年龄	AGE	303723	10.6491	7.0548	1	58
企业盈利能力	PR	303723	0.0540	0.0718	-0.3898	0.4098
企业资本结构	CS	303723	0.5018	0.2787	0.001	1.3898

续表

变量名称	变量代码	样本量	均值	标准差	最小值	最大值
资本密集度	CI	298817	0.5464	0.5923	0.00001	9.1806
税收激励	TI	228421	0.0891	0.1304	−0.6301	0.25
行业虚拟变量1	IN1	303723	0.0372	0.1893	0	1
行业虚拟变量2	IN2	303723	0.9438	0.2303	0	1
所有制虚拟变量1	OS1	303723	0.8657	0.3410	0	1
所有制虚拟变量2	OS2	303723	0.0703	0.2556	0	1

7.3 模型适用性检验及实证结果分析

结合前文模型介绍，本书拟采用零模型检验判断企业绩效在地市级层次是否存在差异；采用随机效应回归模型分析企业微观层次的影响因素，并判断影响因素的回归效应在地市级层次是否存在差异；采用完整模型进一步全面解释企业微观因素和地市级因素对企业绩效作用的影响方式和程度。

7.3.1 模型适用性检验

由上文可知，对多层线性模型的适用性检验主要是从以下两个特征出发的：一是被解释变量样本间有组间差异和组内相关；二是变量系数不是固定系数，而是随机系数。结合两方面，本书运用 HLM 6.08 软件对多层线性模型的零模型和随机效应回归模型进行检验，如符合以上要求，通过检验，说明样本适用于多层线性模型分析；反之，则使用普通线性回归分析。

（1）零模型检验。

构建零模型是构建多层线性回归完整模型的基础。如前文所述，零模型的两层模型中均不含自变量，可以将模型的总方差分解为组间差异和组内差异，并通过计算得出 ICC 值（组内相关系数），并依据 ICC 值大小判断样本是否适用于多层线性模型。具体模型如下：

Level 1：

$$ROA_{ij} = \beta_{0j} + r_{ij} \tag{7.21}$$

Level 2：

$$\beta_{0j} = \gamma_{00} + \mu_{0j} \tag{7.22}$$

混合模型：

$$ROA_{ij} = \gamma_{00} + \mu_{0j} + r_{ij} \tag{7.23}$$

式中，i 为企业；j 为地市级；ROA_{ij} 为 j 市中 i 企业的企业绩效；β_{0j} 为 j 市的企业平均绩效；γ_{00} 为所有地市级所有企业的平均企业绩效；r_{ij} 为企业层面的随机误差；μ_{0j} 为地市级层面的随机误差。通过软件分析，具体估计结果如表 7.3 所示。

表 7.3 零模型估计结果

模型	固定效应				随机效应			
	参数	相关系数	T 值	P	参数	标准差	方差成分	P
Level 1	γ_{00}	0.206	0.008	0.000	μ_{0j}	0.131	0.017	0.000
Level 2	—	—	—	—	r_{ij}		0.340	0.160

通过估计结果可知，组内方差 σ^2 为 0.017，组间方差 τ_{00} 为 0.160，经计算 ICC 为 0.096。从前文中可知当 0.059 < ICC < 0.138 时为中水平相关，显然无法忽视组内差异和组间差异，因此本章选用多层线性模型进行估计是恰当有效的。由估计结果可以看出，企业绩效是存在地市级层次的差异的，估计结果中的固定效应和随机效应均在 1% 的水平上显著，利用式（7.11）、式（7.12）计算可得，地市级层次和企业层次方差占总方差比例分别为 75.30% 和 24.70%，即企业间绩效的差异中 75.30% 是由于企业自身间的差异导致的，24.70% 是由于处在不同地市级的差异造成的。

（2）随机效应回归模型检验。

如前文所述，多层线性模型的随机效应回归模型的特点是在第二层模型中不加入解释变量，而第一层模型中的截距进而回归系数随着第二层中组间的不同呈现随机变化。也就是说，随机效应回归模型既可以判断选择的第一层模型（企业层次因素）中变量是否影响企业绩效，也可以进一步确定第一层中变量的回归系数是否存在第二层（地市级层次）的变异。结合研究设计和样本，具体模型如下所示：

Level 1：

$$ROA_{ij} = \beta_{0j} + \beta_{1j}LNTA_{ij} + \beta_{2j}AGE_{ij} + \beta_{3j}PR_{ij} + \beta_{4j}CS_{ij} + \beta_{5j}CI_{ij} + \beta_{6j}TI_{ij}$$
$$+ \beta_{7j}IN1_{ij} + \beta_{8j}IN2_{ij} + \beta_{9j}OS1_{ij} + \beta_{10j}OS2_{ij} + r_{ij} \quad (7.24)$$

Level 2：

$$\beta_{0j} = \gamma_{00} + \mu_{0j}$$
$$\beta_{1j} = \gamma_{10} + \mu_{1j}$$
$$\beta_{2j} = \gamma_{20} + \mu_{2j}$$
$$\beta_{3j} = \gamma_{30} + \mu_{3j}$$
$$\beta_{4j} = \gamma_{40} + \mu_{4j} \quad (7.25)$$
$$\beta_{5j} = \gamma_{50} + \mu_{5j}$$
$$\beta_{6j} = \gamma_{60} + \mu_{6j}$$
$$\beta_{7j} = \gamma_{70} + \mu_{7j}$$
$$\beta_{8j} = \gamma_{80} + \mu_{8j}$$
$$\beta_{9j} = \gamma_{90} + \mu_{9j}$$
$$\beta_{10j} = \gamma_{100} + \mu_{10j}$$

混合模型：

$$ROA_{ij} = \gamma_{00} + \gamma_{10}LNTA_{ij} + \gamma_{20}AGE_{ij} + \gamma_{30}PR_{ij} + \gamma_{40}CS_{ij} + \gamma_{50}CI_{ij} + \gamma_{60}TI_{ij}$$
$$+ \gamma_{70}IN1_{ij} + \gamma_{80}IN2_{ij} + \gamma_{90}OS1_{ij} + \gamma_{100}OS2_{ij} + \mu_{0j} + \mu_{1j}LNTA_{ij}$$
$$+ \mu_{2j}AGE_{ij} + \mu_{3j}PR_{ij} + \mu_{4j}CS_{ij} + \mu_{5j}CI_{ij} + \mu_{6j}TI_{ij} + \mu_{7j}IN1_{ij} + \mu_{8j}IN2_{ij}$$
$$+ \mu_{9j}OS1_{ij} + \mu_{10j}OS2_{ij} + r_{ij} \quad (7.26)$$

通过 HLM 软件估计分析，得出以下结果：企业层面各变量对企业绩效的影响总平均水平在 1% 的水平上显著且正向相关（$\gamma_{00}=0.207$），企业规模与企业绩效之间呈负相关关系（$\gamma_{10}=-0.067$）且在 1% 的水平上显著；企业年龄与企业绩效之间呈正相关关系（$\gamma_{20}=0.002$）且在 1% 的水平上显著；企业盈利能力与企业绩效之间呈正相关关系（$\gamma_{30}=2.011$）且在 1% 的水平上显著；企业资本结构与企业绩效之间呈负相关关系（$\gamma_{40}=-0.027$）且在 1% 的水平上显著；资本密集度与企业绩效之间呈正相关关系（$\gamma_{50}=0.067$）且在

1%的水平上显著;税收激励与企业绩效之间呈正相关关系($\gamma_{60}=0.160$)且在1%的水平上显著;与其他行业的企业比,制造业企业与企业绩效之间呈正相关关系($\gamma_{70}=0.126$)且在1%的水平上显著,采矿业企业与企业绩效之间呈正相关关系($\gamma_{80}=0.095$)且在1%的水平上显著;相较于其他所有制企业,内资企业能够正向($\gamma_{90}=0.002$)影响企业绩效但其结果并未通过显著性检验,外资企业负向($\gamma_{100}=-0.011$)影响企业绩效且在1%的水平上显著。另外,通过分析两个层次模型的随机效应发现,各影响因素的回归效应在地市级层次中存在差异($r_{ij}=0.333$)且在1%的水平上显著。详细的模型实证检验结果如表7.4所示。

表7.4　　　　　　　随机效应回归模型估计结果

模型	固定效应				随机效应			
	参数	相关系数	T值	P	参数	标准差	方差成分	P
Level 1	γ_{00}	0.207	26.681	0.000	μ_{0j}	0.128	0.016	0.000
	γ_{10}	-0.067	-118.771	0.000	μ_{1j}	0.129	0.017	0.000
	γ_{20}	0.002	14.995	0.000	μ_{2j}	0.070	0.005	0.000
	γ_{30}	2.011	180.688	0.000	μ_{3j}	0.003	0.00001	0.000
	γ_{40}	-0.027	-9.036	0.000	μ_{4j}	1.260	1.588	0.000
	γ_{50}	0.067	52.869	0.000	μ_{5j}	0.153	0.024	0.000
	γ_{60}	0.160	28.578	0.000	μ_{6j}	0.086	0.007	0.000
	γ_{70}	0.126	18.156	0.000	μ_{7j}	0.393	0.155	0.000
	γ_{80}	0.095	17.106	0.000	μ_{8j}	0.104	0.011	0.000
	γ_{90}	0.002	0.635	0.525	μ_{9j}	0.069	0.005	0.000
	γ_{100}	-0.011	-3.049	0.003	μ_{10j}	0.089	0.008	0.000
Level 2	—	—	—	—	r_{ij}	0.307	0.095	—

经实证检验,第二层模型全部误差项μ的方差均在1%的水平上显著,再次印证了这些模型均为随机效应回归模型,说明所有系数β在不同组间皆有差异,即每个城市都有不同于其他城市的截距和斜率,而且混合模型中还存在一个非常复杂的复合误差项($\mu_{0j}+\mu_{1j}LNTA_{ij}+\mu_{2j}AGE_{ij}+\mu_{3j}PR_{ij}+\mu_{4j}CS_{ij}+\mu_{5j}CI_{ij}+\mu_{6j}TI_{ij}+\mu_{7j}IN1_{ij}+\mu_{8j}IN2_{ij}+\mu_{9j}OS1_{ij}+\mu_{10j}OS2_{ij}+r_{ij}$),这些说明了研究样本更适合使用多层线性模型,无法满足单层线性回归模型要求的

误差项独立同分布的假设要求。

7.3.2 实证结果分析

在随机效应回归模型的基础上,运用多层线性回归的完整模型继续完善模型进行分析,在第二层模型中引入地区税负和地区人均 GDP 两个变量,其中地区人均 GDP 为考虑不同地市级经济发展状况设置的控制变量,以此考察地区税负对企业绩效的作用影响。具体模型如下所示:

Level 1:

$$ROA_{ij} = \beta_{0j} + \beta_{1j}LNTA_{ij} + \beta_{2j}AGE_{ij} + \beta_{3j}PR_{ij} + \beta_{4j}CS_{ij} + \beta_{5j}CI_{ij} + \beta_{6j}TI_{ij} \\ + \beta_{7j}IN1_{ij} + \beta_{8j}IN2_{ij} + \beta_{9j}OS1_{ij} + \beta_{10j}OS2_{ij} + r_{ij} \quad (7.27)$$

Level 2:

$$\begin{aligned}
\beta_{0j} &= \gamma_{00} + \gamma_{01}TAX_j + \gamma_{02}LPGDP_j + \mu_{0j} \\
\beta_{1j} &= \gamma_{10} + \gamma_{11}TAX_j + \gamma_{12}LPGDP_j + \mu_{1j} \\
\beta_{2j} &= \gamma_{20} + \gamma_{21}TAX_j + \gamma_{22}LPGDP_j + \mu_{2j} \\
\beta_{3j} &= \gamma_{30} + \gamma_{31}TAX_j + \gamma_{32}LPGDP_j + \mu_{3j} \\
\beta_{4j} &= \gamma_{40} + \gamma_{41}TAX_j + \gamma_{42}LPGDP_j + \mu_{4j} \\
\beta_{5j} &= \gamma_{50} + \gamma_{51}TAX_j + \gamma_{52}LPGDP_j + \mu_{5j} \\
\beta_{6j} &= \gamma_{60} + \gamma_{61}TAX_j + \gamma_{62}LPGDP_j + \mu_{6j} \\
\beta_{7j} &= \gamma_{70} + \gamma_{71}TAX_j + \gamma_{72}LPGDP_j + \mu_{7j} \\
\beta_{8j} &= \gamma_{80} + \gamma_{81}TAX_j + \gamma_{82}LPGDP_j + \mu_{8j} \\
\beta_{9j} &= \gamma_{90} + \gamma_{91}TAX_j + \gamma_{92}LPGDP_j + \mu_{9j} \\
\beta_{10j} &= \gamma_{100} + \gamma_{101}TAX_j + \gamma_{102}LPGDP_j + \mu_{10j}
\end{aligned} \quad (7.28)$$

混合模型:

$$ROA_{ij} = \gamma_{00} + \gamma_{01}TAX_j + \gamma_{02}LPGDP_j + \gamma_{10}LNTA_{ij} + \gamma_{20}AGE_{ij} + \gamma_{30}PR_{ij} + \\ \gamma_{40}CS_{ij} + \gamma_{50}CI_{ij} + \gamma_{60}TI_{ij} + \gamma_{70}IN1_{ij} + \gamma_{80}IN2_{ij} + \gamma_{90}OS1_{ij} + \\ \gamma_{100}OS2_{ij} + \gamma_{11}TAX_j \times LNTA_{ij} + \gamma_{21}TAX_j \times AGE_{ij} + \gamma_{31}TAX_j \times PR_{ij} + \\ \gamma_{41}TAX_j \times CS_{ij} + \gamma_{51}TAX_j \times CI_{ij} + \gamma_{61}TAX_j \times TI_{ij} + \gamma_{71}TAX_j \times IN1_{ij}$$

$$+ \gamma_{81} TAX_j \times IN2_{ij} + \gamma_{91} TAX_j \times OS1_{ij} + \gamma_{101} TAX_j \times OS2_{ij} + \sum_{q=1}^{10}$$
$$\gamma_{q2} LPGDP_j \times x_{ij} + \mu_{0j} + \mu_{1j} LNTA_{ij} + \mu_{2j} AGE_{ij} + \mu_{3j} PR_{ij} + \mu_{4j} CS_{ij}$$
$$+ \mu_{5j} CI_{ij} + \mu_{6j} TI_{ij} + \mu_{7j} IN1_{ij} + \mu_{8j} IN2_{ij} + \mu_{9j} OS1_{ij} + \mu_{10j} OS2_j + r_{ij}$$
(7.29)

式中，$LPGDP_j \times x_{ij}$ 为 $LPGDP_j$ 与 Level 1 中各个体解释变量的乘积。

通过 HLM 软件估计分析，得出完整模型的实证检验结果如表 7.5 中完整模型 1 所示，由回归结果可知：

（1）地区税负（TAX）对企业绩效（ROA）具有明显的负效应（-0.900）且在 1% 的水平上显著，这意味着地区税负越大，企业绩效水平越低，说明地区税负带给地方企业的成本压力高于其带给企业的刺激效应，一定程度上妨碍了企业绩效的提升。

（2）地区税负（TAX）对特征不同的企业绩效（ROA）的异质性影响存在一定的差异，并非所有的特征下都显著。地区税负对不同规模、不同盈利能力和不同行业的企业具有一定的异质性影响。第一，当地区税负增加时，企业规模（LNTA）越大则企业受地区税负增加抑制作用越小，企业绩效（ROA）越高，主要是由于规模大的企业受税负的负面影响相对较小，而且倾向于通过提高自身生产能力缓解税负提升带来的不良影响。第二，当地方税负增加时，企业盈利能力（PR）越大的企业则企业绩效越低，显然，地方税负的增加挤占了企业的盈利空间，进而影响到了企业绩效提升。第三，地区税负对各行业的企业绩效都是负向影响，但是不同行业的影响不同，其中地区税负增加将使制造业（IN1）和采矿业（IN2）的企业绩效相比电力、热力、燃气及水的生产和供应业（IN3）下降更多。第四，地区税负对各所有制类型的企业绩效都是负向影响，其中地区税负增加后，外资企业（OS2）和港澳台资企业（OS3）的企业绩效变动没有显著差异，但港澳台资企业较内资企业（OS1）的企业绩效更高。而对于企业年龄（AGE）、企业资本结构（CS）、资本密集度（CI）、税收激励（TI）来说，地区税负对其企业绩效的改变并无显著的不同影响，可能是由于地区税负通过企业各特征影响企业绩效的方向不同产生了相互抵消。这一估计结果说明地区税负对不同特征企业的影响一定存在异质性的假设并不成立,虽然在某些条件下,地区税负对不同特征企业的影响存在异质性,但整体来看,影响在相当大的程度上是同质的。

(3)企业自身不同的特质对企业绩效具有一定的显著影响。第一,企业规模(LNTA)对企业绩效(ROA)具有明显的负效应(-0.065)且在1%的水平上显著,这说明企业规模越大,企业绩效越低;第二,企业年龄(AGE)对企业绩效(ROA)具有正向效应(0.002)且在1%的水平上显著,这说明成立时间越长的企业凭借各种生产经营经验,能够获得更高的企业绩效;第三,企业盈利能力(PR)对企业绩效(ROA)具有明显的正向效应(1.894)且在1%的水平上显著,盈利能力较好的企业拥有较高的企业绩效;第四,企业资本结构(CS)对企业绩效(ROA)具有一定的负向效应(-0.038)且在1%的水平上显著,说明负债率高的企业拥有较低的企业绩效;第五,资本密集度(CI)对企业绩效(ROA)具有正向效应(0.058)且在1%的水平上显著,这意味着资本密集度高的企业能够创造更多利润,获得更高绩效;第六,税收激励(TI)对企业绩效具有一定的正向影响(0.117)且在1%的水平上显著,说明税收优惠能够促进企业绩效提升;第七,考虑到企业处在不同的行业,相较于其他行业企业,处在制造业和采矿业的企业对企业绩效的影响均为显著正向影响,但是制造业的正向影响(0.091)略高于采矿业(0.083)。而企业所有制不同对企业绩效的影响并不显著。

表7.5　　　　　　　　完整模型回归结果及稳健性分析

	完整模型1 (普通标准误)	完整模型2 (稳健标准误)	完整模型3 (稳健标准误)
	ROA	ROA	ROE
TAX	-0.900*** (-2.612)	-0.900*** (-2.727)	-0.845*** (-2.725)
LNTA	-0.065*** (-15.201)	-0.065*** (-15.139)	-0.055*** (-13.617)

续表

	完整模型1 （普通标准误）	完整模型2 （稳健标准误）	完整模型3 （稳健标准误）
	ROA	ROA	ROE
AGE	0.002 *** (7.701)	0.002 *** (7.491)	0.002 *** (6.278)
PR	1.894 *** (24.625)	1.894 *** (24.431)	1.685 *** (19.893)
CS	-0.038 *** (-3.720)	-0.038 *** (-3.740)	-0.040 *** (-4.798)
CI	0.058 *** (9.649)	0.058 *** (9.694)	0.049 *** (8.070)
TI	0.117 *** (4.611)	0.117 *** (4.589)	0.094 *** (4.622)
IN1	0.091 *** (8.911)	0.091 *** (8.853)	0.082 *** (7.937)
IN2	0.083 *** (11.458)	0.083 *** (11.312)	0.068 *** (8.973)
OS1	0.0004 (0.040)	0.0004 (0.040)	0.0020 (0.239)
OS2	-0.009 (-1.177)	-0.009 (-1.254)	-0.007 (-0.927)
TAX × LNTA	0.395 *** (2.073)	0.395 *** (2.001)	0.266 *** (1.479)
TAX × AGE	-0.016 (-1.456)	-0.016 (-1.842)	-0.009 (-1.106)
TAX × PR	-7.682 *** (-2.238)	-7.682 *** (-2.371)	-6.128 *** (-1.739)
TAX × CS	-0.155 (-0.339)	-0.155 (-0.293)	-0.363 (-0.855)
TAX × CI	-0.198 (-0.745)	-0.198 (-0.767)	-0.156 (-0.740)

续表

	完整模型 1 （普通标准误）	完整模型 2 （稳健标准误）	完整模型 3 （稳健标准误）
	ROA	ROA	ROE
TAX × TI	-1.046 (-0.928)	-1.046 (-0.973)	-0.691 (-0.673)
TAX × IN1	-0.867** (-2.012)	-0.867** (-2.031)	-0.792** (-1.808)
TAX × IN2	-0.538*** (-1.931)	-0.538*** (-2.312)	-0.397*** (-1.519)
TAX × OS1	-0.571** (-1.665)	-0.571** (-1.762)	-0.669** (-2.057)
TAX × OS2	-0.234 (-0.915)	-0.234 (-0.971)	-0.258 (-1.055)

注：*** 表示在1%水平上显著；** 表示在5%水平上显著；* 表示在10%水平上显著。括号中为普通标准误或稳健标准误。

7.3.3 模型稳健性检验

（1）稳健标准误代替普通标准误。

在多层线性模型估计中，若普通标准误估计结果与稳健标准误估计结果存在明显差异，可以认定为模型设定有误；若两者估计结果非常接近、相似时，则说明多层线性模型设定无明显问题（雷雳、张雷，2005；温福星、邱皓政，2015）。本书模型的稳健标准误的估计结果见表 7.5 中的完整模型 2，对比表中普通标准误模型 1 的估计结果可以看出，两者各变量系数差异甚微，且所有变量系数的显著性完全一致，证明了本书的模型设定正确、无误。

（2）替换被解释变量。

本书将被解释变量企业绩效（ROA）替换成按净利润资产收益率衡量的企业绩效（ROE），经过零模型和随机效应回归模型检验，替换后的被解释变量依旧适用多层线性模型，具体结果详见表 7.5 完整模型 3 的估计结果。由完整模型 3 结果可知，即使将被解释变量变为 ROE，地区税负的系数依旧显著为负，且与基准模型 1 的回归结果接近，而且地区税负（TAX）与第一层模型中各解释变量交互项的系数虽有些细微差异，但符号与显著性完全一致。这进一步说明基准模型的回归结果是可靠和可信的。

7.4 异质性分析

考虑到我国各地区社会、经济、文化以及资源禀赋存在明显差异，各地虽实施统一的税制，但地区税负依旧存在不同特点。如果将城市所在地区作为虚拟变量直接加入上述多层线性模型中，无法清晰准确厘清区域间异质性带来的影响，故本书依旧遵循前文的区域划分，将全国分为东部地区、东北地区、中部地区和西部地区四个区域，通过不同区域的分析比较，探析地区税负影响区域企业绩效的不同机制。此处的多层线性模型与全国模型相同，仅是样本数据发生了变化。本书收集的 303723 个企业样本中，东部地区有 187919 家（85 个地市级），东北地区有 21399 家（34 个地市级），中部地区有 69477 家（103 个地市级），西部地区仅 24928 家（61 个地市级）。可以看到东部地区规模以上工业企业数量明显高于其他三个地区，而且处在不同区域的企业在企业类型、生产经营范围等方面存在明显差异，显然有必要比较不同区域企业绩效受地区税负影响的差异。各区域具体估计结果如表 7.6 所示，从回归结果可得：

表 7.6　　　　　　　　　　分区域回归结果

	东部地区	东北地区	中部地区	西部地区
第一层样本量	187919	21399	69477	24928
第二层样本量	85	34	103	61
	ROA	ROA	ROA	ROA
TAX	-1.446*** (-2.868)	1.610*** (2.466)	-1.019** (-1.467)	-1.147*** (-2.083)

续表

	东部地区	东北地区	中部地区	西部地区
LNTA	-0.073***	-0.071***	-0.072***	-0.041***
	(-12.070)	(-10.015)	(-7.792)	(-8.226)
AGE	0.003***	0.0007	0.002***	0.0004
	(6.536)	(1.250)	(4.974)	(1.104)
PR	2.137***	1.713***	2.135***	1.235***
	(18.726)	(15.288)	(13.698)	(15.298)
CS	-0.030***	-0.070***	-0.021	-0.039***
	(-3.305)	(-4.637)	(-0.834)	(-3.026)
CI	0.082***	0.049***	0.049***	0.043***
	(8.426)	(2.969)	(4.404)	(5.509)
TI	0.093***	0.164***	0.184***	0.032*
	(4.493)	(3.895)	(2.931)	(1.630)
IN1	0.111***	0.031*	0.093***	0.072***
	(5.158)	(1.695)	(5.914)	(6.608)
IN2	0.106***	0.026	0.078***	0.078***
	(9.578)	(1.502)	(6.283)	(6.906)
OS1	0.002	-0.015	-0.020	0.024*
	(0.040)	(-0.620)	(-1.015)	(1.834)
OS2	-0.011	-0.019	-0.023	0.017
	(-1.177)	(-0.710)	(-1.123)	(0.935)
TAX × LNTA	0.539***	-0.277	0.652	0.280
	(2.763)	(-0.892)	(1.279)	(1.241)
TAX × AGE	-0.025**	0.003	-0.022*	-0.017
	(-1.903)	(0.087)	(-1.304)	(-1.204)
TAX × PR	-16.749***	20.652***	-12.308*	-5.210*
	(-3.673)	(4.578)	(-1.609)	(-1.631)
TAX × CS	0.017	0.406	-1.599	0.991**
	(0.051)	(0.638)	(-1.114)	(1.890)
TAX × CI	-0.618*	0.031	-0.042	0.569
	(-1.881)	(0.075)	(-0.094)	(1.214)

续表

	东部地区	东北地区	中部地区	西部地区
TAX × TI	-1.428*** (-2.167)	2.303 (1.338)	-2.487 (-0.664)	-0.347 (-0.519)
TAX × IN1	-1.384 (-1.517)	0.293 (0.351)	-0.792 (-0.890)	-1.127** (-2.157)
TAX × IN2	-0.913*** (-3.183)	-0.652 (-1.044)	0.251 (0.384)	-0.828* (-1.684)
TAX × OS1	-0.276* (-1.900)	0.656 (0.752)	-1.620 (-1.297)	0.962 (2.008)
TAX × OS2	0.179 (1.191)	-0.756 (-0.853)	-1.176 (-1.047)	0.162 (0.343)

注：*** 表示在1%水平上显著；** 表示在5%水平上显著；* 表示在10%水平上显著。括号中为普通标准误。

(1) 地区税负（TAX）对企业绩效（ROA）的影响分析。

由估计结果可以看出，东部地区企业绩效受地区税负的负效应（-1.446）影响最大且在1%的水平上显著，其次受地区税负负效应（-1.147）影响较大的企业是西部地区企业，其值也在1%的水平上显著；中部地区企业的绩效同样受到地区税负的负效应（-1.019）影响且在5%的水平上显著，这一结果与全国的估计结果方向一致，但显然各地区存在不同的差异，东部地区企业多、税基大，内外资企业构成复杂，企业绩效对地区税负较为敏感，这也与行伟波（2013）的研究结论类似。较为特殊的是东北地区回归结果显示该地区企业的绩效受地区税负的正效应影响（1.610）且在1%水平上显著，这意味着地区税负越大，区域企业绩效水平越高，可能原因是东北地区成立时间较久的大中型国有企业较多，企业负担更多的是来自历史遗留问题，例如离退休人员工资、社保负担等，而非税收，地区税负提升能够刺激企业增加投资，寻求新的生产经营突破口。

(2) 地区税负（TAX）对特征不同企业的企业绩效（ROA）的异质性影响分析。

从表7.6中可以看出，除了东部地区拥有不同特征企业的企业绩效受地区税负的异质性影响较为明显外，东北地区、中部地区、西部地区估计结果均显示地区税负对区域内不同特征企业的影响在较大程度上是同质的，仅有个别企业特征和地区税负的交互项影响较为显著。具体来看：①在东部地区，地区税负对企业规模不同、企业年龄不同、企业盈利能力不同、资本密集度不同、税收激励不同以及归属采矿业和内资企业类型的企业具有一定的异质性影响。其中，当地区税负增加时，企业规模越大的企业其企业绩效越高，规模较大的企业倾向于通过提高生产效率减少地区税负对企业的负面影响；而地区税负对企业年龄不同、企业盈利能力不同、资本密集度不同、税收激励不同以及归属采矿业和内资企业类型的企业具有一定的负向影响。具体来说，当地区税负每增加1单位，企业绩效在企业年龄不同的企业减少0.025单位、在企业盈利能力不同的企业减少16.749单位、在资本密集度不同的企业减少0.618单位、在税收激励不同的企业减少1.428单位以及相较于其他行业或所有制企业，采矿业类企业多减少0.913单位、内资企业多减少0.276单位。②在东北地区，地区税负仅对企业盈利能力不同的企业有显著的异质性影响，当地区税负增加时，盈利能力越大的企业，企业绩效越高，地区税负的影响系数为20.652且在1%的水平上显著。③在中部地区，地区税负仅对年龄不同、盈利能力不同的企业存在一定的异质性影响。首先，当地区税负增加时，年龄越大的企业则企业绩效越低，新办企业往往拥有更好的生产创新能力，而创办越久的企业可能依仗多年的市场根基而缺乏创新能力，导致企业绩效受税负变动影响更为明显；其次，当地区税负增加时，盈利能力较高的企业则企业绩效更低，可能是税负增加对盈利能力较好的企业影响更为显著。④在西部地区，地区税负对盈利能力不同、所在行业不同以及内资企业存在一定的异质性影响。首先，当地区税负增加时，盈利能力较高的企业则企业绩效更低；其次，地区税负的增加将引起资产负债率较高的企业绩效更低，可能是由于利息的税盾效应；再次，相较于其他行业企业，若企业是制造业企业或采矿业企业，地区税负的增加将引起对企业绩效的负向效应；最后，企业所有制对地区税负影响企业绩效的效应并不显著。

对于东北地区、中部地区、西部地区，在模型中大部分的企业异质性特征下，地区税负对企业绩效的变动没有显著的不同影响，可能是由于前述中地区税负通过企业异质性的特征对企业绩效的不同影响方向产生一定的相互抵消，这也说明在这三个区域中，地区税负对异质性企业的影响在很大程度上是同质的。而东部地区，仅企业资本结构不同、采矿业和外资企业三个特征下不显著，因此可以认为东部地区符合基本假设中的地区税负对不同特征企业的影响在一定程度上是异质的。

（3）企业自身不同的特质对企业绩效的影响分析。

除了上述对企业绩效影响外，企业自身不同的特征对企业绩效也有一定影响。从各区域回归估计结果看：①东部地区中，首先企业规模（-0.073）、企业资本结构（-0.030）对企业绩效具有负向影响效应且均在1%水平上显著，即企业规模越大或企业负债率越高，企业绩效越低；其次，企业年龄（0.003）、企业盈利能力（2.137）、资本密集度（0.082）、税收激励（0.093）具有正向影响效应且均在1%水平上显著，即以上各特征越大，企业绩效越高；最后，企业若为制造业和采矿业，对企业绩效也是在1%的水平上呈现显著的正向影响效应，其中制造业为0.111、采矿业为0.106。②东北地区、中部地区、西部地区与东部地区类似，第一，都是企业规模对企业绩效具有负向影响效应且在1%水平上显著，但影响系数大小不同，其中企业规模的影响系数绝对值是东部地区 > 中部地区 > 东北地区 > 西部地区，企业资本结构的影响系数绝对值是东北地区 > 西部地区 > 东部地区 > 中部地区，但中部地区的企业资本结构影响不显著，其他三个地区均在1%的水平上显著正向影响。第二，有关企业年龄的影响，东北地区和西部地区均不显著，中部地区对企业绩效具有显著正向影响效应（0.002）。第三，有关企业盈利能力、资本密集度、税收激励，东北地区、中部地区、西部地区与东部地区类似，三者对企业绩效均有正向影响效应且在1%水平上显著；但影响系数大小不同，其中企业盈利能力的影响系数是东部地区 > 中部地区 > 东北地区 > 西部地区，资本密集度的影响系数是东部地区 > 中部地区 = 东北地区 > 西部地区，税收激励的影响系数是中部地区 > 东北地区 > 东部地区 > 西部地区。第四，有关虚拟变量的影响，相较于其他行业，在东北地区制造业对企业绩效是在

1%的水平上呈现显著的正向影响效应（0.031），其他虚拟变量并不显著；相较于其他行业，中部地区和西部企业若为制造业和采矿业，对企业绩效是在1%的水平上呈现显著的正向影响效应，其中，中部地区、西部地区制造业分别为0.093和0.072，中部地区、西部地区采矿业均为0.078。

7.5　本章小结

本章在第3章理论分析和研究假设基础上，引入了适合分析不同层面嵌套数据的多层线性模型，使用283个地市级层面数据以及中国工业企业数据库（2013）的微观企业数据，将企业嵌套在地市中，实证检验了地区税负对经济增长微观基础——企业绩效的影响，主要结论如下：

从全国总体样本来看：（1）地区税负对企业绩效具有显著的负效应，即地区税负越大，企业绩效水平越低，说明地区税负带给地方企业的成本压力高于其带给企业的刺激效应，一定程度上妨碍了企业绩效的提升。（2）地区税负对特征不同企业绩效的异质性影响存在一定的差异，企业规模越大则企业绩效越高，企业盈利能力越大则企业绩效越低；同样地区税负对各行业的企业绩效都是负向影响，例如，相较于外资企业和港澳台资企业，地区税负对内资企业绩效呈负向影响。但对于企业年龄、企业资本结构、资本密集度、税收激励和外资企业来说，地区税负对其企业绩效并无显著影响。（3）企业自身不同的特质对企业绩效具有一定的显著影响。其中，企业规模、企业资本结构和税收激励对企业绩效具有显著的负效应；而企业年龄、企业盈利能力、资本密集度对企业绩效具有显著正效应；与电力、热力、燃气及水的生产和供应业相比，企业处在制造业和采矿业对企业绩效均为显著正向影响。

分区域进一步研究发现：（1）东部地区、中部地区、西部地区的实证结果类似于全国，地区税负对企业绩效具有显著的负效应，但是在东北地区企业的绩效受地区税负的正向影响。（2）除了东部地区拥有不同特征企业的企业绩效受地区税负的异质性影响较为明显外，东北地区、中部地区、西部地区估计结果均显示地区税负对区域内不同特征企业的影响在较大程度上是同质的，仅有个别地区税负和企业特征的交互项影响较为显著。其中，在东部地区，地区税负对企业规模不同（正向影响）、企业年龄不同（负向影响）、企业盈利能力不同（负向影响）、资本密集度不同（负向影响）、税收激励不同（负向影响）的企业具有显著的异质性影响，另外相较于其他类型行业和所有制企业，归属采矿业和内资企业类型的企业绩效受地区税负显著的负向影响；在东北地区，地区税负仅对企业盈利能力不同的企业有显著的异质性影响，其他企业特征变量系数均不显著；在中部地区，地区税负仅对年龄不同、盈利能力不同的企业存在显著的负向影响；在西部地区，地区税负仅对盈利能力不同的企业存在一定的负向影响，另外相较于电力、热力、燃气及水的生产和供应业，制造业和采矿业企业均为显著正向影响。（3）除了上述地区税负对企业绩效的影响外，企业自身不同的特征对企业绩效也有一定影响。第一，四个区域都是企业规模、企业资本结构对企业绩效具有一定的负向影响，但四个区域影响系数不同且中部地区的企业资本结构影响系数不显著；第二，有关企业年龄的影响，东北地区和西部地区均不显著，中部地区对企业绩效具有显著正向影响效应；第三，关于企业盈利能力、资本密集度、税收激励的影响，东北地区、中部地区、西部地区与东部地区类似，三者对企业绩效均有显著的正向影响，但影响系数大小不同；第四，行业和所有制的影响总体来说并不显著，仅个别地区某个变量系数显著。

第8章 共同富裕视阈下地区税负的优化策略

8.1 地区税负对共同富裕实现的总体影响分析

区域间经济增长不平衡会制约区域经济协同增长，影响国家经济稳定、高质量、可持续增长，阻碍共同富裕目标的实现。因此，基于区域经济增长理论，本书以地区税负为研究视角，首先，构建了地区税负影响区域经济增长不平衡的基本理论框架；其次，从总体影响角度将要素投入、财政支出及产业结构变动等变量纳入同一分析框架，探讨了地区税负对区域经济增长不平衡的总体影响效应，并进一步从区域经济增长质量和区域经济增长微观基础两个视角，研究地区税负对区域全要素生产率和企业绩效的作用机制，完善了理论研究基础；最后，基于理论研究框架，结合我国地区税负和区域经济增长不平衡的典型化事实，从不同的角度实证分析和研究了地区税负与区域经济增长不平衡之间的关系，得出了相应的研究结论。本书研究结论主要有以下内容：

（1）本书从要素投入机制、产业结构变动机制、财政支出机制三大中介路径实证检验了地区税负对区域经济增长的间接影响效应、直接效应，最终得出了总体影响效应。

有关地区税负对区域经济增长不平衡的总体实证分析结果显示：通过分析全国样本，发现不论是中介效应还是直接效应，地区税负都显著抑制了区域经济增长。首先，从要素投入机制分析可见，地区税负通过要素投入显著抑制了区域经济增长，且影响系数较大；其次，从产业结构变动机制分析可见，地区税负通过其显著促进了区域经济增长，但其影响系数非常小；再次，通过分析财政支出中介机制可知，地区税负通过财政支出显著促进了区域经济增长，但是其和产业结构变动机制的正向影响终究无法弥补要素投入机制的负向影响，要素投入中介机制影响在三个中介影响中占据了主导地位；最后，地区税负对区域经济增长的直接影响也是显著负向影响。

此外，本书还在基准模型的基础上，进一步实证检验了不同税种、不同区域的税负异质性影响。首先，从不同税种角度分析可知，各主要税种不论是直接作用还是间接作用，对区域经济增长的抑制效应都大于促进效应，其中个人所得税抑制效应最大，企业所得税次之，而营业税和增值税的抑制效应较为接近，营业税略高于增值税。其次，从不同区域角度分析可知，地区税负对各区域经济增长都呈现显著的抑制性作用，但是东部地区税负对经济增长抑制效应最小，西部地区则最大。其中，地区税负的总中介效应呈现出"西高东低"的态势，而东北地区的中介效应值是四大区域中最高的，这可能与地区资源禀赋和国家相关扶持政策有关。就直接效应而言，地区税负对区域经济增长的影响更是呈现明显的"西高东低"趋势，可能是由于各区域经济体量、市场参与者对税负的敏感度不同所导致的，东部地区税负承受能力远高于其他地区。

（2）在有关地区税负对区域全要素生产率影响的实证检验中，本书运用空间面板联立方程，分析了两者间的相互内生影响和空间溢出效应。

首先，通过分析全国样本可知，由于技术溢出性和地方政府税收行为的相互跟进，空间相关性在模型构建估计过程中起到了重要作用，不管是地区税负还是区域全要素生产率的空间溢出效应均显著；而且两者间的相互内生性影响显著，呈现反向共生发展状况，即地区税负增加将抑制区域全要素生产率的提高，而区域全要素生产率的提高将降低地区税负水平。

其次，通过对不同区域的样本统计分析，实证检验了不同区域地区税负与区域全要素生产率的相互内生影响关系和空间溢出效应，发现各区域的实证结果及其显著性存在明显的差异，这意味着在不同区域样本下，由于区域间社会发展状况、政策制度环境、经济基础以及市场环境等的不一致性，造成了各区域的全要素生产率和地区税负影响的不同。具体来看：第一，各区域内部的地区税负和全要素生产率都存在一定的空间溢出效应，但是差异明显。其中，东部地区的全要素生产率的空间溢出效应较为显著，且其对邻近地区的全要素生产率为显著抑制作用，而对地区税负为显著提升作用，但地区税负的空间溢出效应不显著；东北地区的全要素生产率的空间溢出效应与东部地区类似，系数值上略有不同，但是地区税负的空间溢出效应对区域全要素生产率的影响有显著的提升作用，对地区税负影响不显著；中部地区的全要素生产率的空间溢出效应较为显著，且其对邻近地区的区域全要素生产率为显著抑制作用，对地区税负也为显著抑制作用，而地区税负空间溢出效应对地区税负为显著的正向影响，对区域全要素生产率的影响不显著；西部地区的区域全要素生产率的空间溢出效应与中部地区类似但系数值不同，但地区税负空间溢出效应对地区税负和区域全要素生产率均为显著影响，其中对前者是正向影响，对后者是负向影响。第二，从地区税负和区域全要素生产率之间的相互内生影响来看，东部地区和西部地区两者均为显著相关，其中地区税负对区域全要素生产率的影响均为负向，但东部地区全要素生产率提升将提高地区税负，而西部地区则是降低税负；东北地区的区域全要素生产率提升会带来地方税负的增加，而地区税负对区域全要素生产率的影响不显著；中部地区两个指标均不显著。总之，通过区域间的异质性分析可知，我国全局的分析结果并不能完全代表各个区域，应结合各地区实证结果具体分析现实状况。

（3）在有关地区税负对企业绩效的实证检验中，本书运用多层线性模型，从企业、地市级两个层面出发，分析了地区税负对企业绩效的具体影响。

首先，从全国样本实证检验结果可得：一是地区税负对区域企业绩效具有显著的抑制效应，地区税负水平的高低将直接影响到地区企业的绩效水平，税负越高，企业绩效越低，这意味着地区税负带给地方企业的成本压力往往高于对其的刺激效应；反之，降低地区税负有利于减轻企业成本压力，提高企业绩效。二是具有不同特征的企业受到的地区税负的影响也不同，存在明显异质性差异：在同等条件下，企业规模越大的企业绩效越高，企业盈利能力越强的企业往往绩效越低，但对于企业年龄、企业资本结构、资本密集度、税收激励和外资企业来说，地区税负对其企业绩效的改变并无显著的不同影响。三是企业自身所具备的特质对其绩效也有一定的影响，例如企业规模、企业资本结构和税收激励对企业绩效具有显著的抑制作用；而企业年龄、企业盈利能力、资本密集度等特质则对企业绩效具有显著的正向促进作用；另外，与电力、热力、燃气及水的生产和供应业相比，企业处在制造业和采矿业对企业绩效均为显著正向影响，其中对制造业的影响略高于采矿业。

其次，本书通过分区域样本实证检验了地区税负对不同区域企业绩效的影响效应。通过实证结果分析可知，东部地区、中部地区和西部地区的实证结果类似于全国地区，地区税负对企业绩效具有显著的负效应，但具体影响系数不同；而东北地区的企业绩效受地区税负显著的正效应影响。另外，进一步分析发现，相较于其他地区，东部地区拥有不同特征企业的绩效受地区税负的异质性影响较为显著，而其他地区实证结果显示，仅是个别企业特质对地区税负的异质性影响显著，而地区税负在这些地区对不同企业的影响更趋向同质化。

8.2 共同富裕视阈下地区税负的优化建议

地区税负对区域经济增长不平衡有着重要影响，而我国经济增长目前又处在关键的转折期，如何通过完善税收体系推动国家实现区域经济均衡、高质量和可持续增长，具有重要的现实意义。结合上述研究结论，本书就在经济新常态下如何通过税制优化更好地推动我国区域间经济均衡增长、共同富裕以及实现地区高质量、可持续发展等提供一定的切实可行的对策建议。

8.2.1 完善税收优惠政策

如前文所述，虽然理论上政府能够通过一些税收优惠政策促进区域经济增长，缩小区域间的经济增长差异，但在我国当前实践中，税收优惠政策并没有真正减轻区域间的经济增长不平衡,反而在税收优惠的制定、实施过程中加剧了区域间的经济增长差异。相较于其他区域,东部地区实际上享受到了更多税收优惠带来的经济发展红利,结合自身自然环境、地理区位等优势,其经济发展程度远高于其他区域,拥有更为完善的基础设施和更加优越的投资环境,而其他三个区域短时间内难以达到同等水平。故在同等条件下,各类资本更倾向于流入东部地区,这将进一步造成我国区域间经济增长不平衡。因此,应合理评估现阶段各类税收优惠政策对区域经济增长的影响,结合区域特色,有针对性地完善我国税收优惠政策。

(1) 区域税收优惠与产业税收优惠有机结合。

"十四五"规划明确提出,要促进区域协调发展,"推动西部大开发形成新格局""促进中部地区加快崛起""推动东北振兴取得新突破""鼓励东部地区加快推进现代化"以及"健全区域战略统筹、市场一体化发展、区域合作互助、区际利益补偿等机制,更好促进发达地区和欠发达地区、东中西部和东北地区共同发展"等[①]。因此,我国现阶段税收优惠政策的目标之一应当是逐步缩小区域经济增长不平衡,增进区域间互利合作,实现各区域共同富裕,推动不同地区结合自身状况发展特色、优势产业,实现区间的经济协调增长。近年来,虽然我国已经淡化税收优惠政策的区域性特征,但是,基于历史经验,区域税收优惠政策对区域经济增长具有强大的推动作用,考虑到经济增长的区域不平衡现状,不应过度限制针对欠发达地区的区域优惠政策,可以将区域税收优惠与产业税收优惠并重,并积极进行有机结合,以努力降低欠发达地区的税收负担,促进欠发达地区经济快速增长。

首先,应重视对欠发达地区优势产业的税收优惠。在制定产业税收优惠政策时,应当向欠发达地区的优势产业倾斜。如在税收优惠上可更加关注农业服务业、农产品加工业等行业。其次,仍应实施一定的区域税收优惠政策,引导资本和较先进产业流入欠发达地区。与发达地区相比,欠发

---

① 资料来源:《中共中央关于制定国民经济和社会发展第十四个五年规划和二〇三五年远景目标的建议》。

达地区也有自身的优势，如地价、房产价格、劳动力成本较低等，有些地区还拥有独特的资源或地理优势，那么给予这些地区特殊的税收优惠政策，如对这些地区特定种类经济区、特定产业等进行优惠，可以在相当大程度上抵消其与发达地区相比所存在的一些禀赋不足，促进这些地区较先进的新兴产业的发展，进而促进其经济增长。国家发展和改革委员会2014年曾公布《西部地区鼓励类产业目录》，并于2021年进行了修订，对西部12个省（区、市）以及吉林延边、湖北恩施等几个地区的鼓励类产业进行了详细界定，结合西部大开发政策并给予一定的税收优惠，取得了良好效果。今后可以在此经验基础上，对其他欠发达区域实施类似政策，以进一步促进欠发达区域经济高速、高效、可持续增长。

（2）恰当评估税收优惠政策的区域影响。

我国的许多税收优惠政策名义上并不针对区域，但如前文所述，由于区域税源存在差异，很多政策最终受益地区往往集中在经济发达地区，所以可能会对地区税负进而区域经济均衡增长造成不合意的系统影响。因此，在制定税收优惠政策时，应当结合大数据技术的应用，事先对该政策作用领域的区域分布进行较为细致的评估，更加重视其可能引发的地区税负差异，尽量避免发达地区减税幅度大于欠发达地区的情况，若无法避免这种情况，则应当结合产业或其他税收政策对欠发达地区实施相应具有一定平衡性的优惠措施，以减少税收优惠对区域经济均衡增长的扭曲。

8.2.2 健全地方税体系

理论上，财政分权能够激发地方政府自身发展动力，根据辖区公众需求偏好，依据公众满意度实现政府财政支出的最优决策。但我国现行分税制体系是在未明确中央和地方事权的前提下进行的税收收入划分，税权高度集中于中央，而财政支出权又下放给地方，形成了财权上收与事权下解间的非对称性逆向运动，这既造成了地方政府自有收入和事权支出责任间财力缺口的扩大，也使不同自然资源禀赋、社会发展水平的地方政府间横向财政失衡愈演愈烈，最终导致地方政府通过自身税收行为选择，造成地区间税负差异形成,拉大了区域间经济增长的不平衡。故若想实现区域间经济均衡增长,优化地方税体系势在必行。

(1)合理设定地方税主体税种。

地方税体系的主体税种选择是近年来理论界和实务界的研究热点,观点纷呈,2019年9月26日,国务院发布了《国务院关于印发实施更大规模减税降费后调整中央与地方收入划分改革推进方案的通知》(国发〔2019〕21号),指出要"后移消费税征收环节并稳步下划地方",给予了这一议题一个具有政策可行性的答案。消费税是我国收入最高的四大税种之一,下放地方后可以充当地方税的主体税种。但是,消费税下放地方的重要前提是,需要将生产环节课征后移至批发或零售环节课征,究其原因,首先,课征环节的后移能够消除地方政府为了获得更高税收收入而鼓励应税消费品生产的倾向,从而顺应消费税对应税消费品"寓禁于征"的初衷;其次,与生产环节课征相比,消费税在批发或零售环节课税能够使税收收入归属于消费地,从而在全国范围内促进税源与税收收入的匹配。目前,我国已经对高档手表、贵重首饰和珠宝玉石等品目实行了课征环节后移的试点,但是,由于这些税目的收入在消费税中占比较低,如何创造条件将烟、酒、油、车等收入数量巨大税目的消费税后移是当前亟待解决的问题。消费税课征环节后移的主要限制是征管条件,因此,当前应当细致分析相关征管方面的障碍,调整和完善相关征管规定,以为消费税下移成为地方税主体税种创造条件。此外,有些欠发达地区是消费税应税产品的重要生产地,在消费税后移课征环节并下放地方过程中,应当评估改革对这些欠发达地区税收收入的影响,并采取包括转移支付在内的必要措施,以避免对其经济增长形成负面效应。

(2)完善地方税相关税种。

当前,我国地方税的许多税种其税制已经严重脱离社会经济现状,使得地方政府无法通过地方税体系获取足够的收入,亟待改革。例如,我国的房产税和城镇土地使用税就需要改革为房地产税,应将个人所有的非营业用房纳入房地产税的课税范围,并将计税依据改为房地产的评估价值,并合理确定计税依据和适用税率范围。城市维护建设税、契税、耕地占用税等也应进行相应改革，还可考虑将部分现有中央税，如车辆购置税下放地方的可能性，以及开征遗产与赠予税的可行性。总而言之，应当为省级及省以下各级政府提供必要的地方税收收入，减少因规范的税收收入不足而可能引发的不同地区征管宽严不同、公共品供给水平不同，促进区域经济均衡增长。

（3）适当下放地方税的税收立法权。

当前我国的地方税税收立法权基本集中于中央政府，考虑到我国幅员辽阔，各地社会税源状况、财政收入需求等差异很大，可以在试点的基础上逐步给予地方政府一定的税权。如对于情况特殊的省区，可以经中央批准后，开征具有本地特色的地方税种；给予地方政府在中央规定的较宽的税率范围内，确定本地适用税率的权力；给予地方政府在中央规定的幅度内，确定本地特定税收优惠力度的权力等。但是，地方税税收立法权在下放时，也要对其区域异质性效应进行评估，对于可能会对欠发达地区产生不利影响的政策，须谨慎实施，或给予相应政策补偿。

8.2.3 优化增值税的央地分享机制

增值税是我国的第一大税种，其合理、科学的央地分享规则，能够缓解政府转移支付压力，有助于缩小区域间的财力差距。全面"营改增"后，当前增值税实施的是中央和地方各占收入的50%的过渡方案。结合增值税生产地分配原则来看，如果简单进行统一的比例调整，可能会加剧对地方政府行为的扭曲，造成地方政府对市场资源要素配置的干预度提升，同时会加剧区域间的横向财政受益不公。因此，我国应借鉴德国等西方发达国家经验，在当前增值税央地"五五分成"的基础上，进一步细化地方分享细则，基于财政均等化原则和消费地原则对地方分享部分，结合各省级地区常住人口、消费水平和财政自给率等指标，分别赋予不同权重用以确定增值税分享比例，同时搭建良好的地区间监督、沟通协调和管理机制，缓解地区间的矛盾冲突。这种方式有助于缓解税收和税源背离问题，提升增值税的收益公平性，同时其直接将各地实际条件与应分享增值税收入挂钩,将转移支付纳入了税收初次分配阶段,一定程度上能够弥补我国仅仅依靠大规模纵向转移支付平衡区域间财力差距的缺陷,促进区域经济均衡增长。

8.2.4 优化政府间转移支付制度

税收优惠政策完善、地方税体系建设及增值税分享改革虽然重要,但仍无法完全满足区域经济均衡增长对财政收入适当分配的要求。转移支付制度能够平衡区域间政府财力差距,弥补地方政府税收收入的缺口,降低欠发达地区的财政紧张压力,促进其经济增长,因此转移支付制度的优化也是必要之举。应在进一步合理划分中央与地方政府之间的事权和支出责任的基础上,科学优化转移支付制度,改进转移支付结构,增加有效转移支付规模可以提升地方政府财力,促进区域间经济均衡增长。

首先,合理控制专项转移支付范围和规模,健全专项转移支付的评估和退出机制,尽可能减少或避免由于一些专项转移支付要求地方配套资金跟进导致的地方财力负担,同时加大对欠发达地区的专项转移力度,积极配合"西部大开发""东北老工业基地振兴""中部崛起"等国家区域发展战略,合理评估中央转移支付政策效果,因地制宜,缩小区域间经济增长差距,当然,也应防范欠发达地区经济增长对转移支付的依赖,切实提高欠发达地区经济增长速度和质量。其次,适当加大一般性转移支付规模,完善一般性转移支付资金分配方法,根据区域间的财力差距,对欠发达地区倾斜,以切实发挥均衡性转移支付作用,缩小区域间地方政府财力差距。

8.2.5 缓解税收与税源背离问题

区域间税收与税源相对均衡是实现区域财力均衡,促进区域间经济平衡增长的前提和基础。税收与税源背离虽然是社会经济发展过程中难以避免的问题,适度的税收与税源背离能够调动地方政府发展总部经济的积极性,也可以降低纳税遵从成本和税收征收成本,但如果背离度过高,将会削弱欠发达地区的财力和社会公共服务能力，刺激不良税收竞争，最终影响全社会的经济增长，造成全社会公共财力的流失。总体来看，缩小税收与税源背离度更有利于区域间经济均衡增长。本书认为缓解税收与税源背离问题，应坚持效率性与便利性并举原则，从多角度改革税制。

第一，从完善企业所得税汇总纳税制度出发，进一步厘清总部和分支公司关系，以贡献与收益相匹配为原则，适度增加分支机构企业所得税的分摊缴纳比例，减少总部经济的影响。第二，如前文所述，推动消费税下放地方改革。第三，完善区域间横向税收分配机制，消除区域间的不良税收竞争。通过中央出台明确的区域间税收横向分配办法，厘清各地区税收征管管辖权，确定区域间税收分配基本原则，并以此为基础建立税收横向分配工作机制，从国家层面牵头协商解决可能出现的税收横向分配争议，引导区域间税收协同合作。第四，通过完善税收征管环节，如调整某些类型税收的主管税务机关、优化某些税款的代扣代缴制度等，消除征管型的税收与税源背离问题。

参考文献

[1] Ramsey F P. A contribution to the theory of taxation [J]. The Economic Journal, 1927, 37 (145): 47-61.

[2] Hotelling H. The economics of exhaustible resources [J]. Bulletin of Mathematical Biology, 1931, 53 (1-2): 281-312.

[3] Hemming R, Kay J. The Laffer curve [J]. Fiscal Studies, 1980, 1 (2): 83-90.

[4] Fleming M, Mundell R A. Monetary theory: inflation, interest, and growth in the world economy [J]. The Economic Journal, 1971, 82 (325): 259-287.

[5] Lucas Jr R E. Supply-side economics: an analytical review [J]. Oxford Economic Papers, 1990, 42 (2): 293-316.

[6] Jones L E, Manuelli R E, Rossi P E. On the optimal taxation of capital income [J]. Journal of Economic Theory, 1997, 73 (1): 93-117.

[7] Feldstein M, Summers L. Inflation and the taxation of capital income in the corporate sector [J]. National Tax Journal, 1979, 32 (4): 445-470.

[8] Atkeson A, Chari V V, Kehoe P J. Taxing capital income: a bad idea [J]. Federal Reserve Bank of Minneapolis Quarterly Review, 1999, 23 (3): 3-7.

[9] Joseph Alois, Schumpeter J, K eynes K M, et al. The general theory of employment, interest and money [J]. Journal of the American Statistical Association, 1936, 31 (2): 231-275.

[10] Barro R J. Government spending in a simple model of endogeneous growth [J]. Scholarly Articles, 1990, 98 (5): 103-125.

[11] Chamley, C. Optimal taxation of capital income in general equilibrium with infinite lives [J]. Econometrica, 1986 (54): 607 – 622.

[12] Ho W H, Wang Y. Public capital, asymmetric information, and economic growth capital public, information asymetrique, et croissance economique [J]. Canadian Journal of Economics, 2005, 38 (1): 57 – 80.

[13] Futagami K, Mino K. Threshold externalities and cyclical growth in a stylized model of capital accumulation [J]. Economics Letters, 1993, 41 (1): 99 – 105.

[14] Hanusch H, Greiner A. Schumpeter's circular flow, learning by doing and cyclical growth [J]. Journal of Evolutionary Economics, 1994, 4 (3): 261 – 271.

[15] Chen S, Chen X, Cheng Q, et al. Are family firms more tax aggressive than non – family firms? [J]. Journal of Financial Economics, 2010, 95 (1): 41 – 61.

[16] Park H, Philippopoulos A. Can productive government spending be the engine of long – run growth when labor supply is endogenous? [J]. Social Science Electronic Publishing, 2002, 21 (3): 715 – 752.

[17] Economides G, Papageorgiou D, Philippopoulos A, et al. Smaller public sectors in the Euro Area: aggregate and distributional implications [J]. CESifo Economic Studies, 2013, 59 (3): 536 – 558.

[18] Turnovsky S J. International macroeconomic dynamics [J]. MIT Press Books, 1997, 1 (1): 1 – 21.

[19] Dewatripont M, Hansen L P, Turnovsky S J. Advances in economics and eonometrics: preface [J]. Eigth World Congress of the Econometric Society, 2003, 11 (3): 113 – 146.

[20] Aiyagari S R, Dan P. Social insurance and taxation under sequential majority voting and utilitarian regimes [J]. Staff Report, 1995, 19 (8): 1511 – 1528.

[21] Mun T. England's treasure by forraign trade [J]. Reprints of Economic

Classics, 1928, 1 (1): 1-33.

[22] Paccagnella O. Centering or not centering in multilevel models? The role of the group mean and the assessment of group effects [J]. Evaluation Review, 2006, 30 (1): 66-85.

[23] Serra A. Antonio Serra. A short treatise on the wealth and poverty of nations (1613) [J]. History of Economics Review, 2011, 11 (2): 541-578.

[24] Chari V V, Christiano L J, Kehoe P J. Optimal fiscal policy in a business cycle model [J]. Journal of Political Economy, 1994, 102 (4): 617-652.

[25] Chari V V, Kehoe P J. Optimal fiscal and monetary policy [J]. Handbook of Macroeconomics, 1999, 1: 1671-1745.

[26] Judd K L. Optimal taxation and spending in general competitive growth models [J]. Journal of Public Economics, 1999, 71 (1): 1-26.

[27] Judd K L. Redistributive taxation in a simple perfect foresight model [J]. Journal of Public Economics, 1985, 28 (1): 59-83.

[28] Zhu X. Optimal fiscal policy in a stochastic growth model [J]. Journal of Economic Theory, 1992, 58 (2): 250-289.

[29] Stockman D R. Balanced-budget rules: welfare loss and optimal policies [J]. Review of Economic Dynamics, 2001, 4 (2): 438-459.

[30] Renstrm T I, Spataro L. Optimal taxation in an endogenous growth model with variable population and public expenditure [J]. Journal of Public Economic Theory, 2021 (6): 78-119.

[31] Hansen E. Optimal income taxation with labor supply responses at two margins: when is an earned income tax credit optimal? [J]. Journal of Public Economics, 2021, 195 (5): 104-135.

[32] Piketty T, Saez E, Stantcheva S. Optimal Taxation of top labor incomes: a tale of three elasticities [J]. Cepr Discussion Papers, 2014, 25 (2): 662-691.

[33] Naito H. Re-examination of uniform commodity taxes under a non-linear

income tax system and its implication for production efficiency [J]. Journal of Public Economics, 1999: 71-98.

[34] Bliese P. An introduction to multilevel modeling techniques [J]. Personnel Psychology, 2000, 53 (4): 1062-1065.

[35] Abuselidze G. Formation of tax policy in the aspect of the optimal tax burden [J]. Social Science Electronic Publishing, 2015, 11 (3): 162-189.

[36] Guo J T, Lansing K J. Optimal taxation of capital income with imperfectly competitive product markets [J]. Journal of Economic Dynamics and Control, 1999, 23 (7): 967-995.

[37] Chamley C. Capital income taxation, wealth distribution and borrowing constraints [J]. Journal of Public Economics, 2001, 79 (1): 55-69.

[38] Peñalosa C G, Turnovsky S J. Second-best optimal taxation of capital and labor in a developing economy [J]. Journal of Public Economics, 2005, 89 (5-6): 1045-1074.

[39] KJV Ríos-Rull. Time-consistent optimal fiscal policy [J]. International Economic Review, 2010, 44 (4): 1217-1245.

[40] P Klein, KJV Ríos-Rull. Time-consistent public policy [J]. The Review of Economic Studies, 2008, 75 (3): 789-808.

[41] Erosa A, Gervais M. Optimal taxation in life-cycle economies [J]. Journal of Economic Theory, 2002, 105 (2): 338-369.

[42] Mathieu-Bolh N. Optimal taxation and finite horizon [J]. Economics Letters, 2006, 91 (2): 215-221.

[43] Friedman E. Maoism and the liberation of the poor [J]. World Politics, 1987, 39 (3): 408-428.

[44] Tsui K Y. Economic reform and interprovincial inequalities in China [J]. Journal of Development Economics, 1996, 50 (2): 353-368.

[45] Qian L Y. Balanced or unbalanced development: special economic zones as catalysts for transition [J]. Journal of Comparative Economics, 1998,

26 (1): 117 – 141.

[46] Huang K. Growth and cycles in China's unbalanced development: resource misallocation, debt overhang, economic inequality, and the importance of structural reforms [J]. Frontiers of Economics in China, 2019, 14 (1): 214 – 246.

[47] Anna H. Economic differentiation of regions in China [J]. Research Papers of the Wroclaw University of Economics, 2014, 370 (1): 267 – 280.

[48] Zhang L, Hui E C, Wen H. The regional house prices in China: ripple effect or differentiation [J]. Habitat International, 2017, 67: 118 – 128.

[49] Goletsis Y, Chletsos M. Measurement of development and regional disparities in Greek periphery: a multivariate approach [J]. Socio – Economic Planning Sciences, 2011, 45 (4): 174 – 183.

[50] Lyhagen J, Rickne J. Income inequality between Chinese regions: newfound harmony or continued discord? [J]. Empirical Economics, 2014, 47 (1): 93 – 110.

[51] Dagum C. A new approach to the decomposition of the Gini income inequality ratio [J]. Empirical Economics, 1997, 22 (4): 515 – 531.

[52] Das T, Parikh A. Statistical interpretation, decomposition and properties of Atkinson's inequality index [J]. Rivista Di Matematica Per Le Scienze Economiche E Sociali, 1982, 5 (1): 25 – 30.

[53] Belton G M. Causal maps and the evaluation of decision options: a review [J]. The Journal of the Operational Research Society, 2006, 57 (7): 779 – 791.

[54] Kim I, Yie M S. Trend inflation, firms' backward – looking behavior, and inflation gap persistence [J]. Economic Modelling, 2016, 58 (nov.): 116 – 125.

[55] Bologna J, Young A T, Lacombe D J. A spatial analysis of incomes and

institutional quality: evidence from US metropolitan areas [J]. Journal of Institutional Economics, 2016, 12 (1): 191 - 216.

[56] Batabyal, Amitrajeet, A, et al. Schumpeterian creative class competition, innovation policy, and regional economic growth [J]. International Review of Economics & Finance, 2018, 55: 86 - 97.

[57] Lee B S, Peng J, Li G, et al. Regional economic disparity, financial disparity, and national economic growth: evidence from China [J]. Review of Development Economics, 2012, 16 (2): 342 - 358.

[58] Horngren S. Asset recognition and economic attributes—the relevant costing approach [J]. The Accounting Review, 1962, 37 (3): 391 - 399.

[59] Arrow K, Bolin B, Costanza R, et al. Economic growth, carrying capacity, and the environment [J]. Review of Development Economics, 1995, 15 (2): 1 - 95.

[60] Williamson B. Demographic transitions and economic miracles in Emerging Asia [J]. World Bank Economic Review, 1998, 12 (3): 419 - 455.

[61] Demurger S, Sachs J D, Woo W T, et al. The relative contributions of location and preferential policies in China's regional development: being in the right place and having the right incentives [J]. China Economic Review, 2002, 1 (2): 13 - 32.

[62] Zhang K X. Which regional inequality? The evolution of rural - urban and inland - coastal inequality in China from 1983 to 1995 [J]. Journal of Comparative Economics, 1999, 27: 192 - 224.

[63] Kanbur R, X Zhang. Spatial inequality in education and health care in China [J]. CEPR Discussion Papers, 2005, 16 (2): 189 - 204.

[64] Yang D T. What has caused regional inequality in China? [J]. China Economic Review, 2002, 13: 331 - 334.

[65] Fleisher B M, Jian C. The coast - noncoast income gap, productivity, and regional economic policy in China [J]. Journal of Comparative Eco-

nomics, 2004, 25 (2): 220 - 236.

[66] Qi L, Zhang C, Yang C, et al. The development of foreign trade in China's seven economic regions and its regional pattern changes, 1965 - 2004 [J]. Acta Geographica Sinica, 2007, 62 (8): 799 - 808.

[67] Herrmann - Pillath C, Kirchert D, Pan J. Disparities in Chinese economic development: approaches on different levels of aggregation [J]. Economic Systems, 2002, 26 (1): 31 - 54.

[68] Golley J. Regional patterns of industrial development during China's economic transition [J]. Economics of Transition, 2010, 10 (3): 761 - 801.

[69] Fleisher B, D Hu, Mcguire W, et al. The evolution of an industrial cluster in China [J]. China Economic Review, 2009, 21 (3): 456 - 469.

[70] Gumpert M. Regional economic disparities under the Solow model [J]. Quality & Quantity, 2019, 3: 331 - 367.

[71] Knaap K G. The spatial dispersion of economic activities and development trends in China: 1952 - 1985 [J]. The Annals of Regional Science, 2001, 12 (1): 36 - 67.

[72] Anuradha D G, Husain A M. Centripetal forces in China's economic take - off [J]. IMF Working Papers, 2001, 35 (1): 39 - 57.

[73] Li M A, Liu W D, Liu Y. Spatial evolution of local production network under economic globalization [J]. Geographical Research, 2004, 23 (1): 87 - 96.

[74] Zheng D, Kuroda T. The role of public infrastructure in China's regional inequality and growth: a simultaneous equations approach [J]. Developing Economies, 2013 (1): 79 - 109.

[75] Wilson C D J. State investment tax incentives: a zero - sum game? [J]. Journal of Public Economics, 2008, 92 (12): 2362 - 2384.

[76] Stoilova D. Tax structure and economic growth: evidence from the European Union [J]. Contaduria y Administracion, 2017, 62 (3): 1041 -

1057.

[77] Jens, Matthias, Arnold, et al. Tax policy for economic recovery and growth [J]. Economic Journal, 2011, 121 (550): 59-80.

[78] Tanzi, Vito, Zee, et al. Tax policy for emerging markets: developing countries [J]. National Tax Journal, 2000, 53 (2): 299-322.

[79] Mullen John K, Williams Martin. Marginal tax rates and state economic growth [J]. 1994, 24 (6): 687-705.

[80] Appelbaum E, Katz E. Corporate taxation, incumbency advantage and entry [J]. European Economic Review, 1996, 40 (9): 1817-1828.

[81] Tan W. The effects of taxes and advertising restrictions on the market structure of the U.S. cigarette market [J]. Review of Industrial Organization, 2006, 28 (3): 231-251.

[82] Adkisson R V, Mohammed M. Tax structure and state economic growth during the Great Recession [J]. The Social Science Journal, 2014, 51 (1): 79-89.

[83] Romer R D H. Macroeconomic effects of tax changes: estimates based on a new measure of fiscal shocks [J]. American Economic Review, 2010, 100 (3): 763-801.

[84] Acosta-Ormaechea S, Sola S, Yoo J. Tax composition and growth: a broad cross-country perspective [J]. German Economic Review, 2019, 20: 461-504.

[85] Danielova A, Sarkar S. The effect of leverage on the tax-cut versus investment-subsidy argument [J]. Review of Financial Economics, 2011, 20 (4): 123-129.

[86] Blanchard O, Shleifer A. Federalism with and without political centralization: China versus Russia [J]. Harvard Institute of Economic Research Working Papers, 2001, 48: 171-179.

[87] Zidar O M. Tax cuts for whom? Heterogeneous effects of income tax changes on growth and employment [J]. NBER Working Papers, 2019, 127

(3): 1437-1472.

[88] Blaufus K, Bob J, Hundsdoerfer J, et al. It's all about tax rates: an empirical study of tax perception [J]. Arqus Discussion Papers in Quantitative Tax Research, 2010, 11 (3): 267-291.

[89] Feng T, Keller L R, Ping W, et al. An empirical study of the toxic capsule crisis in China: risk perceptions and behavioral responses [J]. Risk Analysis, 2014, 34 (4): 698-710.

[90] Aparicio J, Cordero J M, C Díaz-Caro. Efficiency and productivity change of regional tax offices in Spain: an empirical study using Malmquist-Luenberger and Luenberger indices [J]. Empirical Economics, 2019, 1: 1-32.

[91] Stoilova D. Tax structure and economic growth: evidence from the European Union [J]. Contaduria y Administracion, 2017, 62 (3): 1041-1057.

[92] J Zou, Shen G, Gong Y. The effect of value-added tax on leverage: evidence from China's value-added tax reform [J]. China Economic Review, 2018, 54: 643-672.

[93] Krugman P R. Increasin greturn and economic geography [J]. Journal of Political Economy, 1991, 99 (3): 483-499.

[94] Bernstein J I, Nadiri M I. Corporate taxes and incentives and the structure of production: a selected survey [J]. Working Papers, 1988, 11 (2): 55-87.

[95] House C, Shapiro M D. Temporary investment tax incentives: theory with evidence from bonus depreciation [J]. American Economic Review, 2008, 98 (3): 737-768.

[96] Djankov, Simeon, Ganser, et al. The effect of corporate taxes on investment and entrepreneurship [J]. American Economic Journal: Macroeconomics, 2010, 2 (3): 31-64.

[97] Doidge C, Dyck A. Taxes and corporate policies: evidence from a quasi

natural experiment [J]. Journal of Finance, 2015, 70 (1): 45-89.

[98] Everaert G, Heylen F, Schoonackers R. Fiscal policy and TFP in the OECD: measuring direct and indirect effects [J]. Empirical Economics, 2015, 49 (2): 605-640.

[99] Gonseth C, Cadot O, Mathys N A, et al. Energy-tax changes and competitiveness: the role of adaptive capacity [J]. Energy Economics, 2015, 48 (1): 127-135.

[100] Gordon R, Sarada. How should taxes be designed to encourage entrepreneurship? [J]. Journal of Public Economics, 2018, 166 (10): 1-11.

[101] Zwick E, Mahon J. Tax policy and heterogeneous investment behavior [J]. A merican Economic Review, 2017, 107: 1123-1197.

[102] Venncio A, Barros V, Raposo C. Corporate taxes and high-quality entrepreneurship [J]. Small Business Economics, 2020, 9: 1-30.

[103] Obiri C. A legitimate tax plan that minimizes a multinational technology company's taxes [J]. Ssrn Electronic Journal, 2011, 11 (2): 411-443.

[104] Ignace Ng. Trade unions, economic growth and politics [J]. Journal of Industrial Relations, 1989, 10: 114-137.

[105] Bourgain A, Zanaj S. A tax competition approach to resource taxation in developing countries [J]. Resources Policy, 2020, 65: 331-379.

[106] Schwab R M, Oates W E. Community composition and the provision of local public goods: a normative analysis [J]. Journal of Public Economics, 1991, 44 (2): 217-237.

[107] Wolkoff M. Tax abatements and rent-seeking: a reply [J]. Urban Studies, 1993, 1 (3): 599-601.

[108] Hall, Robert E, Dale W. Jorgenson, tax policy and investment behavior: reply and further results [J]. American Economic Review, 1969, 59 (3): 88-401.

[109] Kitao S. Entrepreneurship, taxation and capital investment [J]. Review of Economic Dynamics, 2008, 11 (1): 44-69.

[110] Persson T, Tabellini G. Political economics: explaining economic policy [J]. Mit Press Books, 2002, 1 (1-2): 204-206.

[111] Gillman M, Harris M N, Fenney S. Corporate and statutory tax rates [J]. Social Science Electronic Publishing, 2002.

[112] Feeny S. Determinants of profitability: australian evidence using tax entities [J]. Economic Analysis & Policy, 2002, 32 (2): 181-202.

[113] Strulik H, Trimborn T. Laffer strikes again: dynamic scoring of capital taxes [J]. European Economic Review, 2012, 56 (6): 257-291.

[114] Kosonen, Tuomas. More and cheaper haircuts after VAT cut? On the efficiency and incidence of service sector consumption taxes [J]. Journal of Public Economics, 2015, 131: 87-100.

[115] Serrato J C S, Zidar O. Who benefits from state corporate tax cuts? A local labor markets approach with heterogeneous firms [J]. Social Science Electronic Publishing, 2016, 106 (9): 2582-2624.

[116] Yagan, Danny. Capital tax reform and the real economy: the effects of the 2003 dividend tax cut [J]. American Economic Review, 2015, 105 (12): 3531-3563.

[117] Masso J, J Meriküll, Vahter P. Gross profit taxation versus distributed profit taxation and firm performance: effects of estonia's corporate income tax reform [J]. University of Tartu - Faculty of Economics & Business Administra, 2011, 17 (3): 519-552.

[118] Huang H, Wang T, Zhan Z. From business tax to value-added tax: the effects of reform on Chinese transport industry firms [J]. Australian Accounting Review, 2019, 29 (1): 158-176.

[119] Olabisi J, Kajola S O, Oladejo D A, et al. Corporate tax planning and performance of nigerian listed oil & gas firms [J]. Contemporary Economy Journal, 2019, 4 (1): 571-604.

[120] Kathleen, M, Kahle, et al. Firm performance, capital structure, and the tax benefits of employee stock options [J]. Journal of Financial &

Quantitative Analysis, 2005, 40 (1): 135 – 160.

[121] Harger K, Ross A. Do capital tax incentives attract new businesses? Evidence across industries from the new markets tax credit [J]. Journal of Regional Science, 2016, 56 (5): 733 – 753.

[122] Lanis R, Richardson G. Is corporate social responsibility performance associated with tax avoidance? [J]. Journal of Business Ethics, 2015, 127 (2): 439 – 457.

[123] Khan U, Nallareddy S, Rouen E. The role of taxes in the disconnect between corporate performance and economic growth [J]. Management Science, 2020, 66 (2): 336 – 379.

[124] Hoseini M, Rosenzweig M R. Production efficiency and self – enforcement in value – added tax: evidence from state – level reform in India [J]. Journal of Development Economics, 2020, 144 (1): 1121 – 1187.

[125] Fullerton D, Rogers D L. Who bears the lifetime tax burden? [J]. National Tax Association, 1993, 46 (1): 446 – 482.

[126] Mankiw N G. The reincarnation of keynesian economics [J]. NBER Working Papers, 1991, 36 (2 – 3): 559 – 565.

[127] Syverson C. What determines productivity? [J]. Journal of Economic Literature, 2011, 49 (1): 539 – 574.

[128] Hu, Albert G Z, Gary H. Jefferson, Qian Jinchang, R&D and technology transfer: firm – level evidence from Chinese industry [J]. Review of Economics and Statistics, 2005, 87 (4): 780 – 786.

[129] Perroux F. Economic space: theory and applications [J]. The Quarterly Journal of Economics, 1950, 64 (1): 89 – 104.

[130] Hubert B. J. Friedmann, regional development policy. A case study of Venezuela [J]. Revue Tiers Monde, 1968, 34 (9): 502 – 504.

[131] Williamson J G. Regional inequality and the process of national development: a description of the patterns [J]. Economic Development and Cultural Change, 1965, 13 (4): 1 – 84.

[132] Lewis A. Economic development with unlimited supplies of labour [J]. The Manchester School of Economic and Social Studies, 1954, 22 (2): 139 – 191.

[133] Sala – I – Martin X. Regional cohesion: evidence and theories of regional growth and convergence [J]. European Economic Review, 1996, 40 (6): 1325 – 1352.

[134] Romer P M. Endogenous technological change [J]. Journal of Political Economy, 1990, 98 (1): 661 – 709.

[135] Kosempel S. Finite lifetimes and government spending in an endogenous growth model [J]. Journal of Economics and Business, 2004, 56 (3): 1 – 210.

[136] Turnovsky S J, Morshed A. Sectoral adjustment costs and real exchange rate dynamics in a two – sector dependent economy [J]. Journal of International Economics, 2003, 63 (1): 147 – 177.

[137] Chen S H, Tsai C H. Investment preference, risk perception, and portfolio choices under different socio – economic status: some experimental evidences from individual investors [J]. Ssrn Electronic Journal, 2011, 15 (3): 114 – 160.

[138] Baron, Kenny. The moderator – mediator variable distinction in social psychological research: conceptual, strategic, and statistical considerations [J]. Journal of Personality and Social Psychology, 1986, 11 (6): 1173 – 1182.

[139] Aoki M, Hawkins R J. Non – self – averaging and the statistical mechanics of endogenous macroeconomic fluctuations [J]. Economic Modelling, 2010, 27 (6): 1543 – 1546.

[140] Hayes A F. Beyond baron and kenny: statistical mediation analysis in the new millennium: communication monographs [J]. Communication Monographs, 2009, 76 (4): 1276 – 1311.

[141] Allers M A, Elhorst J P. Tax mimicking and yardstick competition among

local governments in the Netherlands [J]. International Tax & Public Finance, 2005, 12 (4): 493-513.

[142] Ledermann T, Macho S, Kenny D A. Assessing mediation in dyadic data using the actor-partner interdependence model [J]. Structural Equation Modeling A Multidisciplinary Journal, 2011, 18 (4): 595-612.

[143] Kumbhakar S C, Denny M, Fuss M. Estimation and decomposition of productivity change when production is not efficient: a paneldata approach [J]. Econometric Reviews, 2000, 19 (4): 312-320.

[144] Preacher K J, Hayes A F. Contemporary approaches to assessing mediation in communication research [J]. Communication Monographs, 2008, 61 (3): 1147-1177.

[145] Wagenaar A C, Salois M J, Komro K A. Effects of beverage alcohol price and tax levels on drinking: a meta-analysis of 1003 estimates from 112 studies [J]. Addiction, 2009, 104 (2): 179-190.

[146] Pda M, La B, Redoano M. Horizontal and vertical indirect tax competition: theory [J]. Journal of Public Economics, 2007, 91 (3): 451-479.

[147] Levine R. Stock markets, growth, and tax policy [J]. Journal of Finance, 2012, 46 (4): 1445-1465.

[148] Lagos R. A model of TFP [J]. The Review of Economic Studies, 2006, 73 (4): 983-1007.

[149] Klenow H P J. Misallocation and manufacturing TFP in China and India [J]. Quarterly Journal of Economics, 2009 (4): 1403-1448.

[150] Erick, P. C, Chang, et al. Regional economy as a determinant of the prevalence of family firms in the United States: a preliminary report [J]. Entrepreneurship Theory and Practice, 2017, 32 (3): 559-573.

[151] Bradshaw M, Smith A. Reconstructing the regional economy: industrial transformation and regional development in Slovakia [J]. Slavic Review, 1998, 58 (1): 434-894.

[152] Barro R J. Economic growth in a cross section of countries [J]. The

Quarterly Journal of Economics, 1991, 1 (2): 2-17.

[153] Kenny D A, Judd C M. Consequences of violating the independence assumption in analysis of variance [J]. Psychological Bulletin, 1986, 99 (3): 422-431.

[154] Shrout P E, Fleiss J L. Intraclass correlations: uses in assessing rater reliability [J]. Psychological Bulletin, 1979, 86 (2): 420-441.

[155] Snijders T, Newell J. An introduction to basic and advanced multilevel modeling [J]. Journal of the Royal Statistical Society. Series D (The Statistician), 2001, 50 (3): 358-359.

[156] Cai H B, Liu Q. Competition and corporate tax avoidance: evidence from Chinese industrial firms [J]. The Economic Journal, 2009, 119 (537): 764-795.

[157] Patatoukas P N. Customer-base concentration: implications for firm performance and capital markets [J]. The Accounting Review, 2010, 87 (2): 363-392.

[158] Wang J, Shen G, Tang D. Does tax deduction relax financing constraints? Evidence from China's value-added tax reform [J]. China Economic Review, 2021, 67 (5): 101-149.

[159] Hansen B. Economic policy and full employment [M]. USA: Mcgraw-Hill Book Company, 1947.

[160] Friedman, Schwartz M, Jacobson A. A monetary history of the United States, 1867-1960 [M]. USA: Princeton University Press, 1963.

[161] Mundell R A. Monetary relations between Europe and America [M]. UK: Palgrave Macmillan, 1971.

[162] Evans M K. The bankruptcy of keynesian econometric models [M]. UK: Macmillan Education, 1983.

[163] Ricardo D. The first six chapters of the principles of political economy and taxation of David Ricardo, 1817 [M]. USA: Macmillan and Co., 1895.

[164] AC Pigou. The economics of welfare [M]. USA: Macmillan and Co. Ltd., 1920.

[165] Zhou M, Wen X, Yao X. Unbalanced economic growth and uneven national income distribution: evidence from China [M]. Singapore: Springer Singapore, 2016.

[166] Heck R, Heck R H, Thomas S L. An introduction to multilevel modeling techniques [M]. USA: Macmillan and Co., 1999.

[167] Golley J. Sustaining China's economic growth after the global financial crisis [M]. USA: Peterson Institute for International Economics, 2012.

[168] Stiglitz J E, Sen A K, et al. Mismeasuring our lives: why GDP doesn't add up: the report of the Commission on the Measurement of Economic Performance and Social Progress [M]. USA: New Press, 2010.

[169] King, Mervyn AD, Don Fullerton. The taxation of income from capital: a comparative study of the United States, the United Kingdom, Sweden, and West Germany [M]. USA: University of Chicago Press I, 2004.

[170] Myrdal G. Economic theory and under-developed regions [M]. USA: Harper & Brothers Publishers, 1957.

[171] Hirschman A O. The strategy of economic development [M]. USA: Yale University Press, 1958.

[172] Stanfield J W. Cash liquidity, holdings, and performance as determinants of corporate tax avoidance [D]. Purdue University, 2011.

[173] 盖地. 中国税制 [M]. 3版. 北京：中国人民大学出版社，2015.

[174] 马海涛. 中国税制 [M]. 10版. 北京：中国人民大学出版社，2019.

[175] 威廉·配第. 赋税论 [M]. 北京：中国社会科学出版社，2010.

[176] 亚当·斯密. 国富论：国民财富的性质和起因的研究 [M]. 长沙：中南大学出版社，2003.

[177] 萨缪尔森，诺德豪斯. 经济学 [M]. 14版. 北京：北京经济学院出版社，1996.

[178] 奥斯卡·兰格. 政治经济学 [M]. 北京: 中国社会科学出版社, 1987.

[179] 托马斯·孟. 英国得自对外贸易的财富 [M]. 上海: 商务印书馆, 1965.

[180] 乔治·吉尔德. 财富与贫困 [M]. 上海: 上海译文出版社, 1985.

[181] 萧佳纯. 多层次分析理论与HLM操作实务 [M]. 台北: 五南图书出版公司, 2020.

[182] 温福星, 邱皓政. 多层次模式方法论阶层线性模式的关键问题与试解 [M]. 北京: 经济管理出版社, 2015.

[183] 高亚军, 程黎, 秦天. 国家税收 [M]. 北京: 清华大学出版社, 2016.

[184] 葛惟熹. 试论社会主义税收负担 [J]. 财经研究, 1980 (3): 16–23.

[185] 安体富, 岳树民. 中国宏观税负水平的分析判断及其调整 [J]. 经济研究, 1999 (3): 43–49.

[186] 邓力平. 中国特色的减税降费观 [J]. 当代财经, 2019 (6): 26–33.

[187] 刘秋生. 对当前若干经济问题的宏观思考 [J]. 中国统计, 1991 (4): 16–17.

[188] 梁俊娇, 李羡於, 刘亚敏. 中国区域税收负担与区域经济增长关系的实证分析 [J]. 中央财经大学学报, 2017 (6): 22–29.

[189] 龙朝晖, 陈会林. 中国宏观税负的经济效应及政策含义: 1985—2007年 [J]. 学术研究, 2009 (1): 96–101.

[190] 吕冰洋, 詹静楠, 李钊. 中国税收负担: 孰轻孰重? [J]. 经济学动态, 2020 (1): 18–33.

[191] 何振一, 张学兰. 论中国实际税收规模与税收负担——国民收入分配中的税费问题研究 [J]. 山西财税, 1997 (8): 3–7.

[192] 郭庆旺, 吕冰洋. 中国税收负担的综合分析 [J]. 财经问题研究, 2010 (12): 3–10.

[193] 李波. 宏观税负、产业税负与结构性减税政策 [J]. 税务研究, 2010 (1): 25–29.

[194] 安体富,林鲁宁. 宏观税负实证分析与税收政策取向 [J]. 经济理论与经济管理,2002 (5):26-31.

[195] 安福仁. 中国宏观税负水平透视与政策调整取向 [J]. 财贸经济,2005 (8):46-48.

[196] 王军平,刘起运. 如何看待中国宏观税负——基于"非应税GDP"的科学评价 [J]. 财贸经济,2005 (8):36-42,98-99.

[197] 李彦龙,乔倩. 宏观税负、产业结构与经济增长 [J]. 中国软科学,2019 (6):185-192.

[198] 付广军. 税收分配在区域政府收入中应当有所作为 [J]. 税务研究,2010 (11):7-13.

[199] 曹润林,陈海林. 税收负担、税制结构对经济高质量发展的影响 [J]. 税务研究,2021 (1):126-133.

[200] 龚锋,余锦亮. 人口老龄化、税收负担与财政可持续性 [J]. 经济研究,2015 (8):18-32.

[201] 李永海,孙群力. 税收负担、税制结构对地区隐性经济的影响效应研究 [J]. 当代财经,2016 (5):24-34.

[202] 欧阳华生,程瑶,杨飞. 税收负担、产业升级及影响探究:一个国际视野 [J]. 现代财经(天津财经大学学报),2015 (1):81-91.

[203] 陈文东. 关于宏观税负指标的理论辨析 [J]. 税务研究,2016 (11):83-87.

[204] 苏国灿,童锦治,魏志华,等. 中国间接税税负归宿的测算:模型与实证 [J]. 经济研究,2020 (11):84-100.

[205] 高凌江. 中国最优宏观税负水平的实证分析及政策选择 [J]. 税务与经济,2012 (1):76-81.

[206] 刘凤良,于泽,李彬. 持续经济增长目标下的最优税负和税收结构调整 [J]. 经济理论与经济管理,2009 (3):41-47.

[207] 安体富. 关于宏观税率与税制结构问题的思考 [J]. 税务研究,1997 (9):6-7.

[208] 张衔,徐强. 中国宏观税负的最优动态区间与结构性减税——基于

税收政策目标均衡的视角 [J]. 社会科学战线, 2020 (2): 67-77.

[209] 余萍. 拉弗曲线、最优税负及美国减税的启示——基于新世纪全球面板数据 [J]. 经济问题探索, 2018 (11): 163-170.

[210] 郭庆旺, 吕冰洋. 经济增长与产业结构调整对税收增长的影响 [J]. 国际税收, 2004 (9): 11-16.

[211] 王凤英, 张莉敏. 中国最优宏观税负实证研究——基于拉弗曲线理论 [J]. 生产力研究, 2013 (2): 16-18.

[212] 吴卫红, 姜松, 李畅. 经济增长、税收收入与宏观税负——基于中国宏观经济数据的实证研究 [J]. 上海金融学院学报, 2012 (2): 82-96.

[213] 高子建, 范雪蕾. 中国宏观税负的动态最优估计——基于经济增长的角度 [J]. 中国物价, 2008 (10): 67-70.

[214] 许生, 张霞. 建立与税制改革相适应的税收调控政策机制——对结构性减税政策的评价、反思与建议 [J]. 财政研究, 2016 (9): 11-18.

[215] 国家发改委经济研究所课题组, 许生, 李世刚. 中国宏观税负研究 [J]. 经济研究参考, 2014 (2): 5-100.

[216] 温桂荣, 黄纪强, 崔若男, 等. 税收负担对城乡居民消费的门槛效应分析 [J]. 经济地理, 2020 (1): 52-58.

[217] 罗捍东, 丁丹. 中国最优宏观税负水平估计与分析——基于 Barro 内生增长理论与动态规划最优增长模型 [J]. 中国管理科学, 2015 (1): 397-403.

[218] 庄子罐, 崔小勇, 邹恒甫. 动态最优税收理论的一般分析框架 [J]. 世界经济文汇, 2009 (3): 26-39.

[219] 王蕴. 中国增值税税率结构优化研究 [D]. 大连: 东北财经大学, 2019.

[220] 程宇丹, 龚六堂. 财政分权框架下的最优税收结构 [J]. 金融研究, 2016 (5): 1-18.

[221] 杨开忠. 中国区域经济差异变动研究 [J]. 经济研究, 1994 (12):

12,28-33.

[222] 潘文卿.中国区域经济差异与收敛[J].中国社会科学,2010(1):72-84,222-223.

[223] 蔡昉,都阳.中国地区经济增长的趋同与差异——对西部开发战略的启示[J].经济研究,2000(10):30-37,80.

[224] 王文剑,覃成林.地方政府行为与财政分权增长效应的地区性差异——基于经验分析的判断、假说及检验[J].管理世界,2008(1):9-21.

[225] 胡中流.如何衡量中国的税收负担[J].中央财政金融学院学报,1987(2):49-52.

[226] 郭劲光,万家瑞.地方政府治理质量与经济趋同增长的差异化分析[J].财经问题研究,2019(7):28-37.

[227] 刘瑞翔,范金,戴枫.沿海地区与内陆省份经济增长的比较测度[J].数量经济技术经济研究,2020(6):148-168.

[228] 许欣,张文忠.中国四大区域板块:增长差异、比较优势和"十四五"发展路径[J].经济地理,2021(7):1-9.

[229] 赵奥,郭景福,左莉.高质量发展变革下中国省域绿色增长能力系统评价与时空差异演化研究[J].经济问题探索,2020(8):144-156.

[230] 丁建福,王绍光,萧今.中国县际经济差异的时空演变趋势:1997—2010[J].经济地理,2015(11):17-22,30.

[231] 宾津佑,唐小兵,白福臣.广东省经济发展的区域差异及其时空格局演变[J].湖南师范大学自然科学学报,2021(4):1-9.

[232] 钟学义,王丽.产业结构变动同经济的数量关系探讨[J].数量经济技术经济研究,1997(5):22-29.

[233] 雷俐,李敬,刘洋.外商直接投资是否推进了长江经济带区域经济协调发展:空间收敛视阈的研究[J].经济问题探索,2020(3):123-134.

[234] 安景文,李松林,梁志霞,等.产业结构视角下京津冀都市圈经济

差异测度 [J]. 城市问题, 2018 (9): 48-54.

[235] 魏子哲, 丁文广. 外商直接投资对中国西部区域经济发展差异的影响研究 [J]. 广西社会科学, 2015 (7): 74-80.

[236] 白俊红, 王林东. 创新驱动对中国地区经济差距的影响: 收敛还是发散? [J]. 经济科学, 2016 (2): 20-29.

[237] 李晶晶, 苗长虹. 长江经济带人口流动对区域经济差异的影响 [J]. 地理学报, 2017 (2): 197-212.

[238] 李红, 韦永贵. 文化多样性与区域经济发展差异——基于民族和方言视角的考察 [J]. 经济学动态, 2020 (7): 47-64.

[239] 覃成林, 张华, 毛超. 区域经济协调发展: 概念辨析、判断标准与评价方法 [J]. 经济体制改革, 2011 (4): 34-38.

[240] 郭源园, 李莉. 西部内陆省区区域经济差异影响因素——以重庆为例 [J]. 地理研究, 2017 (5): 926-944.

[241] 张鹏, 杨雪. 区域经济协调发展的财政政策工具优化选择与中国逻辑 [J]. 软科学, 2021 (6): 29-34.

[242] 逯进, 苏妍. 人力资本、经济增长与区域经济发展差异——基于半参数可加模型的实证研究 [J]. 人口学刊, 2017 (1): 89-101.

[243] 潘桔, 杨丹. 基于分位数回归的中国区域经济差异研究 [J]. 商业经济研究, 2019 (24): 178-181.

[244] 孙学涛, 李岩, 王振华, 等. 中国城市经济高质量发展水平的时空分异特征 [J]. 生产力研究, 2020 (7): 1-4, 161.

[245] 钟业喜, 王晓静, 傅钰. "闽新轴带"沿线区域发展不平衡问题研究 [J]. 经济地理, 2018 (9): 22-29.

[246] 盛垒, 张子彧. 中国南北经济分化的影响因素研究——基于区域创新能力差异的视角 [J]. 华中师范大学学报(自然科学版), 2021 (8): 1-18.

[247] 孟霏, 鲁志国, 秦艺蓉. 粤港澳大湾区经济差异的时空演变及影响因素 [J]. 统计与决策, 2021 (8): 116-120.

[248] 刘金涛. 山东省区域经济发展差异的时空特征分析 [J]. 统计与决

策，2016（12）：95-98.

[249] 赵丹，孙东琪，陈明星. 长三角县域经济增长的时空差异与影响因素 [J]. 经济经纬，2020（4）：1-10.

[250] 王雅竹，段学军，王磊，等. 长江经济带经济发展的时空分异及驱动机理研究 [J]. 长江流域资源与环境，2020（1）：1-12.

[251] 周晓艳，郝慧迪，叶信岳，等. 黄河流域区域经济差异的时空动态分析 [J]. 人文地理，2016（5）：119-125.

[252] 马拴友，于红霞. 转移支付与地区经济收敛 [J]. 经济研究，2003（3）：26-33.

[253] 郭庆旺，贾俊雪. 地方政府间策略互动行为、财政支出竞争与地区经济增长 [J]. 管理世界，2009（10）：17-27.

[254] 张伦俊. 区域经济发展与税收贡献的比较分析 [J]. 财贸经济，2006（2）：69-73.

[255] 张福进，罗振华，张铭洪. 税收竞争与经济增长门槛假说——基于中国经验数据的分析 [J]. 当代财经，2014（6）：32-42.

[256] 童大龙，何塞，储德银. 中国税收政策对经济增长的非线性效应研究——基于总量与结构效应双重视角的实证分析 [J]. 商业经济与管理，2015（3）：23-33.

[257] 刘清杰，任德孝. 中国地区间税收竞争刺激经济增长了吗 [J]. 广东财经大学学报，2017（4）：92-103.

[258] 卞志村，杨源源. 结构性财政调控与新常态下财政工具选择 [J]. 经济研究，2016（1）：66-80.

[259] 金春雨，董雪. 中国税收政策对经济增长的非线性冲击效应——基于总量与结构双重视角 [J]. 财政研究，2021（4）：116-128.

[260] 何茵，沈明高. 政府收入、税收结构与中国经济增长 [J]. 金融研究，2009（9）：14-25.

[261] 李文，王佳. 地方财政压力对企业税负的影响——基于多层线性模型的分析 [J]. 财贸研究，2020（5）：52-65.

[262] 李戎，张凯强，吕冰洋. 减税的经济增长效应研究 [J]. 经济评论，

2018 (4): 3-17, 30.

[263] 周清. 结构性减税的政策效应及调整路径 [J]. 税收经济研究, 2012 (2): 53-57.

[264] 陈明艺, 庞保庆, 王璐璐. 减税效应、技术创新与产业转型升级——来自长三角上市公司的经验证据 [J]. 上海经济研究, 2021 (1): 78-89, 128.

[265] 肖叶. 税制结构对创新产出的影响——基于286个地市级专利授权数据的实证分析 [J]. 税务研究, 2019 (8): 28-33.

[266] 储德银, 迟淑娴. 中国税制结构变迁有利于降低收入不平等吗? [J]. 经济与管理研究, 2017 (10): 114-124.

[267] 刘穷志. 收入不平等、政策偏向与最优财政再分配政策 [J]. 中南财经政法大学学报, 2011 (2): 10-15, 142.

[268] 刘海波, 邵飞飞, 钟学超. 中国结构性减税政策及其收入分配效应——基于异质性家庭NK-DSGE的模拟分析 [J]. 财政研究, 2019 (3): 32-48.

[269] 姚维保, 张翼飞. 研发税收优惠必然提升企业绩效吗?——基于上市医药企业面板数据的实证研究 [J]. 税务研究, 2020 (7): 95-101.

[270] 席七万. 新时代税制改革:现实最需与理论最优的双重考量 [J]. 税务研究, 2018 (2): 19-22.

[271] 蔡昉. 经济增长方式转变与可持续性源泉 [J]. 宏观经济研究, 2005 (12): 34-37, 41.

[272] 白重恩, 张琼. 中国生产率估计及其波动分解 [J]. 世界经济, 2015 (12): 3-28.

[273] 梁伟健, 张乐. 财政政策有助于全要素生产率增长吗?——基于1999—2015年省级面板数据的实证分析 [J]. 经济经纬, 2017 (6): 165-170.

[274] 朱沛华, 李军林. 财政政策如何影响全要素生产率:异质性与市场化的视角 [J]. 山东大学学报(哲学社会科学版), 2019 (1): 91-101.

[275] 郭庆旺，贾俊雪. 积极财政政策对区域经济增长与差异的影响 [J]. 中国软科学，2005（7）：46-53.

[276] 张明. 税收征管与企业全要素生产率——基于中国非上市公司的实证研究 [J]. 中央财经大学学报，2017（1）：11-20.

[277] 刘伟江，吕镯. 税收政策与全要素生产率——基于中国高技术产业的实证研究 [J]. 制度经济学研究，2017（2）：111-127.

[278] 郑宝红，张兆国. 企业所得税率降低会影响全要素生产率吗？——来自中国上市公司的经验证据 [J]. 会计研究，2018（5）：13-20.

[279] 刘柏惠，寇恩惠，杨龙见. 增值税多档税率、资源误置与全要素生产率损失 [J]. 经济研究，2019（5）：113-128.

[280] 杨莎莉，张平竺，游家兴. 税收优惠对企业全要素生产率的激励作用研究——基于供给侧结构性改革背景 [J]. 税务研究，2019（4）：104-109.

[281] 许先普，李加主. 所得税负担会影响地区全要素生产率吗？——基于省际面板数据的实证分析 [J]. 技术经济，2020（4）：137-144，153.

[282] 彭鹏. 基于供给理论的减税与全要素生产率关系研究 [J]. 经济问题，2013（11）：30-34.

[283] 许照成，侯经川. 创新投入、竞争战略与企业绩效水平——基于中国制造业上市公司的实证分析 [J]. 现代财经（天津财经大学学报），2019（9）：56-68.

[284] 杨振. 高质量供给和创新导向的税制优化策略探析 [J]. 税务研究，2020（3）：114-117.

[285] 王雄飞，李香菊. 高质量发展动力变革与财税体制改革的深化 [J]. 改革，2018（6）：80-88.

[286] 朱玉飞，安磊. 企业实际税负与全要素生产率：一个倒U型关系 [J]. 中南财经政法大学学报，2018（5）：69-78.

[287] 刘行，李小荣. 金字塔结构、税收负担与企业价值：基于地方国有企业的证据 [J]. 管理世界，2012（8）：91-105.

[288] 李华, 宋常. 企业所得税率优惠对技术创新投入影响的实证分析——基于普通机械制造业上市公司的数据 [J]. 税务研究, 2013 (4): 56-58.

[289] 林洲钰, 林汉川, 邓兴华. 所得税改革与中国企业技术创新 [J]. 中国工业经济, 2013 (3): 111-123.

[290] 张玲玲. 结构性减税对企业绩效影响的实证研究 [D]. 哈尔滨: 哈尔滨工业大学, 2013.

[291] 李旭红, 马雯. 税收优惠与中小企业成长能力的实证分析 [J]. 税务研究, 2014 (8): 79-84.

[292] 王玺, 张嘉怡. 税收优惠对企业创新的经济效果评价 [J]. 财政研究, 2015 (1): 58-62.

[293] 柳光强. 税收优惠、财政补贴政策的激励效应分析——基于信息不对称理论视角的实证研究 [J]. 管理世界, 2016 (10): 62-71.

[294] 许伟, 陈斌开. 税收激励和企业投资——基于2004—2009年增值税转型的自然实验 [J]. 管理世界, 2016 (5): 9-17.

[295] 王乔, 黄瑶妮. 减税降费: 助力中国经济高质量发展 [J]. 税务研究, 2019 (10): 78-81.

[296] 李建军, 刘元生, 王冰洁. 税收负担与企业产能过剩——基于世界银行调查数据的经验证据 [J]. 财政研究, 2019 (1): 105-117, 131.

[297] 刘蓉, 汤云鹏. "稳就业" "稳增长" 的政策搭配: 消除制度约束与减税降费 [J]. 财政研究, 2020 (6): 5-20.

[298] 万广南, 魏升民, 向景. 减税降费对企业"获得感"影响研究——基于认知偏差视角 [J]. 税务研究, 2020 (4): 14-21.

[299] 李苏敏, 李小胜. 减税能提升企业创新效率吗?——基于PVAR模型的经验证据 [J]. 财贸研究, 2020 (4): 75-87.

[300] 高正斌, 张开志, 倪志良. 减税能促进企业创新吗?——基于所得税分享改革的准自然实验 [J]. 财政研究, 2020 (8): 86-100.

[301] 聂辉华, 方明月, 李涛. 增值税转型对企业行为和绩效的影响——以

东北地区为例 [J]. 管理世界, 2009 (5): 17-24, 35.

[302] 滕承秀. "营改增" 对企业绩效影响的多重共线性检验 [J]. 统计与决策, 2019 (9): 178-181.

[303] 申广军, 陈斌开, 杨汝岱. 减税能否提振中国经济?——基于中国增值税改革的实证研究 [J]. 经济研究, 2016 (11): 70-82.

[304] 张莉, 李绍东. 企业规模、技术创新与经济绩效——基于工业企业调查数据的实证研究 [J]. 财经科学, 2016 (6): 67-74.

[305] 孙武军, 徐乐, 王轶. 外出创业经历能提升返乡创业企业的经营绩效吗?——基于2139家返乡创业企业的调查数据 [J]. 统计研究, 2021, 38 (6): 57-69.

[306] 彭学兵, 陈璐露, 刘玥伶. 创业资源整合、组织协调与新创企业绩效的关系 [J]. 科研管理, 2016 (1): 110-118.

[307] 赵立三, 王梓楠. 基于企业盈利能力的所得税优惠与研发投入关系探析 [J]. 税务研究, 2020 (5): 111-117.

[308] 李文. 税收负担对城镇居民消费的影响 [J]. 税务研究, 2011 (2): 29-32.

[309] 张伦俊, 陆建华. 地区税收负担与经济发展的均衡分析 [J]. 统计研究, 2001 (9): 15-19.

[310] 高培勇. 论完善税收制度的新阶段 [J]. 经济研究, 2015 (2): 4-15.

[311] 易纲, 樊纲, 李岩. 关于中国经济增长与全要素生产率的理论思考 [J]. 经济研究, 2003 (8): 13-20, 90.

[312] 余新创. 中国制造业企业增值税税负黏性研究——基于A股上市公司的实证分析 [J]. 中央财经大学学报, 2020 (2): 18-28.

[313] 李林木, 汪冲. 税费负担、创新能力与企业升级——来自 "新三板" 挂牌公司的经验证据 [J]. 经济研究, 2017 (11): 121-136.

[314] 高凤勤, 杨璇, 李涛. 促进创新的个人所得税制改革思考 [J]. 税务研究, 2019 (3): 24-29.

[315] 贾康, 马晓玲, 王晓光. 关于上海市国有企业改革及相关财税政策的调查 [J]. 经济研究参考, 1997 (B0): 15-19.

[316] 杨杨,汤晓健,杜剑.中国中小型民营企业税收负担与企业价值关系——基于深交所中小板上市公司数据的实证分析[J].税务研究,2014(3):3-7.

[317] 杨继生,黎娇龙.制约民营制造企业的关键因素:用工成本还是宏观税负?[J].经济研究,2018(5):105-119.

[318] 蔡昌,田依灵.产权性质、税收负担与企业财务绩效关系研究[J].税务研究,2017(6):11-16.

[319] 田彬彬,王俊杰,邢思敏.税收竞争、企业税负与企业绩效——来自断点回归的证据[J].华中科技大学学报(社会科学版),2017(31):137.

[320] 唐未兵,傅元海,王展祥.技术创新、技术引进与经济增长方式转变[J].经济研究,2014(7):31-43.

[321] 雷雳,张雷.多层线性模型的原理及应用[J].首都师范大学学报(社会科学版),2002(2):110-114.

[322] 顾雷雷,李建军,彭俞超.内外融资条件、融资约束与企业绩效——来自京津冀地区企业调查的新证据[J].经济理论与经济管理,2018(7):90-101.

[323] 林志帆,刘诗源.税收负担与企业研发创新——来自世界银行中国企业调查数据的经验证据[J].财政研究,2017(2):98-112.

[324] 高培勇.中国财税改革40年:基本轨迹、基本经验和基本规律[J].经济研究,2018(3):4-20.

[325] 谢易和.中国省际税收税源背离情况统计分析——基于分行业税收的角度[J].公共财政研究,2021(1):42-55.

[326] 韩一多.地区间税收和税源背离:基于增值税的测算[J].税务研究,2020(7):110-115.

[327] 满向昱,张天毅,汪川,等.区域税收与税源背离程度测度研究[J].税务研究,2018(2):92-96.

[328] 靳万军.关于区域税收与税源背离问题的初步思考[J].税务研究,2007(1):26-32.

[329] 潘桔. 中国区域经济增长不平衡测度及影响因素分析 [D]. 沈阳: 辽宁大学, 2020.

[330] 温忠麟, 张雷, 侯杰泰, 等. 中介效应检验程序及其应用 [J]. 心理学报, 2004 (5): 614-620.

[331] 干春晖, 郑若谷, 余典范. 中国产业结构变迁对经济增长和波动的影响 [J]. 经济研究, 2011 (5): 4-16, 31.

[332] 杨灿明, 詹新宇. 中国宏观税负政策偏向的经济波动效应 [J]. 中国社会科学, 2016 (4): 71-90.

[333] 赵秋银, 余升国. 税收竞争影响经济增长的中介效应研究——基于结构方程模型的路径分析 [J]. 华东经济管理, 2020 (3): 75-85.

[334] 方杰, 温忠麟. 三类多层中介效应分析方法比较 [J]. 心理科学, 2018 (4): 962-967.

[335] 郭玲, 汪洋. 财政分权对经济增长的影响及其路径分析——基于结构方程的多重中介效应 [J]. 郑州大学学报（哲学社会科学版）, 2021 (1): 53-58, 127-128.

[336] 李晶晶. 基于县市单元的中国区域经济不平衡增长格局与机制研究 [D]. 河南大学, 2019.

[337] 郝凤霞, 朱琪. 中央对地方的转移支付结构对地区经济增长的影响研究——基于产业结构的分组回归 [J]. 工业技术经济, 2020, 39 (2): 101-109.

[338] 姚秋歌, 孙金山, 黄琨. 税收结构、政府支出与经济增长 [J]. 上海经济研究, 2020 (3): 49-61.

[339] 张雪峰, 宋鸽, 闫勇. 要素投入对中国工业碳生产率的影响研究——来自 Heckman 两阶段的经验数据 [J]. 经济问题, 2021 (6): 60-64.

[340] 唐建荣, 程静. 技术进步、劳动力投入和能源约束对内生经济影响的实证检验 [J]. 统计与决策, 2016 (11): 129-132.

[341] 肖叶, 贾鸿. 税收竞争对城市经济增长的门槛效应 [J]. 城市问题, 2017 (4): 52-58.

[342] 杨飞,孙文远,程瑶.技术赶超是否引发中美贸易摩擦[J].中国工业经济,2018(10):99-117.

[343] 倪清燃.产业结构变迁、全要素生产率与宁波经济高质量发展实证研究——基于宁波、杭州和苏州的对比分析[J].生产力研究,2019(7):68-75.

[344] 胡小梅.财税政策对产业结构升级的影响机制与效应研究[D].长沙:湖南大学,2016.

[345] 甘行琼,蒋炳蔚.中国税收促进产业结构转型的效果分析——来自中国省级面板数据的经验[J].税务研究,2019(12):100-105.

[346] 孙丽.公共财政支出与实际经济增长:规模、结构与外部溢出[J].宏观经济研究,2019(4):18-29,175.

[347] 邓晓兰,金博涵,李铮.中国地方财政收支互动性研究——基于省级面板VAR模型的实证分析[J].财政研究,2018(7):14-27.

[348] 詹新宇,王素丽.财政支出结构的经济增长质量效应研究——基于"五大发展理念"的视角[J].当代财经,2017(4):25-37.

[349] 郭路,刘海洋,李芳芳.财政支出结构、税收结构与经济增长[J].经济问题探索,2018(10):140-150.

[350] 王鲁宁,何杨.所得税税负、生产要素流动与区域经济增长[J].中央财经大学学报,2014(6):3-10.

[351] 柳光强,杨芷晴,曹普桥.产业发展视角下税收优惠与财政补贴激励效果比较研究——基于信息技术、新能源产业上市公司经营业绩的面板数据分析[J].财贸经济,2015(8):38-47.

[352] 宋丽颖,钟飞.税收优惠政策激励战略性新兴产业发展的效应评价[J].税务研究,2019(8):12-19.

[353] 高新才,李俊衡.陕西省经济增长质量的动态研究——基于索罗模型的考察[J].西北大学学报(哲学社会科学版),2011(2):21-25.

[354] 刘星.区域经济发展与税收资源的合理利用——税收资源利用效率的空间差异及对税收资源利用政策调整的启示[J].企业经济,

2005 (4): 137-138.

[355] 李永友, 沈坤荣. 辖区间竞争、策略性财政政策与 FDI 增长绩效的区域特征 [J]. 经济研究, 2008 (5): 58-69.

[356] 方杰, 温忠麟, 吴艳. 基于结构方程模型的多层调节效应 [J]. 心理科学进展, 2018 (5): 781-788.

[357] 柳士顺, 凌文辁. 多重中介模型及其应用 [J]. 心理科学, 2009 (2): 433-435.

[358] 倪泽强, 汪本强. 中国省际公共物质资本存量估算: 1981—2013 [J]. 经济问题探索, 2016 (2): 71-79.

[359] 单豪杰. 中国资本存量 K 的再估算: 1952—2006 年 [J]. 数量经济技术经济研究, 2008 (10): 17-31.

[360] 张健华, 王鹏. 中国全要素生产率: 基于分省份资本折旧率的再估计 [J]. 管理世界, 2012 (10): 18-30, 187.

[361] 黄宝敏. 河南省全要素生产率测算与分解 [J]. 统计与决策, 2021 (2): 125-129.

[362] 余泳泽. 异质性视角下中国省际全要素生产率再估算: 1978—2012 [J]. 经济学 (季刊), 2017 (3): 1051-1072.

[363] 彭国华. 中国地区收入差距、全要素生产率及其收敛分析 [J]. 经济研究, 2005 (9): 19-29.

[364] 张浩然, 衣保中. 基础设施、空间溢出与区域全要素生产率——基于中国 266 个城市空间面板杜宾模型的经验研究 [J]. 经济学家, 2012 (2): 61-67.

[365] 高凯, 汪泓, 刘婷婷. 地方产业政策、人力资本积累与企业绩效 [J]. 上海管理科学, 2020 (6): 76-82.

[366] 马连福, 刘丽颖. 高管声誉激励对企业绩效的影响机制 [J]. 系统工程, 2013 (5): 22-32.

[367] 郝颖, 谢光华, 石锐. 外部监管、在职消费与企业绩效 [J]. 会计研究, 2018 (8): 42-48.

[368] 贾振全. 战略柔性视角的技术创新对企业绩效影响研究 [J]. 技术

经济与管理研究,2021 (6):3-7.

[369] 郑志刚,成为,许荣.对上市与企业绩效改善关系的再检验——基于中国制造业配对样本的证据 [J]. 金融研究,2014 (9):143-157.

[370] 何宜庆,万珍,李政通.企业负债、社会责任与公司经营绩效——基于规模、资产与股权结构的解释 [J]. 财会月刊,2018 (6):3-10.

[371] 唐贵瑶,陈琳,陈扬,等.高管人力资源管理承诺、绿色人力资源管理与企业绩效:企业规模的调节作用 [J]. 南开管理评论,2019 (4):212-224.

附录

附录1 四大区域283个地级市的DTFP值

地区	2005年	2006年	2007年	2008年	2009年	2010年	2011年	2012年	2013年	2014年	2015年	2016年	2017年	2018年	所属区域
北京市	1.122	1.118	0.959	0.916	0.927	0.947	0.944	0.951	0.944	0.996	0.991	1.011	1.021	1.013	东部地区
天津市	1.051	1.072	1.005	1.051	1.044	1.057	0.895	1.004	1.049	1.093	1.060	1.037	1.022	1.061	东部地区
石家庄市	0.969	0.977	0.998	1.044	0.993	0.978	1.026	1.003	1.042	1.004	1.058	1.008	0.990	1.020	东部地区
唐山市	0.990	0.980	0.925	1.052	0.938	0.996	1.018	0.965	1.021	1.066	1.020	0.968	1.010	0.990	东部地区
秦皇岛市	0.963	0.951	0.995	0.938	0.838	0.913	0.929	0.897	0.866	0.993	1.031	1.029	1.010	1.020	东部地区
邯郸市	0.989	0.985	0.962	1.055	0.948	0.994	0.993	0.964	0.825	1.021	1.065	0.990	0.990	1.010	东部地区
邢台市	0.995	0.990	0.959	0.949	0.984	0.995	1.008	0.881	1.023	1.037	1.107	1.044	1.050	1.040	东部地区
保定市	0.972	0.965	0.981	0.969	1.016	1.021	0.927	0.932	0.918	0.936	0.988	1.080	1.070	1.050	东部地区
张家口市	0.923	0.919	0.890	0.916	0.863	0.926	0.880	0.929	1.082	1.049	1.032	1.012	1.020	0.990	东部地区
承德市	1.040	1.029	1.043	1.057	0.953	1.014	1.077	0.991	0.939	1.085	1.014	0.979	1.000	0.990	东部地区
沧州市	0.952	0.937	0.896	0.948	0.995	1.052	0.937	0.980	1.053	1.043	1.064	0.977	0.990	1.000	东部地区
廊坊市	0.972	0.964	0.972	0.948	0.913	0.936	0.955	1.036	1.035	1.112	1.170	0.998	1.010	1.070	东部地区
衡水市	0.916	0.908	0.902	1.027	1.001	1.069	0.903	0.966	1.010	1.044	1.067	1.104	1.080	1.070	东部地区
上海市	1.261	1.168	0.996	1.017	1.013	1.048	0.923	0.995	0.996	0.989	1.030	1.118	1.110	1.030	东部地区
南京市	1.016	0.941	1.008	0.967	0.977	1.025	0.994	1.076	0.808	0.976	1.064	1.030	1.020	1.050	东部地区
无锡市	1.011	0.936	0.942	0.948	1.032	0.910	1.017	1.036	0.752	1.041	1.041	1.029	1.030	1.020	东部地区

续表

地区	2005年	2006年	2007年	2008年	2009年	2010年	2011年	2012年	2013年	2014年	2015年	2016年	2017年	2018年	所属区域
徐州市	1.081	1.001	1.011	1.029	1.101	1.060	1.051	1.054	0.663	1.065	1.032	1.028	1.020	1.010	东部地区
常州市	1.017	0.942	0.971	0.970	1.023	1.010	0.877	1.058	0.774	1.106	1.061	1.017	1.010	1.100	东部地区
苏州市	1.004	0.930	0.953	1.050	1.097	0.994	1.023	1.066	0.634	0.928	1.011	1.036	1.010	1.020	东部地区
南通市	1.028	0.952	0.977	1.011	1.039	1.035	1.006	1.032	0.612	0.949	1.035	1.017	1.010	0.980	东部地区
连云港市	1.031	0.955	0.978	1.025	1.131	1.074	1.016	1.075	0.848	1.062	1.078	1.008	1.060	1.030	东部地区
淮安市	1.079	0.999	0.957	0.976	1.128	1.034	1.043	1.053	0.776	0.978	1.045	1.049	1.020	1.040	东部地区
盐城市	1.049	0.971	0.962	1.005	1.077	1.042	1.030	1.056	0.701	1.056	1.013	1.007	1.020	0.990	东部地区
扬州市	1.088	1.007	0.994	1.014	1.058	1.014	1.004	1.041	0.636	0.970	1.023	1.052	1.020	1.030	东部地区
镇江市	1.017	0.942	0.974	0.991	1.094	1.015	0.985	1.053	0.959	1.015	1.042	1.019	1.020	1.010	东部地区
泰州市	1.085	1.005	0.987	0.972	1.072	1.022	0.997	1.034	0.647	0.970	1.013	0.996	0.990	1.010	东部地区
宿迁市	1.056	0.978	0.962	1.007	1.105	1.051	1.033	1.048	0.593	1.049	0.998	1.050	1.020	1.010	东部地区
杭州市	0.935	0.866	0.946	0.940	0.926	0.926	0.956	0.964	0.916	0.984	1.036	1.033	1.020	1.040	东部地区
宁波市	0.948	0.878	0.973	0.978	0.953	1.017	0.941	0.979	0.945	1.008	0.993	1.064	1.050	1.020	东部地区
温州市	0.995	0.921	0.951	0.913	0.906	0.943	0.934	0.889	0.867	0.942	0.960	1.014	1.030	1.010	东部地区
嘉兴市	0.986	0.913	0.999	1.012	1.000	1.017	1.059	1.035	1.059	1.036	1.018	1.023	1.030	1.010	东部地区
湖州市	0.976	0.904	0.957	0.971	0.994	0.968	0.986	0.965	1.017	1.030	0.997	1.013	0.996	0.988	东部地区
绍兴市	1.008	0.933	0.959	0.896	0.947	0.942	0.975	0.958	0.933	0.962	0.990	0.993	1.010	0.999	东部地区
金华市	0.950	0.880	1.145	1.040	0.914	0.999	0.981	0.976	0.941	0.959	1.003	1.001	1.010	0.990	东部地区

续表

地区	2005 年	2006 年	2007 年	2008 年	2009 年	2010 年	2011 年	2012 年	2013 年	2014 年	2015 年	2016 年	2017 年	2018 年	所属区域
衢州市	1.017	0.942	1.015	1.020	0.988	1.018	1.001	0.990	1.056	1.037	1.005	1.005	0.980	1.020	东部地区
舟山市	1.041	0.964	0.965	0.958	0.896	0.998	1.090	0.993	1.019	0.614	0.972	1.022	1.020	1.010	东部地区
台州市	1.021	0.945	0.926	0.930	0.933	0.999	0.912	0.940	0.943	0.961	1.018	1.056	1.020	1.030	东部地区
丽水市	1.030	0.954	1.033	1.004	1.027	1.045	1.022	1.068	1.119	1.084	0.991	1.006	1.000	1.010	东部地区
福州市	1.039	0.962	0.932	0.948	0.968	0.983	0.905	0.910	0.931	1.003	0.976	1.012	1.000	0.960	东部地区
厦门市	0.967	0.895	0.875	0.879	0.939	0.948	1.019	0.966	0.948	0.982	0.983	1.001	1.020	0.970	东部地区
莆田市	0.860	0.796	0.793	0.834	0.831	0.895	0.897	0.868	0.852	0.898	0.966	0.957	0.890	0.930	东部地区
三明市	1.039	0.962	0.956	1.052	1.053	1.025	1.004	0.981	1.111	1.077	0.985	0.967	0.949	0.931	东部地区
泉州市	0.947	0.877	0.865	0.898	0.888	0.884	0.930	0.897	0.897	0.939	0.999	0.985	0.970	0.940	东部地区
漳州市	1.016	0.941	0.939	0.908	0.926	0.930	0.943	0.911	0.956	1.005	1.020	1.006	0.990	1.000	东部地区
南平市	0.996	0.922	0.925	1.007	0.980	1.020	1.037	1.026	1.134	1.086	1.016	0.966	0.990	0.980	东部地区
龙岩市	0.968	0.896	0.908	0.874	0.900	0.866	0.928	0.880	0.948	1.165	1.009	0.948	0.980	1.000	东部地区
宁德市	1.037	0.960	0.969	1.042	1.019	1.047	1.069	0.866	0.901	0.962	0.949	0.979	1.000	0.990	东部地区
济南市	1.045	0.968	0.905	0.952	0.979	0.971	0.966	0.949	0.952	1.007	1.031	0.990	1.010	0.990	东部地区
青岛市	1.048	0.970	1.036	1.039	1.065	1.059	1.035	1.047	0.950	1.065	1.046	1.020	1.010	0.990	东部地区
淄博市	1.035	0.958	1.036	1.039	0.994	1.056	0.948	0.945	0.897	0.977	0.970	1.024	1.010	0.990	东部地区
枣庄市	1.020	0.944	0.994	0.972	1.014	1.013	0.985	0.941	0.891	1.032	0.963	1.021	1.010	0.990	东部地区
东营市	1.084	1.004	0.971	1.039	0.928	0.996	0.937	1.045	1.014	1.070	1.027	0.938	1.020	0.980	东部地区

续表

地区	2005年	2006年	2007年	2008年	2009年	2010年	2011年	2012年	2013年	2014年	2015年	2016年	2017年	2018年	所属区域
烟台市	1.016	0.941	0.980	1.078	0.997	1.034	0.924	1.039	1.010	1.054	1.090	1.017	1.010	0.990	东部地区
潍坊市	1.011	0.936	1.027	1.048	0.986	1.018	1.076	0.934	0.979	1.157	1.045	0.934	0.990	1.010	东部地区
济宁市	1.035	0.958	1.067	1.052	1.006	1.006	0.948	0.958	0.921	0.998	0.996	1.022	0.980	1.010	东部地区
泰安市	1.085	1.005	1.009	1.033	1.043	1.035	0.911	0.964	0.933	1.038	1.032	1.019	1.010	0.960	东部地区
威海市	1.002	0.928	0.998	0.955	0.924	0.976	0.790	1.067	1.078	1.088	1.035	0.986	1.020	1.050	东部地区
日照市	1.081	1.001	1.072	0.986	1.027	0.993	1.023	1.030	0.772	1.108	1.016	1.004	0.980	1.010	东部地区
莱芜市	1.029	0.953	1.123	1.076	1.007	1.022	0.883	0.914	0.921	0.993	0.978	1.038	1.020	0.990	东部地区
临沂市	1.055	0.977	1.061	1.030	0.998	1.043	0.971	0.935	0.910	0.981	0.973	1.007	0.990	1.020	东部地区
德州市	1.061	0.982	1.008	1.042	0.983	1.001	1.066	1.028	0.819	1.031	1.054	1.007	1.020	0.970	东部地区
聊城市	1.108	1.026	1.079	1.027	1.034	1.062	1.009	1.034	0.894	1.026	1.035	0.998	1.020	1.040	东部地区
滨州市	1.103	1.021	1.069	1.016	1.058	1.012	0.993	1.019	0.886	1.018	0.995	1.005	0.920	0.970	东部地区
菏泽市	1.029	0.953	1.050	1.052	1.117	1.150	1.104	1.055	1.028	0.995	1.009	1.003	0.990	1.020	东部地区
广州市	1.092	1.011	0.991	0.999	1.012	0.983	0.947	0.959	0.992	0.975	1.036	0.985	0.980	0.980	东部地区
韶关市	1.035	0.958	0.943	0.893	0.856	0.920	0.946	0.949	0.945	0.968	0.976	0.987	0.990	0.960	东部地区
深圳市	1.045	0.968	0.972	0.986	0.932	0.987	1.015	1.016	1.001	0.996	0.998	0.990	1.010	1.030	东部地区
珠海市	0.994	0.920	0.898	0.852	0.871	0.939	0.936	0.907	0.915	0.956	1.009	1.016	1.000	1.020	东部地区
汕头市	1.031	0.955	0.962	0.911	0.901	0.941	0.851	0.939	0.900	0.910	0.972	0.952	0.950	0.990	东部地区
佛山市	1.065	0.986	1.014	1.034	1.034	1.039	0.990	0.921	0.597	0.953	1.027	0.983	1.010	1.000	东部地区

续表

地区	2005年	2006年	2007年	2008年	2009年	2010年	2011年	2012年	2013年	2014年	2015年	2016年	2017年	2018年	所属区域
江门市	1.062	0.983	0.931	0.940	0.895	0.936	0.918	0.864	0.889	0.909	1.012	0.976	0.990	1.000	东部地区
湛江市	1.011	0.936	0.920	0.917	0.909	0.956	0.963	0.939	0.928	0.938	0.965	0.953	0.940	0.960	东部地区
茂名市	0.982	0.909	0.937	0.994	0.922	1.026	0.991	0.957	0.898	0.844	0.891	0.935	0.950	0.930	东部地区
肇庆市	1.065	0.986	0.942	1.014	1.091	1.118	1.019	0.969	0.903	1.006	0.960	0.969	0.950	0.990	东部地区
惠州市	0.978	0.906	0.884	0.895	0.877	0.943	0.946	0.952	0.946	0.966	0.974	0.961	0.950	0.940	东部地区
梅州市	1.020	0.944	0.984	0.962	0.969	1.002	0.982	0.954	0.953	0.971	0.983	0.978	0.930	0.990	东部地区
汕尾市	1.032	0.956	0.906	0.984	1.003	0.999	1.065	0.985	0.935	0.948	0.985	1.001	0.970	1.010	东部地区
河源市	0.988	0.915	0.892	0.884	0.856	0.971	1.021	0.950	0.973	1.001	0.965	0.980	0.930	0.990	东部地区
阳江市	0.975	0.903	0.953	0.892	0.856	0.913	0.930	0.979	0.931	0.980	0.985	0.920	0.910	0.950	东部地区
清远市	1.113	1.031	1.066	1.099	1.005	1.066	0.820	1.023	0.919	1.055	1.088	1.011	1.020	0.990	东部地区
东莞市	1.082	1.002	1.037	1.054	0.936	1.019	0.975	1.029	0.402	0.968	0.995	0.991	1.000	1.010	东部地区
中山市	1.012	0.937	0.992	1.081	0.980	1.004	0.997	1.017	0.755	1.260	1.040	1.005	0.870	0.980	东部地区
潮州市	1.042	0.965	0.998	1.087	1.046	1.106	1.025	1.053	1.004	0.478	1.026	0.961	0.890	0.940	东部地区
揭阳市	1.062	0.983	0.893	0.953	0.923	1.013	0.991	1.041	0.819	2.460	0.942	0.953	0.940	0.960	东部地区
云浮市	1.021	0.945	0.944	0.917	0.936	0.942	0.985	0.986	0.865	0.225	0.984	1.012	1.000	0.940	东部地区
沈阳市	0.997	0.989	1.054	0.962	0.998	0.976	0.965	1.022	0.867	0.980	1.050	0.997	1.010	1.030	东北地区
大连市	0.981	0.977	1.022	0.989	1.030	1.003	0.928	1.028	0.915	1.066	1.040	1.104	1.080	1.050	东北地区
鞍山市	0.973	0.965	0.958	0.994	0.956	1.042	0.829	0.863	0.933	0.882	1.043	0.840	0.990	0.920	东北地区

续表

地区	2005年	2006年	2007年	2008年	2009年	2010年	2011年	2012年	2013年	2014年	2015年	2016年	2017年	2018年	所属区域
抚顺市	0.932	0.912	0.899	0.867	0.855	1.047	1.017	0.929	0.995	0.982	1.039	0.933	0.990	1.000	东北地区
本溪市	0.945	0.930	0.988	0.961	0.909	0.943	0.911	0.830	0.847	0.864	1.044	0.911	0.920	0.990	东北地区
丹东市	0.936	0.926	0.923	0.932	0.870	1.010	0.892	1.006	0.911	0.965	1.046	1.004	1.010	1.030	东北地区
锦州市	1.031	0.955	0.876	0.893	0.800	0.867	0.869	0.833	0.835	0.922	0.942	0.997	0.990	0.970	东北地区
营口市	1.071	0.992	1.028	0.972	0.988	0.994	0.863	1.004	1.025	1.079	1.048	0.915	0.940	0.990	东北地区
阜新市	0.937	0.868	0.933	0.897	0.984	0.925	0.898	0.871	0.859	0.897	0.882	1.120	1.100	0.890	东北地区
辽阳市	0.991	0.918	0.923	0.900	0.903	1.036	1.007	1.014	0.956	0.989	1.060	0.823	0.990	0.870	东北地区
盘锦市	1.025	0.949	0.849	0.897	0.793	0.994	0.892	0.871	0.875	0.854	0.929	1.001	0.990	0.960	东北地区
铁岭市	0.955	0.884	0.868	0.884	0.961	0.989	1.004	1.030	0.860	0.925	0.885	1.041	0.990	1.010	东北地区
朝阳市	0.930	0.861	0.892	0.849	0.826	0.939	0.948	0.909	0.921	0.941	0.919	1.094	1.010	1.020	东北地区
葫芦岛市	1.020	0.944	0.914	0.805	0.776	0.871	0.931	0.916	0.870	0.837	1.004	1.212	1.030	1.060	东北地区
长春市	1.065	0.986	0.933	1.018	0.996	0.994	1.037	1.014	0.891	1.036	1.048	1.043	1.020	1.040	东北地区
吉林市	1.023	0.947	1.143	1.082	1.019	1.019	0.976	1.016	0.941	0.924	1.054	0.979	0.990	1.010	东北地区
四平市	0.859	0.795	0.824	0.837	0.812	0.958	1.086	1.072	0.992	0.985	1.100	0.939	0.960	0.990	东北地区
辽源市	1.011	0.936	0.941	1.030	1.074	1.020	1.016	1.114	0.798	1.029	1.073	1.010	0.990	0.970	东北地区
通化市	0.866	0.802	0.807	0.892	0.984	1.039	1.037	1.043	0.833	1.003	1.027	0.923	0.910	0.990	东北地区
白山市	0.896	0.830	0.822	0.876	0.921	1.033	0.997	1.121	1.014	1.021	1.020	1.032	1.010	1.020	东北地区
松原市	1.090	1.009	0.936	1.082	0.978	1.131	1.051	1.108	0.813	0.992	1.039	0.952	0.920	0.990	东北地区

续表

地区	2005年	2006年	2007年	2008年	2009年	2010年	2011年	2012年	2013年	2014年	2015年	2016年	2017年	2018年	所属区域
白城市	1.009	0.934	0.846	0.882	0.929	1.025	1.012	0.969	0.954	0.944	1.006	0.961	0.990	1.000	东北地区
哈尔滨市	1.023	0.947	0.922	0.895	0.925	0.849	0.911	0.910	1.039	1.035	1.112	1.062	1.020	1.040	东北地区
齐齐哈尔市	0.929	0.860	0.877	0.908	0.844	0.884	0.860	0.879	0.859	0.862	1.029	1.080	1.060	1.030	东北地区
鸡西市	0.946	0.876	0.857	0.924	0.923	0.853	0.880	0.911	0.799	0.770	0.923	1.054	1.020	1.030	东北地区
鹤岗市	0.956	0.885	0.927	0.947	0.933	0.899	0.933	0.942	0.776	0.749	1.043	1.059	1.030	1.020	东北地区
双鸭山市	0.851	0.788	0.862	0.921	0.927	0.923	0.910	0.910	0.800	0.667	1.268	1.006	1.020	0.980	东北地区
大庆市	1.065	0.986	0.917	0.997	0.882	1.139	1.035	0.967	1.042	0.946	0.767	0.912	0.930	0.980	东北地区
伊春市	0.869	0.805	0.855	0.854	0.772	0.807	0.808	0.887	0.885	0.785	0.988	1.058	1.020	1.040	东北地区
佳木斯市	0.961	0.890	0.920	0.891	0.893	0.824	0.866	0.837	0.951	0.847	0.994	1.069	1.030	0.980	东北地区
七台河市	0.892	0.826	0.873	1.027	1.010	0.912	0.763	0.849	0.736	0.844	1.081	1.205	1.020	1.110	东北地区
牡丹江市	0.958	0.887	0.910	0.901	0.970	0.821	0.901	0.885	1.083	0.882	1.157	1.034	1.110	1.050	东北地区
黑河市	0.970	0.898	0.999	1.003	0.891	0.787	0.827	0.898	0.877	0.929	1.003	1.523	1.120	1.030	东北地区
绥化市	0.909	0.842	0.863	0.962	0.922	0.823	0.839	0.885	0.875	0.859	1.047	0.996	1.020	0.990	东北地区
太原市	0.088	0.858	0.926	0.847	0.904	0.879	0.930	0.972	0.921	0.936	1.038	1.046	1.040	1.060	中部地区
大同市	0.801	0.762	0.858	0.831	0.839	0.814	0.874	0.892	0.862	0.930	0.994	0.944	0.980	0.960	中部地区
阳泉市	0.812	0.792	0.773	0.773	0.870	0.844	0.893	0.954	0.874	0.909	0.926	1.049	1.041	1.020	中部地区
长治市	0.932	0.929	0.928	0.931	0.957	0.856	0.987	0.897	0.841	0.871	0.841	1.011	1.020	0.990	中部地区
晋城市	0.905	0.898	0.886	0.891	0.938	0.879	0.922	0.946	0.864	0.885	0.934	0.989	1.000	0.990	中部地区

续表

地区	2005年	2006年	2007年	2008年	2009年	2010年	2011年	2012年	2013年	2014年	2015年	2016年	2017年	2018年	所属区域
朔州市	1.047	1.037	1.067	0.879	1.014	0.832	0.951	0.983	0.925	0.965	0.898	1.005	1.010	0.980	中部地区
晋中市	0.895	0.885	0.872	0.834	0.914	0.875	0.885	0.930	0.882	0.950	0.917	1.005	1.003	0.991	中部地区
运城市	0.911	0.908	0.865	0.794	0.852	0.838	0.965	0.877	0.914	0.979	0.952	1.012	1.010	0.990	中部地区
忻州市	0.821	0.811	0.968	0.894	0.863	0.811	0.853	0.867	0.850	0.974	0.963	1.012	0.980	1.000	中部地区
临汾市	0.871	0.862	0.819	0.835	0.843	0.835	0.945	0.881	0.837	0.895	0.886	1.002	0.990	0.980	中部地区
吕梁市	0.914	0.907	0.857	0.836	0.790	1.029	1.035	0.921	0.852	0.798	0.815	1.010	0.990	1.000	中部地区
呼和浩特市	0.947	0.941	0.978	0.940	1.168	1.020	1.006	1.053	0.931	1.068	1.116	1.029	1.020	1.110	中部地区
包头市	0.931	0.921	1.000	1.078	1.101	0.971	0.934	1.042	0.941	1.084	1.057	1.036	1.040	1.040	中部地区
乌海市	1.029	1.020	0.989	1.027	1.103	1.120	1.017	1.060	1.001	1.112	0.997	1.054	1.020	1.020	中部地区
赤峰市	0.914	0.905	0.967	0.969	1.112	1.048	1.065	1.070	0.954	1.094	1.125	1.055	1.050	1.030	中部地区
通辽市	1.011	1.002	1.111	1.007	0.879	1.303	1.056	1.095	0.918	1.007	1.055	1.027	1.020	1.040	中部地区
鄂尔多斯市	0.945	0.935	1.050	1.157	1.278	1.081	0.974	1.033	0.796	1.021	1.023	1.100	1.070	1.110	中部地区
呼伦贝尔市	0.901	0.896	0.931	0.888	0.967	0.918	0.970	1.001	0.944	1.039	1.065	0.952	0.990	0.980	中部地区
巴彦淖尔市	1.035	1.019	1.006	0.998	1.055	1.028	1.006	1.022	1.065	1.011	1.100	1.042	1.020	1.010	中部地区
乌兰察布市	0.963	0.955	0.981	1.055	1.110	1.033	1.095	1.032	0.982	1.076	1.102	1.041	1.010	1.070	中部地区
合肥市	1.041	0.964	0.965	0.983	0.936	0.982	0.900	0.955	0.891	1.069	1.092	1.002	1.020	0.990	中部地区
芜湖市	1.072	0.993	0.971	1.078	1.045	0.959	1.038	0.982	0.950	1.052	1.027	0.974	0.990	1.010	中部地区
蚌埠市	1.085	1.005	0.904	0.951	0.969	1.039	0.928	0.942	0.990	1.060	1.081	0.992	1.030	1.040	中部地区

续表

地区	2005年	2006年	2007年	2008年	2009年	2010年	2011年	2012年	2013年	2014年	2015年	2016年	2017年	2018年	所属区域
淮南市	0.808	0.748	0.739	0.937	0.874	0.898	0.881	0.905	0.842	0.848	1.033	1.037	1.030	1.010	中部地区
马鞍山市	1.026	0.950	1.014	1.002	0.920	1.020	0.978	0.995	0.837	1.042	0.986	0.987	1.010	1.030	中部地区
淮北市	0.834	0.772	0.825	0.928	0.782	0.877	0.867	0.883	0.891	0.922	1.018	1.007	1.020	1.000	中部地区
铜陵市	1.223	1.132	0.914	0.895	0.884	1.157	1.023	0.974	0.873	1.039	1.128	0.943	0.980	1.010	中部地区
安庆市	1.067	0.988	0.902	0.953	0.948	1.085	0.984	1.030	0.812	1.051	0.957	0.978	0.971	1.001	中部地区
黄山市	1.043	0.966	0.911	0.949	0.925	0.965	1.014	1.017	0.960	1.099	1.041	0.995	1.020	1.010	中部地区
滁州市	0.937	0.868	0.878	0.883	0.925	1.026	0.990	1.044	0.936	1.089	1.020	0.960	0.990	1.010	中部地区
阜阳市	0.957	0.886	0.877	0.914	0.887	0.884	0.880	0.910	0.884	0.936	0.969	0.969	0.920	0.980	中部地区
宿州市	0.853	0.790	0.840	0.861	0.770	0.823	0.866	0.881	0.859	0.936	0.672	0.959	0.970	0.890	中部地区
六安市	0.917	0.849	0.901	0.886	0.844	0.881	0.861	0.887	0.880	1.396	0.453	0.926	0.910	0.870	中部地区
亳州市	0.959	0.888	0.846	0.871	0.820	0.889	0.965	0.972	0.900	0.953	0.975	1.001	0.970	0.950	中部地区
池州市	1.038	0.961	0.983	1.000	1.128	1.022	0.961	1.067	0.816	1.095	1.043	0.979	0.990	0.970	中部地区
宣城市	1.042	0.965	0.975	1.020	0.861	0.989	0.518	0.937	0.945	2.316	1.036	0.963	0.890	1.010	中部地区
南昌市	0.950	0.880	0.865	0.961	0.968	1.005	0.849	0.960	0.915	0.960	0.998	0.994	1.010	0.950	中部地区
景德镇市	0.963	0.892	0.926	0.920	0.870	0.911	0.921	0.969	0.941	1.037	1.018	1.022	1.010	0.980	中部地区
萍乡市	0.985	0.912	0.917	1.003	0.988	0.986	1.045	1.043	0.790	1.053	1.020	0.998	1.010	0.990	中部地区
九江市	0.946	0.876	0.915	0.918	1.002	0.990	0.901	0.965	1.028	0.995	1.012	1.050	1.030	1.010	中部地区
新余市	0.841	0.779	0.886	0.919	1.247	1.004	0.986	0.919	0.811	1.074	1.022	1.005	0.980	1.020	中部地区

续表

地区	2005年	2006年	2007年	2008年	2009年	2010年	2011年	2012年	2013年	2014年	2015年	2016年	2017年	2018年	所属区域
鹰潭市	0.903	0.836	0.949	0.923	0.952	0.873	0.947	1.017	0.842	0.333	0.922	1.033	0.980	0.950	中部地区
赣州市	0.951	0.881	0.889	0.943	0.924	0.867	0.876	0.917	0.893	1.381	0.957	1.019	0.990	1.010	中部地区
吉安市	0.946	0.876	0.886	0.871	0.922	1.022	0.976	1.056	0.753	0.816	0.977	1.031	1.010	0.990	中部地区
宜春市	0.913	0.845	0.865	0.847	0.910	0.941	0.859	0.923	0.928	1.373	0.941	0.999	0.960	0.990	中部地区
抚州市	0.916	0.848	0.858	0.859	0.912	0.993	0.957	0.931	0.929	0.643	0.986	1.031	1.010	0.990	中部地区
上饶市	0.893	0.827	1.099	0.879	0.942	1.104	1.028	0.884	1.004	2.583	0.980	1.062	1.030	1.010	中部地区
郑州市	1.093	1.012	0.956	0.993	0.988	1.044	0.945	0.931	0.934	0.938	0.991	1.012	1.030	0.950	中部地区
开封市	0.810	0.750	0.771	0.856	0.846	0.847	0.873	0.899	0.907	0.923	0.971	0.946	0.940	0.980	中部地区
洛阳市	1.015	0.940	0.926	0.993	0.959	0.984	0.969	1.031	0.886	1.039	1.013	1.007	0.980	0.960	中部地区
平顶山市	0.794	0.735	0.766	0.888	0.798	0.843	0.865	0.815	0.849	0.897	0.973	0.997	1.020	0.980	中部地区
安阳市	0.848	0.785	0.846	0.873	0.825	0.888	0.895	0.885	0.902	0.929	0.972	1.007	0.990	0.950	中部地区
鹤壁市	0.832	0.770	0.794	0.829	0.771	0.841	0.921	0.909	0.953	0.941	0.975	0.995	1.030	0.980	中部地区
新乡市	0.944	0.874	0.894	0.946	0.887	1.046	1.111	1.055	0.778	0.986	0.990	1.048	1.020	0.960	中部地区
焦作市	0.986	0.913	0.906	0.966	0.919	1.044	0.936	0.991	0.894	1.022	0.995	0.963	0.990	1.010	中部地区
濮阳市	1.018	0.943	0.882	0.919	0.793	0.882	0.922	0.907	0.939	0.947	0.972	0.989	0.940	0.980	中部地区
许昌市	1.004	0.930	0.897	1.006	0.963	1.006	0.988	1.025	0.831	1.024	0.995	0.958	1.010	0.970	中部地区
漯河市	0.931	0.862	0.809	0.884	0.820	0.840	0.852	0.867	0.894	0.935	0.943	0.994	0.910	0.960	中部地区
三门峡市	1.013	0.938	0.937	0.981	0.943	1.063	0.984	1.047	0.977	1.009	1.011	1.006	0.990	1.000	中部地区

续表

地区	2005年	2006年	2007年	2008年	2009年	2010年	2011年	2012年	2013年	2014年	2015年	2016年	2017年	2018年	所属区域
南阳市	0.901	0.834	0.819	0.840	0.824	0.885	0.887	0.891	0.898	0.931	0.983	1.007	0.990	1.010	中部地区
商丘市	0.963	0.892	0.885	0.885	0.864	0.915	0.942	0.923	0.928	0.937	0.939	0.956	0.960	0.940	中部地区
信阳市	0.942	0.872	0.868	0.917	0.908	0.996	1.019	1.001	0.905	1.016	0.984	1.003	0.980	1.010	中部地区
周口市	0.854	0.791	0.810	0.853	0.817	0.852	0.928	0.950	0.966	0.970	0.976	0.981	0.960	0.990	中部地区
驻马店市	0.828	0.767	0.773	0.830	0.819	0.830	0.898	0.906	0.935	0.933	0.956	1.017	1.010	0.990	中部地区
武汉市	1.061	0.982	0.932	0.985	0.964	0.976	0.966	1.027	1.037	1.026	1.020	0.996	1.010	1.030	中部地区
黄石市	0.882	0.817	0.815	0.867	0.774	0.853	0.956	0.859	0.850	0.907	0.922	0.992	0.940	0.930	中部地区
十堰市	0.827	0.766	0.866	0.884	0.870	0.949	0.826	0.851	0.866	0.869	0.921	0.948	0.970	0.950	中部地区
宜昌市	1.070	0.991	1.180	1.089	0.906	0.936	1.046	0.933	0.890	0.915	0.944	0.989	0.960	0.980	中部地区
襄阳市	0.939	0.869	0.824	0.913	0.877	0.871	0.951	0.852	0.845	0.871	0.945	0.959	0.970	0.960	中部地区
鄂州市	0.903	0.836	0.863	0.912	0.869	0.836	0.884	0.875	0.876	0.898	0.933	0.971	0.960	0.970	中部地区
荆门市	0.974	0.902	0.897	0.927	0.886	0.863	0.920	0.868	0.843	0.882	0.937	0.973	0.960	0.980	中部地区
孝感市	0.874	0.809	0.859	0.909	0.856	0.833	0.843	0.866	0.853	0.855	0.935	0.958	0.940	0.970	中部地区
荆州市	0.941	0.871	0.873	0.888	0.856	0.827	0.880	0.865	0.851	0.929	0.963	0.986	0.950	0.970	中部地区
黄冈市	0.984	0.911	0.916	0.930	0.909	0.829	0.921	0.939	0.881	0.851	0.986	0.954	0.950	0.970	中部地区
咸宁市	0.974	0.902	0.938	0.927	0.848	0.907	0.921	0.910	0.952	1.029	1.024	0.970	1.010	0.990	中部地区
随州市	0.971	0.899	0.933	0.891	0.856	0.919	0.985	0.929	0.960	1.070	1.055	0.935	1.020	0.990	中部地区
长沙市	1.023	0.947	0.979	1.118	1.043	0.981	0.996	1.058	1.037	1.068	1.070	1.065	1.020	1.020	中部地区

续表

地区	2005年	2006年	2007年	2008年	2009年	2010年	2011年	2012年	2013年	2014年	2015年	2016年	2017年	2018年	所属区域
株洲市	0.959	0.888	0.943	0.864	0.848	0.881	0.890	0.887	0.874	0.995	0.977	0.992	1.010	0.980	中部地区
湘潭市	0.924	0.856	0.927	0.926	0.943	0.903	0.992	0.948	0.905	0.846	1.038	0.952	0.990	1.010	中部地区
衡阳市	0.969	0.897	0.920	0.933	0.925	0.877	0.876	0.889	0.862	0.911	0.988	1.001	0.980	0.990	中部地区
邵阳市	0.836	0.774	0.782	0.813	0.790	0.858	0.926	0.924	0.898	0.941	1.004	1.026	1.010	0.980	中部地区
岳阳市	1.091	1.010	0.912	0.890	0.892	0.866	0.901	0.927	0.893	0.960	1.026	1.011	0.990	1.010	中部地区
常德市	0.978	0.906	0.928	0.926	0.942	0.876	0.884	0.882	0.871	0.953	0.982	0.995	0.990	1.010	中部地区
张家界市	1.109	1.027	0.971	1.019	0.953	0.940	0.951	0.974	0.928	0.981	1.041	1.026	1.010	0.990	中部地区
益阳市	0.964	0.893	0.914	0.873	0.875	0.869	0.912	0.925	0.883	0.979	1.033	1.007	0.990	1.010	中部地区
郴州市	1.058	0.980	1.018	0.893	0.999	1.033	0.962	0.930	1.019	1.048	1.048	0.996	1.020	1.020	中部地区
永州市	0.984	0.911	0.905	0.844	0.804	0.891	0.987	0.982	1.030	1.037	1.026	1.013	1.020	1.010	中部地区
怀化市	0.837	0.775	0.860	0.881	0.847	0.852	0.906	0.931	0.903	0.890	1.013	1.006	1.020	0.980	中部地区
娄底市	0.996	0.922	0.918	1.005	0.870	0.879	0.899	0.926	0.864	0.889	0.976	0.976	0.970	0.960	中部地区
南宁市	1.144	1.059	1.005	1.007	1.012	0.936	0.926	0.962	0.976	1.011	1.034	0.994	1.010	1.010	中部地区
柳州市	0.949	0.879	0.897	0.848	0.871	0.905	0.872	0.918	0.876	1.026	0.969	1.029	0.980	0.960	中部地区
桂林市	0.955	0.884	0.908	0.942	0.956	0.990	0.968	1.003	0.933	1.071	1.013	0.992	0.940	0.890	中部地区
梧州市	0.940	0.870	0.882	0.941	0.965	1.038	1.060	1.043	0.919	1.090	0.973	0.974	1.010	0.950	中部地区
北海市	0.977	0.905	0.953	0.986	0.891	0.944	0.906	1.140	1.184	1.101	0.981	1.023	0.980	0.970	中部地区
防城港市	1.012	0.937	0.918	0.958	0.964	1.010	0.990	0.935	1.081	1.245	0.941	1.058	1.020	0.890	中部地区

续表

地区	2005年	2006年	2007年	2008年	2009年	2010年	2011年	2012年	2013年	2014年	2015年	2016年	2017年	2018年	所属区域
钦州市	1.043	0.966	0.941	0.983	0.944	1.032	0.969	0.940	0.924	1.078	1.052	1.049	1.010	1.030	中部地区
贵港市	0.891	0.825	0.914	0.915	0.986	1.051	0.982	1.002	0.950	1.039	1.045	1.031	1.020	1.000	中部地区
玉林市	0.851	0.788	0.841	0.829	0.876	0.886	0.908	0.903	0.924	1.077	1.044	0.999	0.990	0.990	中部地区
百色市	1.084	1.004	0.932	1.021	1.004	1.028	0.963	1.035	0.967	1.146	1.001	1.044	1.010	1.010	中部地区
贺州市	0.901	0.834	0.937	0.886	0.913	0.918	0.975	0.977	0.988	1.026	1.017	0.997	0.990	1.010	中部地区
河池市	1.039	0.962	0.990	0.965	0.971	1.049	0.919	0.901	1.037	1.126	1.006	1.007	0.980	0.990	中部地区
来宾市	0.985	0.912	0.907	0.802	0.862	0.998	0.941	0.909	0.903	1.088	0.977	1.042	1.020	0.990	中部地区
崇左市	0.971	0.899	0.803	0.788	0.847	0.877	0.917	0.929	1.099	1.104	1.005	1.022	0.990	1.030	中部地区
重庆市	1.052	0.974	1.020	1.024	1.038	1.084	0.975	0.852	0.920	0.935	0.976	1.719	1.020	1.040	西部地区
成都市	1.026	0.950	0.986	0.966	1.044	1.058	0.991	1.065	0.885	1.175	0.743	1.014	0.890	0.990	西部地区
自贡市	0.906	0.839	0.887	0.891	0.834	0.831	0.874	0.894	0.911	0.909	1.019	1.021	1.010	0.990	西部地区
攀枝花市	1.009	0.934	0.947	0.944	0.812	0.961	0.956	0.963	0.895	0.949	0.900	1.070	1.020	0.990	西部地区
泸州市	1.001	0.927	0.913	0.945	0.903	0.869	0.921	0.897	0.877	0.908	0.953	0.972	0.930	0.960	西部地区
德阳市	1.005	0.931	0.948	0.810	0.759	0.812	0.959	1.020	0.892	0.987	1.029	1.022	0.990	1.020	西部地区
绵阳市	1.001	0.927	0.919	0.815	0.791	0.819	0.961	0.954	0.920	0.956	1.028	0.994	1.020	0.980	西部地区
广元市	0.916	0.848	0.895	0.794	0.783	0.908	1.053	1.071	0.955	1.079	1.064	1.024	1.000	0.990	西部地区
遂宁市	0.975	0.903	0.918	0.848	0.795	0.995	1.031	1.024	0.912	1.054	1.134	0.745	0.990	0.890	西部地区
内江市	0.922	0.854	0.919	0.973	0.892	0.874	0.904	0.908	0.885	0.897	0.984	1.029	1.010	0.980	西部地区

续表

地区	2005年	2006年	2007年	2008年	2009年	2010年	2011年	2012年	2013年	2014年	2015年	2016年	2017年	2018年	所属区域
乐山市	0.993	0.919	0.914	0.923	0.869	0.877	0.942	0.929	0.910	1.039	0.953	1.062	0.990	1.020	西部地区
南充市	1.022	0.946	1.011	0.883	0.877	0.907	1.007	0.933	0.903	0.912	0.942	1.024	0.980	0.990	西部地区
眉山市	1.050	0.972	1.000	1.096	0.971	0.941	1.049	1.095	0.880	1.056	1.063	0.987	0.920	0.990	西部地区
宜宾市	0.970	0.898	0.934	0.914	0.896	0.895	0.944	0.916	0.880	0.936	0.962	1.005	0.930	0.950	西部地区
广安市	1.028	0.952	1.012	1.028	1.042	1.036	1.061	1.047	0.995	1.023	0.968	0.968	0.950	1.010	西部地区
达州市	0.972	0.900	0.954	0.902	0.989	1.046	1.080	1.023	0.866	1.062	0.925	0.940	0.950	1.010	西部地区
雅安市	1.064	0.985	0.987	1.025	1.032	0.995	1.078	1.037	0.980	1.069	1.075	1.003	0.990	1.020	西部地区
巴中市	0.852	0.789	0.846	0.878	0.837	0.813	0.858	0.838	0.784	0.855	0.934	0.979	1.024	0.890	西部地区
资阳市	0.950	0.880	0.915	0.881	0.849	0.865	0.972	0.968	0.864	0.934	0.971	0.955	0.980	0.920	西部地区
贵阳市	1.018	0.943	0.877	0.858	0.985	0.901	0.907	0.912	0.890	0.957	1.017	0.999	1.010	0.990	西部地区
六盘水市	1.000	0.926	0.875	0.955	0.941	0.925	0.951	0.879	0.863	1.055	1.073	1.011	1.010	0.970	西部地区
遵义市	1.014	0.939	0.917	0.969	1.046	0.974	0.976	0.895	0.873	0.995	1.067	1.005	1.030	0.990	西部地区
安顺市	0.872	0.807	0.771	0.788	0.940	0.937	0.888	0.844	0.867	0.948	1.013	0.982	0.930	0.990	西部地区
昆明市	0.998	0.924	0.896	0.825	0.993	0.910	0.899	0.972	0.927	1.043	0.964	1.020	1.010	0.980	西部地区
曲靖市	1.101	1.019	0.860	0.946	0.969	0.978	0.998	0.891	0.930	0.855	1.043	1.013	1.020	0.970	西部地区
玉溪市	1.050	0.972	0.882	0.937	0.915	0.895	0.919	0.933	0.927	0.967	1.000	0.954	0.990	1.010	西部地区
保山市	0.929	0.860	0.790	0.828	0.889	0.869	0.889	0.979	0.951	0.982	1.002	0.989	0.950	0.990	西部地区
昭通市	0.903	0.836	0.814	0.832	0.918	0.878	0.864	0.925	0.910	0.984	0.978	0.993	1.010	1.000	西部地区

续表

地区	2005年	2006年	2007年	2008年	2009年	2010年	2011年	2012年	2013年	2014年	2015年	2016年	2017年	2018年	所属区域
丽江市	1.034	0.957	0.845	0.934	1.015	0.985	0.977	0.990	1.022	1.031	1.036	1.056	1.020	1.020	西部地区
普洱市	0.935	0.866	0.848	0.840	0.930	0.865	0.871	0.939	0.902	0.972	1.009	1.046	1.000	0.990	西部地区
临沧市	1.016	0.941	0.915	0.879	0.967	0.877	0.847	0.922	0.875	0.979	1.041	0.997	0.980	1.010	西部地区
西安市	0.970	0.898	0.913	0.938	1.058	0.968	0.940	0.952	0.925	1.034	1.028	1.024	1.050	1.010	西部地区
铜川市	0.915	0.847	0.878	0.917	0.975	0.886	0.945	0.920	0.932	0.834	0.943	0.911	0.940	0.960	西部地区
宝鸡市	0.987	0.914	0.954	0.923	0.950	0.994	1.031	1.070	0.904	1.008	1.073	0.975	0.940	0.980	西部地区
咸阳市	0.906	0.839	0.926	0.935	0.933	1.042	1.007	1.052	0.873	1.056	1.032	1.002	1.010	1.000	西部地区
渭南市	0.834	0.772	0.881	0.786	0.955	0.783	0.856	0.831	0.902	0.922	0.977	0.931	0.920	0.910	西部地区
延安市	1.067	0.988	1.095	0.941	0.939	1.001	1.045	1.037	0.824	0.929	0.903	0.854	0.910	0.900	西部地区
汉中市	0.927	0.858	0.918	0.906	0.937	0.866	0.922	0.910	0.932	0.958	1.020	1.008	1.000	0.990	西部地区
榆林市	1.184	1.096	1.244	1.197	1.084	1.061	1.069	1.032	0.736	0.997	0.932	1.019	1.010	0.990	西部地区
安康市	1.000	0.926	0.933	0.905	0.983	0.970	1.019	1.066	1.038	1.069	1.070	0.990	0.970	0.920	西部地区
商洛市	0.893	0.827	0.798	0.817	0.941	0.910	0.975	0.964	0.985	0.933	1.073	1.027	1.010	0.990	西部地区
兰州市	1.009	0.934	0.950	0.939	0.953	0.927	0.950	0.935	0.914	0.981	1.043	1.017	0.940	0.910	西部地区
嘉峪关市	1.084	1.004	1.034	1.090	1.054	0.965	1.077	1.033	0.733	0.957	0.775	0.741	0.810	0.820	西部地区
金昌市	1.094	1.013	1.101	0.685	0.836	0.816	0.844	0.855	0.838	0.883	0.881	0.933	0.830	0.870	西部地区
白银市	0.953	0.882	0.875	0.898	0.907	0.874	0.914	0.934	0.858	0.834	0.961	1.032	1.010	0.990	西部地区
天水市	0.842	0.780	0.818	0.825	0.892	0.817	0.869	1.031	0.941	1.013	1.012	0.974	1.000	0.990	西部地区

续表

地区	2005年	2006年	2007年	2008年	2009年	2010年	2011年	2012年	2013年	2014年	2015年	2016年	2017年	2018年	所属区域
武威市	0.951	0.881	0.905	0.863	0.796	0.930	0.927	1.049	0.835	1.023	1.080	1.014	1.020	1.030	西部地区
张掖市	1.054	0.976	0.938	0.968	1.002	0.873	0.956	0.953	0.952	0.939	1.042	1.020	1.010	0.990	西部地区
平凉市	0.219	0.203	0.829	0.841	0.849	0.810	0.847	0.860	0.881	0.863	1.002	1.030	0.980	0.930	西部地区
酒泉市	1.110	1.028	0.974	1.044	1.249	1.012	0.935	1.027	0.815	0.941	0.929	0.957	0.940	0.980	西部地区
庆阳市	1.086	1.006	0.992	1.052	1.127	0.943	1.018	0.986	0.709	1.033	0.950	0.913	0.990	0.960	西部地区
定西市	0.933	0.864	0.916	0.785	0.979	0.797	0.798	0.858	0.809	0.943	1.031	1.022	1.010	0.990	西部地区
陇南市	0.981	0.908	0.879	0.738	0.791	0.728	0.801	0.902	0.844	0.898	1.167	0.898	0.980	1.010	西部地区
西宁市	1.054	0.976	0.940	0.893	0.988	0.925	0.901	0.879	0.903	0.909	0.970	1.031	1.010	0.980	西部地区
银川市	1.029	0.953	0.915	0.948	0.973	1.098	1.034	1.010	1.051	0.735	0.983	1.620	1.011	0.870	西部地区
石嘴山市	1.072	0.993	1.077	1.088	1.043	0.835	1.063	0.994	1.053	1.083	1.035	1.006	0.994	1.033	西部地区
吴忠市	1.162	1.076	0.974	0.998	1.062	0.994	1.005	1.080	0.888	1.085	1.060	0.978	1.022	1.031	西部地区
固原市	1.011	0.936	0.911	1.008	0.995	0.950	1.007	0.976	1.071	0.632	1.027	1.011	0.991	0.932	西部地区
中卫市	0.988	0.915	0.934	0.990	1.065	0.964	1.068	0.924	1.165	1.606	1.012	0.995	0.981	0.940	西部地区
乌鲁木齐市	1.053	0.975	1.051	0.986	0.946	0.896	1.021	0.976	0.870	0.903	1.017	0.886	0.893	0.914	西部地区
克拉玛依市	1.069	0.990	0.902	1.082	0.756	1.250	0.986	0.905	0.974	0.959	0.753	1.034	1.014	0.974	西部地区

附录2 Moran's I 指数的具体计算程序

. spatwmat using C:\Users\wangpp\Desktop\共同富裕视阈下地区税负对区域经济增长不平衡的影响研究大纲\分章节写作版\第5章原始数据\283kjjl. dta,name(w)The following matrix has been created:

1. Imported non-binary weights matrix w

    Dimension:283x283

. use"C:\Users\wangpp\Desktop\共同富裕视阈下地区税负对区域经济增长不平衡的影响研究大纲\分章节写作版\第5章原始数据\2005.dta",clear

. . spatgsa lpgdp btax tax dtfp tfp ltfp h fdi npc is md dtfp fs gd npgr jy,weights(w)moran

Measures of global spatial autocorrelation

Weights matrix

Name:w

Type:Imported(non-binary)

Row-standardized:No

Moran's I

Variables	I	E(I)	sd(I)	z	p-value*
lpgdp	0.106	-0.004	0.005	21.122	0.000
btax	0.047	-0.004	0.005	9.915	0.000
tax	-0.001	-0.004	0.001	1.893	0.029
dtfp	0.097	-0.004	0.005	19.545	0.000
tfp	0.097	-0.004	0.005	19.476	0.000
ltfp	0.097	-0.004	0.005	19.379	0.000
h	0.063	-0.004	0.005	13.694	0.000

Variables	I	E(I)	sd(I)	z	p-value*
fdi	0.139	-0.004	0.005	27.706	0.000
npc	0.026	-0.004	0.005	5.666	0.000
is	0.074	-0.004	0.005	14.929	0.000
md	0.099	-0.004	0.005	19.835	0.000
dtfp	0.097	-0.004	0.005	19.545	0.000
fs	0.096	-0.004	0.005	19.526	0.000
gd	0.062	-0.004	0.005	12.753	0.000
npgr	0.093	-0.004	0.005	18.680	0.000
jy	0.001	-0.004	0.005	0.879	0.000

*1-tail test

.. spatgsa lpgdp btax tax dtfp tfp ltfp h fdi npc is md dtfp fs gd npgr jy, weights(w) moran geary

Measures of global spatial autocorrelation

Weights matrix

Name: w

Type: Imported(non-binary)

Row-standardized: No

Moran's I

Variables	I	E(I)	sd(I)	z	p-value*
lpgdp	0.106	-0.004	0.005	21.122	0.000
btax	0.047	-0.004	0.005	9.915	0.000
tax	-0.001	-0.004	0.001	1.893	0.029
dtfp	0.097	-0.004	0.005	19.545	0.000

tfp		0.097	-0.004	0.005	19.476	0.000
ltfp		0.097	-0.004	0.005	19.379	0.000
h		0.063	-0.004	0.005	13.694	0.000
fdi		0.139	-0.004	0.005	27.706	0.000
npc		0.026	-0.004	0.005	5.666	0.000
is		0.074	-0.004	0.005	14.929	0.000
md		0.099	-0.004	0.005	19.835	0.000
dtfp		0.097	-0.004	0.005	19.545	0.000
fs		0.096	-0.004	0.005	19.526	0.000
gd		0.062	-0.004	0.005	12.753	0.000
npgr		0.093	-0.004	0.005	18.680	0.000
jy		0.001	-0.004	0.005	0.879	0.001

Geary's c

Variables		c	E(c)	sd(c)	z	p-value*
lpgdp		0.874	1.000	0.011	-11.574	0.000
btax		0.939	1.000	0.015	-3.979	0.000
tax		0.963	1.000	0.086	-0.424	0.033
dtfp		0.896	1.000	0.011	-9.107	0.000
tfp		0.897	1.000	0.011	-9.095	0.000
ltfp		0.896	1.000	0.011	-9.772	0.000
h		0.931	1.000	0.031	-2.204	0.014
fdi		0.855	1.000	0.012	-11.887	0.000
npc		0.948	1.000	0.011	-4.705	0.000
is		0.907	1.000	0.008	-12.165	0.000
md		0.892	1.000	0.009	-12.438	0.000

```
      dtfp |   0.896    1.000    0.011    -9.107   0.000
        fs |   0.872    1.000    0.020    -6.547   0.000
        gd |   0.908    1.000    0.010    -9.483   0.000
      npgr |   0.880    1.000    0.011   -10.963   0.000
        jy |   1.020    1.000    0.017     1.133   0.001
-----------------------------------------------------------
```
* 1 – tail test

. . spatgsa lpgdp btax tax dtfp tfp ltfp h fdi npc is md dtfp fs gd npgr jy , weights (w) moran geary go twotail

Spatial weights in matrix w are not binary.

To compute Getis and Ord's G you must use a

non – standardized binary weights matrix

. . spatgsa lpgdp btax tax dtfp tfp ltfp h fdi npc is md dtfp fs gd npgr jy , weights (w) moran geary twotail

Measures of global spatial autocorrelation

Weights matrix

Name: w

Type: Imported(non – binary)

Row – standardized: No

Moran's I

```
   Variables |    I       E(I)      sd(I)       z      p-value*
-------------+---------------------------------------------------
       lpgdp |  0.106    -0.004    0.005     21.122    0.000
        btax |  0.047    -0.004    0.005      9.915    0.000
```

Variables					
tax	−0.001	−0.004	0.001	1.893	0.025
dtfp	0.097	−0.004	0.005	19.545	0.000
tfp	0.097	−0.004	0.005	19.476	0.000
ltfp	0.097	−0.004	0.005	19.379	0.000
h	0.063	−0.004	0.005	13.694	0.000
fdi	0.139	−0.004	0.005	27.706	0.000
npc	0.026	−0.004	0.005	5.666	0.000
is	0.074	−0.004	0.005	14.929	0.000
md	0.099	−0.004	0.005	19.835	0.000
dtfp	0.097	−0.004	0.005	19.545	0.000
fs	0.096	−0.004	0.005	19.526	0.000
gd	0.062	−0.004	0.005	12.753	0.000
npgr	0.093	−0.004	0.005	18.680	0.000
jy	0.001	−0.004	0.005	0.879	0.001

Geary's c

Variables	c	E(c)	sd(c)	z	p-value*
lpgdp	0.874	1.000	0.011	−11.574	0.000
btax	0.939	1.000	0.015	−3.979	0.000
tax	0.963	1.000	0.086	−0.424	0.671
dtfp	0.896	1.000	0.011	−9.107	0.000
tfp	0.897	1.000	0.011	−9.095	0.000
ltfp	0.896	1.000	0.011	−9.772	0.000
h	0.931	1.000	0.031	−2.204	0.028
fdi	0.855	1.000	0.012	−11.887	0.000
npc	0.948	1.000	0.011	−4.705	0.000

is	0.907	1.000	0.008	-12.165	0.000
md	0.892	1.000	0.009	-12.438	0.000
dtfp	0.896	1.000	0.011	-9.107	0.000
fs	0.872	1.000	0.020	-6.547	0.000
gd	0.908	1.000	0.010	-9.483	0.000
npgr	0.880	1.000	0.011	-10.963	0.000
jy	1.020	1.000	0.017	1.133	0.001

----

*2-tail test

. . spatgsa lpgdp btax tax dtfp tfp ltfp h fdi npc is md dtfp fs gd npgr jy,weights(w)go twotail

Spatial weights in matrix w are not binary.

To compute Getis and Ord's G you must use a

non-standardized binary weights matrix

. use"C:\Users\wangpp\Desktop\共同富裕视阈下地区税负对区域经济增长不平衡的影响研究大纲\分章节写作版\第5章原始数据\2006.dta",clear

. . spatgsa lpgdp btax tax dtfp tfp ltfp h fdi npc is md dtfp fs gd npgr jy,weights(w)moran geary go twotail

Spatial weights in matrix w are not binary.

To compute Getis and Ord's G you must use a

non-standardized binary weights matrix

. . spatgsa lpgdp btax tax dtfp tfp ltfp h fdi npc is md dtfp fs gd npgr jy,weights(w)moran geary twotail

Measures of global spatial autocorrelation

Weights matrix

Name:w

Type: Imported(non-binary)

Row-standardized: No

Moran's I

Variables	I	E(I)	sd(I)	z	p-value*
lpgdp	0.104	-0.004	0.005	20.711	0.000
btax	0.045	-0.004	0.005	9.489	0.000
tax	0.080	-0.004	0.005	16.288	0.000
dtfp	0.095	-0.004	0.005	19.020	0.000
tfp	0.096	-0.004	0.005	19.325	0.000
ltfp	0.096	-0.004	0.005	19.181	0.000
h	0.063	-0.004	0.005	13.991	0.000
fdi	0.119	-0.004	0.005	23.810	0.000
npc	0.026	-0.004	0.005	5.740	0.000
is	0.073	-0.004	0.005	14.704	0.000
md	0.097	-0.004	0.005	19.300	0.000
dtfp	0.095	-0.004	0.005	19.020	0.000
fs	0.099	-0.004	0.005	20.231	0.000
gd	0.035	-0.004	0.005	7.435	0.000
npgr	0.020	-0.004	0.003	7.024	0.000
jy	0.004	-0.004	0.005	1.419	0.001

Geary's c

Variables	c	E(c)	sd(c)	z	p-value*
lpgdp	0.878	1.000	0.011	-11.473	0.000

btax	0.949	1.000	0.015	-3.413	0.001
tax	0.911	1.000	0.017	-5.232	0.000
dtfp	0.898	1.000	0.012	-8.631	0.000
tfp	0.898	1.000	0.013	-8.129	0.000
ltfp	0.896	1.000	0.011	-9.601	0.000
h	0.933	1.000	0.036	-1.865	0.016
fdi	0.877	1.000	0.012	-9.947	0.000
npc	0.946	1.000	0.011	-4.829	0.000
is	0.908	1.000	0.008	-11.877	0.000
md	0.898	1.000	0.008	-12.028	0.000
dtfp	0.898	1.000	0.012	-8.631	0.000
fs	0.867	1.000	0.019	-6.903	0.000
gd	0.942	1.000	0.011	-5.155	0.000
npgr	0.999	1.000	0.067	-0.021	0.001
jy	1.020	1.000	0.018	1.087	0.001

---

*2 - tail test

. use"C:\Users\wangpp\Desktop\共同富裕视阈下地区税负对区域经济增长不平衡的影响研究大纲\分章节写作版\第5章原始数据\2007. dta",clear

.. spatgsa lpgdp btax tax dtfp tfp ltfp h fdi npc is md dtfp fs gd npgr jy,weights(w)moran geary twotail

Measures of global spatial autocorrelation

Weights matrix

Name:w

Type:Imported(non - binary)

Row - standardized:No

附录

Moran's I

Variables	I	E(I)	sd(I)	z	p-value*
lpgdp	0.102	-0.004	0.005	20.433	0.000
btax	0.047	-0.004	0.005	9.798	0.000
tax	0.072	-0.004	0.005	14.805	0.000
dtfp	0.095	-0.004	0.005	19.142	0.000
tfp	0.096	-0.004	0.005	19.342	0.000
ltfp	0.095	-0.004	0.005	19.136	0.000
h	0.067	-0.004	0.005	14.393	0.000
fdi	0.125	-0.004	0.005	24.958	0.000
npc	0.025	-0.004	0.005	5.506	0.000
is	0.081	-0.004	0.005	16.202	0.000
md	0.097	-0.004	0.005	19.322	0.000
dtfp	0.095	-0.004	0.005	19.142	0.000
fs	0.095	-0.004	0.005	19.536	0.000
gd	0.036	-0.004	0.005	7.610	0.000
npgr	0.004	-0.004	0.004	1.902	0.023
jy	0.003	-0.004	0.005	1.333	0.001

Geary's c

Variables	c	E(c)	sd(c)	z	p-value*
lpgdp	0.874	1.000	0.011	-11.639	0.000
btax	0.946	1.000	0.014	-3.808	0.000
tax	0.917	1.000	0.017	-4.916	0.000
dtfp	0.896	1.000	0.012	-8.774	0.000

tfp	0.899	1.000	0.014	-7.288	0.000
ltfp	0.896	1.000	0.011	-9.602	0.000
h	0.926	1.000	0.031	-2.371	0.018
fdi	0.878	1.000	0.013	-9.657	0.000
npc	0.906	1.000	0.018	-5.239	0.000
is	0.898	1.000	0.008	-12.891	0.000
md	0.900	1.000	0.009	-11.661	0.000
dtfp	0.896	1.000	0.012	-8.774	0.000
fs	0.866	1.000	0.021	-6.469	0.000
gd	0.956	1.000	0.010	-4.471	0.000
npgr	0.979	1.000	0.062	-0.334	0.001
jy	1.020	1.000	0.017	1.169	0.001

*2-tail test

. use"C:\Users\wangpp\Desktop\共同富裕视阈下地区税负对区域经济增长不平衡的影响研究大纲\分章节写作版\第5章原始数据\2008.dta",clear

.. spatgsa lpgdp btax tax dtfp tfp ltfp h fdi npc is md dtfp fs gd npgr jy,weights (w)moran geary twotail

Measures of global spatial autocorrelation

Weights matrix

Name:w

Type:Imported(non-binary)

Row-standardized:No

Moran's I

Variables	I	E(I)	sd(I)	z	p-value*
lpgdp	0.102	-0.004	0.005	20.455	0.000
btax	0.057	-0.004	0.005	11.828	0.000
tax	0.075	-0.004	0.005	15.445	0.000
dtfp	0.094	-0.004	0.005	18.825	0.000
tfp	0.096	-0.004	0.005	19.314	0.000
ltfp	0.095	-0.004	0.005	19.024	0.000
h	0.069	-0.004	0.005	14.837	0.000
fdi	0.126	-0.004	0.005	25.078	0.000
npc	0.025	-0.004	0.005	5.532	0.000
is	0.082	-0.004	0.005	16.536	0.000
md	0.097	-0.004	0.005	19.418	0.000
dtfp	0.094	-0.004	0.005	18.825	0.000
fs	0.110	-0.004	0.005	23.051	0.000
gd	0.045	-0.004	0.005	9.333	0.000
npgr	0.120	-0.004	0.005	23.939	0.000
jy	0.002	-0.004	0.005	1.061	0.001

Geary's c

Variables	c	E(c)	sd(c)	z	p-value*
lpgdp	0.878	1.000	0.010	-11.917	0.000
btax	0.935	1.000	0.015	-4.402	0.000
tax	0.913	1.000	0.018	-4.974	0.000
dtfp	0.899	1.000	0.012	-8.424	0.000
tfp	0.901	1.000	0.016	-6.387	0.000
ltfp	0.897	1.000	0.011	-9.516	0.000

h	0.937	1.000	0.031	-2.049	0.041
fdi	0.878	1.000	0.012	-9.945	0.000
npc	0.941	1.000	0.012	-5.064	0.000
is	0.892	1.000	0.008	-13.231	0.000
md	0.898	1.000	0.008	-12.263	0.000
dtfp	0.899	1.000	0.012	-8.424	0.000
fs	0.872	1.000	0.030	-4.300	0.000
gd	0.940	1.000	0.010	-5.988	0.000
npgr	0.878	1.000	0.011	-10.676	0.000
jy	1.020	1.000	0.017	1.216	0.001

*2-tail test

. use"C:\Users\wangpp\Desktop\共同富裕视阈下地区税负对区域经济增长不平衡的影响研究大纲\分章节写作版\第5章原始数据\2009.dta",clear

. . spatgsa lpgdp btax tax dtfp tfp ltfp h fdi npc is md dtfp fs gd npgr jy,weights(w)moran geary twotail

Measures of global spatial autocorrelation

Weights matrix

Name:w

Type:Imported(non-binary)

Row-standardized:No

Moran's I

Variables	I	E(I)	sd(I)	z	p-value*
lpgdp	0.102	-0.004	0.005	20.296	0.000

btax		0.063	−0.004	0.005	12.904	0.000
tax		0.077	−0.004	0.005	15.690	0.000
dtfp		0.095	−0.004	0.005	19.048	0.000
tfp		0.095	−0.004	0.005	19.377	0.000
ltfp		0.095	−0.004	0.005	19.012	0.000
h		0.060	−0.004	0.005	13.081	0.000
fdi		0.120	−0.004	0.005	23.906	0.000
npc		0.025	−0.004	0.005	5.589	0.000
is		0.074	−0.004	0.005	15.008	0.000
md		0.086	−0.004	0.005	17.347	0.000
dtfp		0.095	−0.004	0.005	19.048	0.000
fs		0.109	−0.004	0.005	22.210	0.000
gd		0.047	−0.004	0.005	9.791	0.000
npgr		0.096	−0.004	0.005	20.328	0.000
jy		0.002	−0.004	0.005	1.096	0.001

Geary's c

Variables	c	E(c)	sd(c)	z	p − value*
lpgdp	0.883	1.000	0.010	−11.974	0.000
btax	0.932	1.000	0.013	−5.294	0.000
tax	0.909	1.000	0.016	−5.696	0.000
dtfp	0.897	1.000	0.012	−8.389	0.000
tfp	0.902	1.000	0.018	−5.565	0.000
ltfp	0.896	1.000	0.011	−9.470	0.000
h	0.943	1.000	0.030	−1.879	0.060
fdi	0.882	1.000	0.012	−9.787	0.000

```
          npc |   0.939    1.000    0.012    -5.182    0.000
           is |   0.892    1.000    0.008   -12.844    0.000
           md |   0.905    1.000    0.008   -12.095    0.000
         dtfp |   0.897    1.000    0.012    -8.389    0.000
           fs |   0.867    1.000    0.022    -6.042    0.000
           gd |   0.932    1.000    0.011    -6.377    0.000
         npgr |   0.898    1.000    0.030    -3.357    0.001
           jy |   1.021    1.000    0.017     1.233    0.001
---------------------------------------------------------------
* 2 - tail test
```

. use "C:\Users\wangpp\Desktop\共同富裕视阈下地区税负对区域经济增长不平衡的影响研究大纲\分章节写作版\第5章原始数据\2010.dta", clear

. . spatgsa lpgdp btax tax dtfp tfp ltfp h fdi npc is md dtfp fs gd npgr jy, weights(w) moran geary twotail

Measures of global spatial autocorrelation

Weights matrix

Name: w
Type: Imported (non-binary)
Row-standardized: No

Moran's I

```
     Variables |    I       E(I)     sd(I)      z     p-value*
---------------+-----------------------------------------------
         lpgdp |  0.103    -0.004    0.005    20.526    0.000
          btax |  0.071    -0.004    0.005    14.383    0.000
```

tax |	0.089	−0.004	0.005	17.906	0.000
dtfp |	0.093	−0.004	0.005	18.782	0.000
tfp |	0.095	−0.004	0.005	19.463	0.000
ltfp |	0.095	−0.004	0.005	18.985	0.000
h |	0.067	−0.004	0.005	14.493	0.000
fdi |	0.102	−0.004	0.005	20.619	0.000
npc |	0.025	−0.004	0.005	5.510	0.000
is |	0.068	−0.004	0.005	13.879	0.000
md |	0.074	−0.004	0.005	15.041	0.000
dtfp |	0.093	−0.004	0.005	18.782	0.000
fs |	0.115	−0.004	0.005	23.218	0.000
gd |	0.051	−0.004	0.005	10.540	0.000
npgr |	0.148	−0.004	0.005	29.611	0.000
jy |	0.002	−0.004	0.005	1.027	0.001

Geary's c

Variables |	c	E(c)	sd(c)	z	p−value*
lpgdp |	0.881	1.000	0.010	−12.221	0.000
btax |	0.917	1.000	0.011	−7.457	0.000
tax |	0.896	1.000	0.014	−7.692	0.000
dtfp |	0.896	1.000	0.013	−8.140	0.000
tfp |	0.902	1.000	0.020	−4.780	0.000
ltfp |	0.896	1.000	0.011	−9.422	0.000
h |	0.937	1.000	0.032	−1.965	0.049
fdi |	0.897	1.000	0.015	−6.799	0.000
npc |	0.943	1.000	0.012	−4.956	0.000

is	0.895	1.000	0.009	-11.906	0.000
md	0.917	1.000	0.008	-10.233	0.000
dtfp	0.896	1.000	0.013	-8.140	0.000
fs	0.860	1.000	0.018	-7.654	0.000
gd	0.929	1.000	0.010	-6.902	0.000
npgr	0.826	1.000	0.015	-11.605	0.000
jy	1.021	1.000	0.017	1.214	0.001

*2-tail test

. use"C:\Users\wangpp\Desktop\共同富裕视阈下地区税负对区域经济增长不平衡的影响研究大纲\分章节写作版\第5章原始数据\2011.dta",clear

. . spatgsa lpgdp btax tax dtfp tfp ltfp h fdi npc is md dtfp fs gd npgr jy,weights(w)moran geary twotail

Measures of global spatial autocorrelation

Weights matrix

Name: w

Type: Imported(non-binary)

Row-standardized: No

Moran's I

Variables	I	E(I)	sd(I)	z	p-value*
lpgdp	0.098	-0.004	0.005	19.541	0.000
btax	0.061	-0.004	0.005	12.577	0.000
tax	0.082	-0.004	0.005	16.627	0.000

dtfp	0.091	-0.004	0.005	18.403	0.000
tfp	0.095	-0.004	0.005	19.542	0.000
ltfp	0.094	-0.004	0.005	18.866	0.000
h	0.057	-0.004	0.005	12.527	0.000
fdi	0.085	-0.004	0.005	17.321	0.000
npc	0.009	-0.004	0.005	2.573	0.010
is	0.072	-0.004	0.005	14.532	0.000
md	0.092	-0.004	0.005	18.349	0.000
dtfp	0.091	-0.004	0.005	18.403	0.000
fs	0.102	-0.004	0.005	20.763	0.000
gd	0.063	-0.004	0.005	12.906	0.000
npgr	0.150	-0.004	0.005	29.662	0.000
jy	-0.003	-0.004	0.005	0.190	0.001

Geary's c

Variables	c	E(c)	sd(c)	z	p-value*
lpgdp	0.884	1.000	0.010	-11.896	0.000
btax	0.922	1.000	0.011	-6.827	0.000
tax	0.899	1.000	0.014	-7.235	0.000
dtfp	0.901	1.000	0.013	-7.593	0.000
tfp	0.904	1.000	0.023	-4.097	0.000
ltfp	0.897	1.000	0.011	-9.284	0.000
h	0.944	1.000	0.034	-1.629	0.001
fdi	0.914	1.000	0.016	-5.426	0.000
npc	1.032	1.000	0.029	1.084	0.001
is	0.881	1.000	0.010	-12.049	0.000

md	0.899	1.000	0.008	-11.903	0.000
dtfp	0.901	1.000	0.013	-7.593	0.000
fs	0.868	1.000	0.018	-7.345	0.000
gd	0.893	1.000	0.011	-9.541	0.000
npgr	0.830	1.000	0.011	-15.252	0.000
jy	1.016	1.000	0.017	0.966	0.001

----

*2 - tail test

. use"C:\Users\wangpp\Desktop\共同富裕视阈下地区税负对区域经济增长不平衡的影响研究大纲\分章节写作版\第5章原始数据\2012.dta",clear
.. spatgsa lpgdp btax tax dtfp tfp ltfp h fdi npc is md dtfp fs gd npgr jy,weights(w) moran geary twotail

Measures of global spatial autocorrelation

Weights matrix

Name:w

Type:Imported(non - binary)

Row - standardized:No

Moran's I

Variables	I	E(I)	sd(I)	z	p - value*
lpgdp	0.094	-0.004	0.005	18.898	0.000
btax	0.073	-0.004	0.005	14.763	0.000
tax	0.082	-0.004	0.005	16.614	0.000
dtfp	0.093	-0.004	0.005	18.847	0.000

Variables					
tfp	0.094	−0.004	0.005	19.728	0.000
ltfp	0.094	−0.004	0.005	18.833	0.000
h	0.051	−0.004	0.005	11.437	0.000
fdi	0.104	−0.004	0.005	20.900	0.000
npc	0.023	−0.004	0.005	5.089	0.000
is	0.073	−0.004	0.005	14.841	0.000
md	0.106	−0.004	0.005	21.063	0.000
dtfp	0.093	−0.004	0.005	18.847	0.000
fs	0.110	−0.004	0.005	22.178	0.000
gd	0.062	−0.004	0.005	12.699	0.000
npgr	0.122	−0.004	0.005	24.193	0.000
jy	−0.003	−0.004	0.005	0.099	0.001

Geary's c

Variables	c	E(c)	sd(c)	z	p-value*
lpgdp	0.888	1.000	0.010	−11.538	0.000
btax	0.932	1.000	0.012	−5.424	0.000
tax	0.913	1.000	0.015	−5.964	0.000
dtfp	0.897	1.000	0.014	−7.630	0.000
tfp	0.905	1.000	0.027	−3.524	0.000
ltfp	0.896	1.000	0.011	−9.199	0.000
h	0.951	1.000	0.035	−1.404	0.160
fdi	0.900	1.000	0.013	−7.530	0.000
npc	0.950	1.000	0.011	−4.598	0.000
is	0.874	1.000	0.010	−12.194	0.000
md	0.876	1.000	0.008	−15.056	0.000

dtfp	0.897	1.000	0.014	-7.630	0.000
fs	0.863	1.000	0.017	-7.885	0.000
gd	0.900	1.000	0.013	-7.474	0.000
npgr	0.859	1.000	0.011	-12.853	0.000
jy	1.014	1.000	0.017	0.820	0.001

*2 - tail test

. use "C:\Users\wangpp\Desktop\共同富裕视阈下地区税负对区域经济增长不平衡的影响研究大纲\分章节写作版\第5章原始数据\2013.dta", clear

. . spatgsa lpgdp btax tax dtfp tfp ltfp h fdi npc is md dtfp fs gd npgr jy, weights(w) moran geary twotail

Measures of global spatial autocorrelation

Weights matrix

Name: w

Type: Imported (non-binary)

Row-standardized: No

Moran's I

Variables	I	E(I)	sd(I)	z	p-value*
lpgdp	0.091	-0.004	0.005	18.229	0.000
btax	0.058	-0.004	0.005	11.881	0.000
tax	0.078	-0.004	0.005	15.833	0.000
dtfp	0.084	-0.004	0.005	16.951	0.000
tfp	0.093	-0.004	0.005	19.587	0.000

Variables					
ltfp	0.093	−0.004	0.005	18.592	0.000
h	0.045	−0.004	0.005	9.952	0.000
fdi	0.095	−0.004	0.005	19.212	0.000
npc	0.024	−0.004	0.005	5.278	0.000
is	0.075	−0.004	0.005	15.213	0.000
md	0.128	−0.004	0.005	25.332	0.000
dtfp	0.084	−0.004	0.005	16.951	0.000
fs	0.104	−0.004	0.005	21.205	0.000
gd	0.069	−0.004	0.005	14.054	0.000
npgr	0.013	−0.004	0.003	6.510	0.000
jy	−0.003	−0.004	0.005	0.043	0.001

Geary's c

Variables	c	E(c)	sd(c)	z	p − value*
lpgdp	0.894	1.000	0.010	−11.074	0.000
btax	0.921	1.000	0.011	−7.235	0.000
tax	0.900	1.000	0.013	−7.436	0.000
dtfp	0.909	1.000	0.013	−6.924	0.000
tfp	0.907	1.000	0.030	−3.097	0.002
ltfp	0.898	1.000	0.011	−9.058	0.000
h	0.956	1.000	0.033	−1.360	0.001
fdi	0.908	1.000	0.014	−6.578	0.000
npc	0.950	1.000	0.011	−4.477	0.000
is	0.870	1.000	0.011	−12.380	0.000
md	0.867	1.000	0.008	−15.807	0.000
dtfp	0.909	1.000	0.013	−6.924	0.000

```
       fs |   0.862   1.000   0.020   -7.048  0.000
       gd |   0.906   1.000   0.012   -7.853  0.000
     npgr |   1.069   1.000   0.077    0.895  0.001
       jy |   1.014   1.000   0.016    0.858  0.001
------------------------------------------------------------
```

*2-tail test

. use"C:\Users\wangpp\Desktop\共同富裕视阈下地区税负对区域经济增长不平衡的影响研究大纲\分章节写作版\第5章原始数据\2014.dta",clear

.. spatgsa lpgdp btax tax dtfp tfp ltfp h fdi npc is md dtfp fs gd npgr jy,weights(w)moran geary twotail

Measures of global spatial autocorrelation

Weights matrix

Name: w

Type: Imported(non-binary)

Row-standardized: No

Moran's I

```
   Variables |    I       E(I)    sd(I)      z     p-value*
-------------+----------------------------------------------
       lpgdp |  0.069   -0.004   0.005   14.011   0.000
        btax |  0.057   -0.004   0.005   11.694   0.000
         tax |  0.072   -0.004   0.005   14.563   0.000
        dtfp |  0.081   -0.004   0.005   16.481   0.000
         tfp |  0.091   -0.004   0.005   19.590   0.000
        ltfp |  0.091   -0.004   0.005   18.261   0.000
```

h	0.029	-0.004	0.005	7.001	0.000
fdi	0.049	-0.004	0.005	11.113	0.000
npc	0.008	-0.004	0.005	2.215	0.027
is	0.089	-0.004	0.005	17.889	0.000
md	0.148	-0.004	0.005	29.240	0.000
dtfp	0.081	-0.004	0.005	16.481	0.000
fs	0.106	-0.004	0.005	21.390	0.000
gd	0.101	-0.004	0.005	20.436	0.000
npgr	0.003	-0.004	0.002	3.564	0.000
jy	-0.004	-0.004	0.005	-0.053	0.001

Geary's c

Variables	c	E(c)	sd(c)	z	p-value*
lpgdp	0.910	1.000	0.009	-10.160	0.000
btax	0.935	1.000	0.010	-6.300	0.000
tax	0.919	1.000	0.011	-7.393	0.000
dtfp	0.915	1.000	0.014	-6.068	0.000
tfp	0.909	1.000	0.034	-2.693	0.007
ltfp	0.900	1.000	0.011	-8.756	0.000
h	0.967	1.000	0.041	-0.798	0.425
fdi	0.998	1.000	0.037	-0.064	0.949
npc	0.951	1.000	0.013	-3.889	0.000
is	0.840	1.000	0.012	-13.340	0.000
md	0.832	1.000	0.008	-21.444	0.000
dtfp	0.915	1.000	0.014	-6.068	0.000
fs	0.855	1.000	0.016	-9.053	0.000

```
      gd |    0.953   1.000    0.016   -2.941   0.003
    npgr |    1.091   1.000    0.083    1.088   0.001
      jy |    1.019   1.000    0.015    1.268   0.002
---------------------------------------------------------
*2-tail test
```

. use "C:\Users\wangpp\Desktop\共同富裕视阈下地区税负对区域经济增长不平衡的影响研究大纲\分章节写作版\第5章原始数据\2015.dta", clear

. . spatgsa lpgdp btax tax dtfp tfp ltfp h fdi npc is md dtfp fs gd npgr jy, weights(w) moran geary twot

Measures of global spatial autocorrelation

Weights matrix

Name: w
Type: Imported (non-binary)
Row-standardized: No

Moran's I

```
   Variables |    I       E(I)     sd(I)      z      p-value*
-------------+-------------------------------------------------
       lpgdp |   0.112   -0.004    0.005   22.388    0.000
        btax |   0.153   -0.004    0.005   32.668    0.000
         tax |   0.150   -0.004    0.005   32.208    0.000
        dtfp |   0.083   -0.004    0.005   16.858    0.000
         tfp |   0.088   -0.004    0.005   19.556    0.000
        ltfp |   0.090   -0.004    0.005   18.127    0.000
           h |   0.034   -0.004    0.005    8.033    0.000
```

Variables					
fdi	0.051	-0.004	0.005	11.537	0.000
npc	0.006	-0.004	0.005	1.928	0.045
is	0.091	-0.004	0.005	18.386	0.000
md	0.149	-0.004	0.005	29.455	0.000
dtfp	0.083	-0.004	0.005	16.858	0.000
fs	0.103	-0.004	0.005	20.770	0.000
gd	0.137	-0.004	0.005	29.028	0.000
npgr	0.189	-0.004	0.005	37.305	0.000
jy	0.013	-0.004	0.002	8.916	0.000

Geary's c

Variables	c	E(c)	sd(c)	z	p-value*
lpgdp	0.873	1.000	0.011	-11.656	0.000
btax	0.831	1.000	0.035	-4.784	0.000
tax	0.834	1.000	0.036	-4.588	0.000
dtfp	0.909	1.000	0.015	-6.148	0.000
tfp	0.911	1.000	0.038	-2.346	0.019
ltfp	0.900	1.000	0.012	-8.601	0.000
h	0.967	1.000	0.037	-0.889	0.001
fdi	0.957	1.000	0.037	-1.159	0.001
npc	0.967	1.000	0.012	-2.809	0.005
is	0.837	1.000	0.012	-13.326	0.000
md	0.833	1.000	0.008	-20.984	0.000
dtfp	0.909	1.000	0.015	-6.148	0.000
fs	0.856	1.000	0.014	-10.112	0.000
gd	0.854	1.000	0.033	-4.447	0.000

```
   npgr |   0.794    1.000     0.013    -15.482   0.000
     jy |   0.664    1.000     0.083     -4.054   0.000
-----------------------------------------------------------
*2-tail test
```

. use "C:\Users\wangpp\Desktop\共同富裕视阈下地区税负对区域经济增长不平衡的影响研究大纲\分章节写作版\第5章原始数据\2016.dta", clear

. . spatgsa lpgdp btax tax dtfp tfp ltfp h fdi npc is md dtfp fs gd npgr jy, weights(w) moran geary twotail

Measures of global spatial autocorrelation

Weights matrix

Name: w
Type: Imported(non-binary)
Row-standardized: No

Moran's I

```
    Variables |    I       E(I)      sd(I)      z      p-value*
--------------+------------------------------------------------
        lpgdp |  0.066   -0.004    0.005   13.394    0.000
         btax |  0.066   -0.004    0.005   13.377    0.000
          tax |  0.086   -0.004    0.005   17.273    0.000
         dtfp |  0.080   -0.004    0.005   16.221    0.000
          tfp |  0.085   -0.004    0.005   19.444    0.000
         ltfp |  0.089   -0.004    0.005   17.857    0.000
            h |  0.041   -0.004    0.005    9.376    0.000
          fdi |  0.038   -0.004    0.004    9.411    0.000
```

npc |	0.006	-0.004	0.005	1.933	0.002
is |	0.091	-0.004	0.005	18.360	0.000
md |	0.156	-0.004	0.005	30.798	0.000
dtfp |	0.080	-0.004	0.005	16.221	0.000
fs |	0.115	-0.004	0.005	23.075	0.000
gd |	0.116	-0.004	0.005	23.242	0.000
npgr |	0.196	-0.004	0.005	38.604	0.000
jy |	-0.007	-0.004	0.005	-0.679	0.001

Geary's c

Variables |	c	E(c)	sd(c)	z	p-value*
lpgdp |	0.921	1.000	0.009	-8.908	0.000
btax |	0.925	1.000	0.012	-6.321	0.000
tax |	0.906	1.000	0.012	-7.864	0.000
dtfp |	0.914	1.000	0.015	-5.762	0.000
tfp |	0.913	1.000	0.043	-2.032	0.042
ltfp |	0.902	1.000	0.012	-8.356	0.000
h |	0.960	1.000	0.036	-1.098	0.001
fdi |	1.013	1.000	0.047	0.281	0.001
npc |	0.968	1.000	0.012	-2.797	0.005
is |	0.840	1.000	0.012	-13.412	0.000
md |	0.824	1.000	0.008	-22.787	0.000
dtfp |	0.914	1.000	0.015	-5.762	0.000
fs |	0.850	1.000	0.015	-10.001	0.000
gd |	0.939	1.000	0.015	-3.965	0.000
npgr |	0.776	1.000	0.012	-19.242	0.000

```
         jy |    1.018    1.000    0.021    0.844    0.015
----------------------------------------------------------------
```
* 2 – tail test

. use"C:\Users\wangpp\Desktop\共同富裕视阈下地区税负对区域经济增长不平衡的影响研究大纲\分章节写作版\第5章原始数据\2017.dta",clear

.. spatgsa lpgdp btax tax dtfp tfp ltfp h fdi npc is md dtfp fs gd npgr jy,weights(w)moran geary twotail

Measures of global spatial autocorrelation

Weights matrix

Name:w

Type:Imported(non – binary)

Row – standardized:No

Moran's I

```
    Variables |    I       E(I)     sd(I)      z      p – value*
--------------+-------------------------------------------------
       lpgdp |  0.102    – 0.004   0.005    20.455    0.000
        btax |  0.057    – 0.004   0.005    11.828    0.000
         tax |  0.082    – 0.004   0.005    15.445    0.000
        dtfp |  0.083    – 0.004   0.005    18.825    0.000
         tfp |  0.096    – 0.004   0.005    19.314    0.000
        ltfp |  0.095    – 0.004   0.005    19.024    0.000
           h |  0.069    – 0.004   0.005    14.837    0.000
         fdi |  0.126    – 0.004   0.005    25.078    0.000
         npc |  0.025    – 0.004   0.005     5.532    0.000
          is |  0.082    – 0.004   0.005    16.536    0.000
```

Variables					
md	0.097	-0.004	0.005	19.418	0.000
dtfp	0.094	-0.004	0.005	18.825	0.000
fs	0.110	-0.004	0.005	23.051	0.000
gd	0.045	-0.004	0.005	9.333	0.000
npgr	0.120	-0.004	0.005	23.939	0.000
jy	0.002	-0.004	0.005	1.061	0.001

Geary's c

Variables	c	E(c)	sd(c)	z	p-value*
lpgdp	0.878	1.000	0.010	-11.917	0.000
btax	0.935	1.000	0.015	-4.402	0.000
tax	0.913	1.000	0.018	-4.974	0.000
dtfp	0.899	1.000	0.012	-8.424	0.000
tfp	0.901	1.000	0.016	-6.387	0.000
ltfp	0.897	1.000	0.011	-9.516	0.000
h	0.937	1.000	0.031	-2.049	0.041
fdi	0.878	1.000	0.012	-9.945	0.000
npc	0.941	1.000	0.012	-5.064	0.000
is	0.892	1.000	0.008	-13.231	0.000
md	0.898	1.000	0.008	-12.263	0.000
dtfp	0.899	1.000	0.012	-8.424	0.000
fs	0.872	1.000	0.030	-4.300	0.000
gd	0.940	1.000	0.010	-5.988	0.000
npgr	0.878	1.000	0.011	-10.676	0.000
jy	1.020	1.000	0.017	1.216	0.001

*2-tail test

. use"C:\Users\wangpp\Desktop\共同富裕视阈下地区税负对区域经济增长不平衡的影响研究大纲\分章节写作版\第5章原始数据\2018.dta",clear

. . spatgsa lpgdp btax tax dtfp tfp ltfp h fdi npc is md dtfp fs gd npgr jy,weights(w) moran geary twotail

Measures of global spatial autocorrelation

Weights matrix

Name:w

Type:Imported(non-binary)

Row-standardized:No

Moran's I

Variables	I	E(I)	sd(I)	z	p-value*
lpgdp	0.102	-0.004	0.005	20.296	0.000
btax	0.063	-0.004	0.005	12.904	0.000
tax	0.086	-0.004	0.005	15.690	0.000
dtfp	0.083	-0.004	0.005	19.048	0.000
tfp	0.095	-0.004	0.005	19.377	0.000
ltfp	0.095	-0.004	0.005	19.012	0.000
h	0.060	-0.004	0.005	13.081	0.000
fdi	0.120	-0.004	0.005	23.906	0.000
npc	0.025	-0.004	0.005	5.589	0.000
is	0.074	-0.004	0.005	15.008	0.000
md	0.086	-0.004	0.005	17.347	0.000
dtfp	0.095	-0.004	0.005	19.048	0.000

Variables					
fs	0.109	-0.004	0.005	22.210	0.000
gd	0.047	-0.004	0.005	9.791	0.000
npgr	0.096	-0.004	0.005	20.328	0.000
jy	0.002	-0.004	0.005	1.096	0.001

Geary's c

Variables	c	E(c)	sd(c)	z	p-value*
lpgdp	0.883	1.000	0.010	-11.974	0.000
btax	0.932	1.000	0.013	-5.294	0.000
tax	0.909	1.000	0.016	-5.696	0.000
dtfp	0.915	1.000	0.012	-8.389	0.000
tfp	0.902	1.000	0.018	-5.565	0.000
ltfp	0.896	1.000	0.011	-9.470	0.000
h	0.943	1.000	0.030	-1.879	0.060
fdi	0.882	1.000	0.012	-9.787	0.000
npc	0.939	1.000	0.012	-5.182	0.000
is	0.892	1.000	0.008	-12.844	0.000
md	0.905	1.000	0.008	-12.095	0.000
dtfp	0.897	1.000	0.012	-8.389	0.000
fs	0.867	1.000	0.022	-6.042	0.000
gd	0.932	1.000	0.011	-6.377	0.000
npgr	0.898	1.000	0.030	-3.357	0.001
jy	1.021	1.000	0.017	1.233	0.001

*2-tail test

附录3　全国样本联立方程模型的部分估计结果及检验

. spregcs ltfp el hc fdi npgr lpgdp md is, wmfile(Wxt) model(gs2sls) run(2sls) endog(tax) inst(fs fi fd lm lpgdp md is) lmiden m
> fx(lin) tests

==
*** Binary(0/1) Weight Matrix : 3396x3396(Non Normalized)

==
* Generalized Spatial Two Stage Least Squares(GS2SLS)
==
* Two Stage Least Squares(2SLS)
==

ltfp = w1y_ltfp + tax + el + hc + fdi + npgr + lpgdp + md + is

----

Sample Size = 3962

| Wald Test = 6078.0985 | P - Value > Chi2(9) = 0.0000
| F - Test = 675.3443 | P - Value > F(9,3386) = 0.0000
| R2(R - Squared) = 0.5292 | Raw Moments R2 = 0.9215
| R2a(Adjusted R2) = 0.5280 | Raw Moments R2 Adj = 0.9213
| Root MSE(Sigma) = 0.7374 | Log Likelihood Function = -3778.9930

- R2h = 0.6300　　　　　　R2h Adj = 0.6290
F - Test = 640.59　　　　P - Value > F(9,3386) 0.0000

----

ltfp	Coef.	Std. Err.	t	P > |t|	[95% Conf. Interval]
w1y_ltfp	2.19e-07	5.06e-08	4.33	0.000	1.20e-07	3.18e-07
tax	15.86046	0.9059872	17.51	0.000	14.08412	17.6368

el |	0.0006678	0.0011095	0.60	0.000	-0.0015076	0.0028431
hc |	-0.9995072	0.2840722	-3.52	0.000	-1.556478	-0.4425368
fdi |	-13.44298	1.135458	-11.84	0.000	-15.66923	-11.21673
npgr |	0.0001155	0.0004638	0.25	0.012	-0.0007938	0.0010249
lpgdp |	1.948802	0.0650198	29.97	0.000	1.82132	2.076284
md |	0.1785665	0.1398834	1.28	0.000	-0.0956979	0.4528309
is |	5.613405	0.7603971	7.38	0.000	4.122522	7.104289
_cons |	-19.04468	0.704143	-27.05	0.000	-20.42526	-17.66409

Rho Value = 0.0000   F Test = 18.737   P-Value > F(1,3386)0.0000

---

* Y = LHS Dependent Variable:1 = ltfp

* Yi = RHS Endogenous Variables:2 = w1y_ltfp tax

* Xi = RHS Exogenous Variables:7 = el hc fdi npgr lpgdp md is

* Z = Overall Instrumental Variables:

18:el hc fdi npgr lpgdp md w1x_el w1x_hc w1x_fdi w1x_npgr w1x_lpgdp w1x_md w1x_is fs fi fd lm is

---

*** Spatial Model Selection Diagnostic Criteria   (Model = gs2sls)

==

- Log Likelihood Function   LLF = -3778.9930

- Akaike Information Criterion   (1974) AIC = 0.5453
- Akaike Information Criterion   (1973) Log AIC = -0.6064

- Schwarz Criterion   (1978) SC = 0.5552
- Schwarz Criterion   (1978) Log SC = -0.5884

- Amemiya Prediction Criterion   (1969) FPE = 0.5453

- Hannan – Quinn Criterion　　　　　　　　　（1979）HQ = 0.5488
- Rice Criterion　　　　　　　　　　　　　　（1984）Rice = 0.5453
- Shibata Criterion　　　　　　　　　　　　　（1981）Shibata = 0.5453
- Craven – Wahba Generalized Cross Validation　（1979）GC = 0.5453

==

*** Spatial Aautocorrelation Tests　　　　　　　（Model = gs2sls）

==

Ho：Error has No Spatial AutoCorrelation

Ha：Error has　　Spatial AutoCorrelation

- GLOBAL Moran MI = 0.0137　　　　P – Value > Z(9.135)　0.0000
- GLOBAL Geary GC = 0.9669　　　　P – Value > Z(– 0.225) 0.8218
- GLOBAL Getis – Ords GO = – 3.86e + 03　P – Value > Z(– 9.135) 0.0000

- Moran MI Error Test = 0.3549　　　　P – Value > Z(232.076) 0.7226

- LM Error(Burridge) = 61.4913　　P – Value > Chi2(1)　0.0000
- LM Error(Robust) = 88.0030　　　P – Value > Chi2(1)　0.0000

Ho：Spatial Lagged Dependent Variable has No Spatial AutoCorrelation

Ha：Spatial Lagged Dependent Variable has　Spatial AutoCorrelation

- LM Lag(Anselin) = 0.1293　　P – Value > Chi2(1)　　0.7192
- LM Lag(Robust) = 26.6409　　P – Value > Chi2(1)　　0.0000

Ho：No General Spatial AutoCorrelation

Ha：　General Spatial AutoCorrelation

- LM SAC(LMErr + LMLag_R) = 88.1323　　P – Value > Chi2(2)　0.0000

- LM SAC(LMLag + LMErr_R = 88.1323   P - Value > Chi2(2)   0.0000

==

*** Spatial Heteroscedasticity Tests   (Model = gs2sls)

==

Ho: Homoscedasticity - Ha: Heteroscedasticity

- Hall - Pagan LM Test: E2 = Yh = 538.9449   P - Value > Chi2(1) 0.0000
- Hall - Pagan LM Test: E2 = Yh2 = 2919.0154   P - Value > Chi2(1) 0.0000
- Hall - Pagan LM Test: E2 = LYh2 = 18.2472   P - Value > Chi2(1) 0.0000

- Harvey LM Test: LogE2 = X = 76.9789   P - Value > Chi2(2)   0.0000
- Wald LM Test: LogE2 = X = 189.9377   P - Value > Chi2(1)   0.0000
- Glejser LM Test: |E| = X = 3145.8154   P - Value > Chi2(2)   0.0000

- Machado - Santos - Silva Test: Ev = YhYh2 = 2301.1810
P - Value > Chi2(2)   0.0000
- Machado - Santos - Silva Test: Ev = X1532.0868
P - Value > Chi2(9)   0.0000

- White Test - Koenker(R2): E2 = X = 1774.1254
P - Value > Chi2(9)   0.0000
- White Test - B - P - G(SSR): E2 = X = 5.28e+05
P - Value > Chi2(9)   0.0000

- White Test - Koenker(R2): E2 = X X2 = 3088.0270
P - Value > Chi2(18)   0.0000
- White Test - B - P - G(SSR): E2 = X X2 = 9.20e+05
P - Value > Chi2(18)   0.0000

- White Test - Koenker(R2): E2 = X X2 XX = 3386.8398

P - Value > Chi2(54)　0.0000

- White Test - B - P - G(SSR): E2 = X X2 XX = 1.01e+06

P - Value > Chi2(54)　0.0000

- Cook - Weisberg LM Test E2/Sig2 = Yh = 1.61e+05

P - Value > Chi2(1)　0.0000

- Cook - Weisberg LM Test E2/Sig2 = X = 5.28e+05

P - Value > Chi2(9)　0.0000

*** Single Variable Tests: ***

* Cook - Weisberg LM Test: E2/Sig2

- w1y_ltfp = 164.6204	P - Value > Chi2(1)　0.0000
- tax = 4.61e+05	P - Value > Chi2(1)　0.0000
- el = 0.0100	P - Value > Chi2(1)　0.9204
- hc = 398.6957	P - Value > Chi2(1)　0.0000
- fdi = 2621.1414	P - Value > Chi2(1)　0.0000
- npgr = 1.6850	P - Value > Chi2(1)　0.1943
- lpgdp = 2140.6309	P - Value > Chi2(1)　0.0000
- md = 3.7521	P - Value > Chi2(1)　0.0527
- is = 1.2745	P - Value > Chi2(1)　0.2589

---

* King LM Test:

- w1y_ltfp = 204.0725	P - Value > Chi2(1)　0.0000
- tax = 1508.7583	P - Value > Chi2(1)　0.0000
- el = 18.1995	P - Value > Chi2(1)　0.0000
- hc = 753.6997	P - Value > Chi2(1)　0.0000
- fdi = 392.9280	P - Value > Chi2(1)　0.0000

- npgr = 453.1903   P - Value > Chi2(1)   0.0000
- lpgdp = 1010.5684   P - Value > Chi2(1)   0.0000
- md = 27.5122   P - Value > Chi2(1)   0.0000
- is = 88.4948   P - Value > Chi2(1)   0.0000

==

*** Spatial Non Normality Tests   (Model = gs2sls)

==

Ho: Normality - Ha: Non Normality

*** Non Normality Tests:
- Jarque - Bera LM Test = 5.00e+07   P - Value > Chi2(2)   0.0000
- White IM Test = 5.00e+07   P - Value > Chi2(2)   0.0000
- Doornik - Hansen LM Test = 4.57e+04   P - Value > Chi2(2)   0.0000
- Geary LM Test = -29.3540   P - Value > Chi2(2)   0.0000
- Anderson - Darling Z Test = 236.3135   P > Z(38.810)   1.0000
- D'Agostino - Pearson LM Test = 6994.8914   P - Value > Chi2(2)   0.0000

*** Skewness Tests:
- Srivastava LM Skewness Tes = 1.58e+05   P - Value > Chi2(1)   0.0000
- Small LM Skewness Test = 5244.9478   P - Value > Chi2(1)   0.0000
- Skewness Z Test = -72.4220   P - Value > Chi2(1)   0.0000

*** Kurtosis Tests:
- Srivastava Z Kurtosis Test = 7061.5046 P - Value > Z(0,1)   0.0000
- Small LM Kurtosis Test = 1749.9437   P - Value > Chi2(1)   0.0000
- Kurtosis Z Test = 41.8323   P - Value > Chi2(1)   0.0000

Skewness Coefficient = -16.6874   - Standard Deviation = 0.0420

Kurtosis Coefficient = 596.6344 　　　　− Standard Deviation = 0.0840

Runs Test: (843) Runs − (1751) Positives − (1645) Negatives

Standard Deviation Runs Sig(k) = 29.1049, Mean Runs E(k) = 1.7e+03

95% Conf. Interval [E(k) +/− 1.96 * Sig(k)] = (1.6e+03, 1.8e+03)

==

*** Tobit Heteroscedasticity LM Tests

==

Separate LM Tests − Ho: Homoscedasticity

− LM Test: w1y_ltfp = 14.6785　　　P − Value > Chi2(1)　0.0001

− LM Test: tax = 42.9976　　　　　　P − Value > Chi2(1)　0.0000

− LM Test: el = 0.0583　　　　　　　P − Value > Chi2(1)　0.8092

− LM Test: hc = 11.9138　　　　　　 P − Value > Chi2(1)　0.0006

− LM Test: fdi = 4.6075　　　　　　 P − Value > Chi2(1)　0.0318

− LM Test: npgr = 0.1908　　　　　　P − Value > Chi2(1)　0.6623

− LM Test: lpgdp = 39.5278　　　　　P − Value > Chi2(1)　0.0000

− LM Test: md = 2.5981　　　　　　　P − Value > Chi2(1)　0.1070

− LM Test: is = 37.8416　　　　　　 P − Value > Chi2(1)　0.0000

Joint LM Test − Ho: Homoscedasticity

− LM Test = 284.4507　　　　　　　　P − Value > Chi2(9)　0.0000

*** Tobit Non Normality LM Tests

==

LM Test − Ho: No Skewness

− LM Test = 1.0002　　　　　P − Value > Chi2(1)　0.3173

LM test − Ho: No Kurtosis

− LM Test = 103.7146　　　　P − Value > Chi2(1)　0.0000

LM Test − Ho: Normality(No Kurtosis, No Skewness)

− Pagan − Vella LM Test = 105.6437　　　P − Value > Chi2(2)　0.0000

- Chesher - Irish LM Test = 199.4600   P - Value > Chi2(2)   0.0000

==

*** Spatial REgression Specification Error Tests(RESET)   Model = (gs2sls)

==

Ho: Model is Specified   -   Ha: Model is Misspecified

----

* Ramsey Specification ResetF Test
- Ramsey RESETF1 Test: Y = X Yh2 = 3383.529
P - Value > F(1,3385)   0.0000
- Ramsey RESETF2 Test: Y = X Yh2 Yh3 = 2277.805
P - Value > F(2,3384)   0.0000
- Ramsey RESETF3 Test: Y = X Yh2 Yh3 Yh4 = 1892.066
P - Value > F(3,3383)   0.0000

----

* DeBenedictis - Giles Specification ResetL Test
- Debenedictis - Giles ResetL1 Test = 57.261
P - Value > F(2,3384) 0.0000
- Debenedictis - Giles ResetL2 Test = 44.233
P - Value > F(4,3382) 0.0000
- Debenedictis - Giles ResetL3 Test = 22.281
P - Value > F(6,3380) 0.0000

----

* DeBenedictis - Giles Specification ResetS Test
- Debenedictis - Giles ResetS1 Test = 15.019
P - Value > F(2,3384) 0.0000
- Debenedictis - Giles ResetS2 Test = 8.126
P - Value > F(4,3382) 0.0000
- Debenedictis - Giles ResetS3 Test = 5.471

P – Value > F(6,3380)0.0000

==

*** Spatial Hausman Specification Test(OLS vs IV – 2SLS)　　(Model = gs2sls)

==

Ho:(Biv)Consistent　*　Ha:(Bo)InConsistent

LM = (Bo – Biv)'inv(Vo – Viv) * (Bo – Biv)

[Low/(High *)] Hausman Test = [Biv/(Bo *)] Model

Hausman LM Test = 213.72075　　　P – Value > Chi2(1)　0.0000

==

*** Spatial 2SLS – IV Order Condition Identification　　　(Model = gs2sls)

==

* ltfp el hc fdi npgr lpgdp md is(w1y_ltfp tax = w1x_el w1x_hc w1x_fdi w1x_npgr w1x_lpgdp w1x_md w1x_is fs fi fd lm)

** Y = LHS Dependent Variable

　1:ltfp

** Yi = RHS Endogenous Variables

　2:w1y_ltfp tax

** Xi = RHS Included Exogenous Variables

　7:el hc fdi npgr lpgdp md is

** Xj = RHS Excluded Exogenous Variables(Additional Instrumental Variables)

　11:w1x_el w1x_hc w1x_fdi w1x_npgr w1x_lpgdp w1x_md w1x_is fs fi fd lm

** Z = Overall Instrumental Variables

　18:el hc fdi npgr lpgdp md is w1x_el w1x_fdi w1x_npgr w1x_lpgdp w1x_md w1x_is w1x_hc fs fi fd lm

---

Model is Over Identification:

　Z(18) > Yi + Xi(9)

* since: Z > Yi + Xi; it is recommended to use (2SLS - LIML - MELO - 3SLS - FIML)

==

*** Spatial 2SLS - IV Over Identification Restrictions Tests (Model = gs2sls)

==

Ho: Valid Included & Excluded Instruments; RHS Not Correlated with Error Term

----

- Hausman LM Test = 256.84357   P - Value > Chi2(9)   0.0000

- Sargan LM Test = 256.16288   P - Value > Chi2(9)   0.0000
- Sargan F   Test = 28.46254   P - Value > F(9,3387)   0.0000

- Basmann LM Test = 276.38558   P - Value > Chi2(9)   0.0000
- Basmann F   Test(lam) = 8.90887   P - Value > F(9,3378)   0.0000
- Basmann F   Test(lam') = 30.70951   P - Value > F(9,3378)   0.0000

- Anderson - Rubin LR Test = 171.08669   P - Value > Chi2(9)   0.0000

- Spencer - Berk F Test = 2782.50160   P - Value > F(1,3393)   0.0000

==

*** Spatial Linear vs Log - Linear Functional Form Tests   (Model = gs2sls)

==

(1) R - squared

   Linear R2 = 0.5292

   Log - Log R2 = 0.4209

----

(2) Log Likelihood Function (LLF)

   LLF - Linear = -3778.9930

LLF - Log - Log = -4946.3959

---

(3) Antilog R2

　　Linear vs Log - Log: R2Lin = 0.0014

　　Log - Log vs Linear: R2log = 0.6617

---

(4) Box - Cox Test = 288.6252　　　　　P - Value > Chi2(1)　0.0000

　　Ho: Choose Log - Log Model - Ha: Choose Linear Model

---

(5) Bera - McAleer BM Test

　　Ho: Choose Linear Model = 213.9241　　P - Value > F(1,3366)　0.0000

　　Ho: Choose Log - Log Model = 292.2493　P - Value > F(1,3354)　0.0000

---

(6) Davidson - Mackinnon PE Test

　　Ho: Choose Linear Model = 234.2858　　P - Value > F(1,3385)　0.0000

　　Ho: Choose Log - Log Model = 1228.5008 P - Value > F(1,3354)　0.0000

===

*** Spatial Multicollinearity Diagnostic Tests　　　　　(Model = OLS)

===

* Correlation Matrix

Variable	ltfp	w1y_ltfp	tax	el	hc	fdi	npgr	lpgdp	md	is
ltfp	1.000									
w1y_ltfp	0.713	1.000								
tax	0.132	0.134	1.000							
el	0.029	0.057	0.006	1.000						
hc	0.463	0.339	0.075	0.036	1.000					
fdi	-0.105	-0.025	0.279	0.005	-0.094	1.000				
npgr	-0.004	-0.009	-0.002	0.001	0.005	0.006	1.000			
lpgdp	0.857	0.635	-0.072	0.016	0.475	-0.145	-0.003	1.000		

续表

Variable	ltfp	w1y_ltfp	tax	el	hc	fdi	npgr	lpgdp	md	is
md	0.669	0.497	0.143	0.009	0.361	-0.021	0.015	0.624	1.000	
is	-0.609	-0.420	-0.112	-0.001	-0.271	0.049	-0.008	0.672	0.483	1.000

	ltfp	w1y_ltfp	tax	el	hc	fdi	npgr
ltfp	1.000						
w1y_ltfp	0.7127*	1.000					
tax	0.1322*	0.1340*	1.000				
el	0.0291	0.0574*	0.0064	1.000			
hc	0.4634*	0.3389*	0.0749*	0.0362	1.000		
fdi	-0.1053*	-0.0251	0.2794*	0.0047	-0.0939*	1.000	
npgr	-0.0039	-0.0094	-0.0018	0.0006	0.0051	0.0062	1.000
lpgdp	0.8567*	0.6351*	-0.0719*	0.0163	0.4750*	-0.1448*	-0.0027
md	0.6694*	0.4966*	0.1434*	0.0092	0.3614*	-0.0213	0.0150
is	-0.6092*	-0.4197*	-0.1124*	-0.0009	-0.2709*	0.0486*	-0.0076

	lpgdp	md	is
lpgdp	1.0000		
md	0.6236*	1.0000	
is	-0.6721*	-0.4828*	1.0000

Variable	Eigenval	C_Number	C_Index	VIF	1/VIF	R2_xi,X
w1y_ltfp	2.9723	1.0000	1.0000	1.8150	0.5510	0.4490
tax	1.3189	2.2536	1.5012	1.2592	0.7941	0.2059
el	1.0048	2.9582	1.7199	1.0052	0.9948	0.0052
hc	1.0006	2.9706	1.7236	1.3410	0.7457	0.2543
fdi	0.7692	3.8642	1.9658	1.1099	0.9010	0.0990
npgr	0.6907	4.3033	2.0744	1.0009	0.9991	0.0009
lpgdp	0.5656	5.2548	2.2923	3.5872	0.2788	0.7212
md	0.4853	6.1247	2.4748	1.7818	0.5612	0.4388
is	0.1927	15.4258	3.9276	1.9554	0.5114	0.4886

* Farrar – Glauber Multicollinearity Tests

Ho: No Multicollinearity – Ha: Multicollinearity

---

*(1) Farrar – Glauber Multicollinearity Chi2 – Test:

Chi2 Test = 7462.4388   P – Value > Chi2(36) 0.0000

*(2) Farrar – Glauber Multicollinearity F – Test:

Variable	F_Test	DF1	DF2	P_Value
w1y_ltfp	345.038	3387.000	9.000	0.000
tax	109.759	3387.000	9.000	0.000
el	2.204	3387.000	9.000	0.012
hc	144.372	3387.000	9.000	0.000
fdi	46.533	3387.000	9.000	0.045
npgr	0.384	3387.000	9.000	0.000
lpgdp	1095.351	3387.000	9.000	0.000
md	330.994	3387.000	9.000	0.000
is	404.490	3387.000	9.000	0.000

---

*(3) Farrar – Glauber Multicollinearity t – Test:

Variable	w1y_ltfp	tax	el	hc	fdi	npgr	lpgdp	md	is
w1y_ltfp	1.000								
tax	7.833	1.000							
el	3.333	0.373	1.000						
hc	20.871	4.350	2.101	1.000					
fdi	-1.457	16.860	0.270	-5.463	1.000				
npgr	-0.545	-0.107	0.037	0.295	0.358	1.000			
lpgdp	47.630	-4.174	0.943	31.269	-8.480	-0.157	1.000		
md	33.145	8.395	0.535	22.454	-1.236	0.869	46.212	1.000	
is	-26.784	-6.551	-0.055	-16.301	2.821	-0.443	-52.581	-31.940	1.000

---

*|X'X| Determinant:

|X'X| = 0 Multicollinearity – |X'X| = 1 No Multicollinearity

|X'X| Determinant: (0 < 0.1107 < 1)

```
------------------------------------------------------------------------------
-----------------------
* Theil R2 Multicollinearity Effect:
    R2 = 0 No Multicollinearity - R2 = 1 Multicollinearity
    - Theil R2:(0 < 2.9701 < 1)

------------------------------------------------------------------------------
* Multicollinearity Range:
    Q = 0 No Multicollinearity - Q = 1 Multicollinearity
    - Gleason - Staelin Q0:(0 < 0.2699 < 1)
    1 - Heo Range Q1:(0 < 0.4784 < 1)
    2 - Heo Range Q2:(0 < 0.3942 < 1)
    3 - Heo Range Q3:(0 < 0.6672 < 1)
    4 - Heo Range Q4:(0 < 0.1898 < 1)
    5 - Heo Range Q5:(0 < 0.8974 < 1)
    6 - Heo Range Q6:(0 < 0.2959 < 1)
------------------------------------------------------------------------------
==============================================================
```

* Marginal Effect - Elasticity - Standardized Beta(Model = gs2sls):Linear *

Variable	Margin	Elasticity	St_Beta	Mean
w1y_ltfp	0.0000	0.0617	0.0794	675503.0919
tax	15.8605	0.3391	0.7364	0.0513
el	0.0007	0.0001	0.0071	0.2653
hc	-0.9995	-0.0434	-0.0518	0.1042
fdi	-13.4430	-0.1045	-0.1844	0.0186
npgr	0.0001	0.0003	0.0029	6.5174
lpgdp	1.9488	8.3275	0.9399	10.2484
md	0.1786	0.0364	0.0226	0.4883
is	5.6134	0.3236	0.1444	0.1383

Mean of Dependent Variable = 2.3983

注：东北地区、东部地区、中部地区、西部地区的联立方程模型的估计结果及检验过程与全国类似，故不再列出。